SYNDICALISTES OU VOYOUS?

Éditrice : Liette Mercier
Révision : Élyse-Andrée Héroux
Correction : Céline Vangheluwe
Infographie : Chantal Landry

DISTRIBUTEURS EXCLUSIFS :

Pour le Canada et les États-Unis :
MESSAGERIES ADP*
2315, rue de la Province
Longueuil, Québec J4G 1G4
Téléphone : 450-640-1237
Télécopieur : 450-674-6237
Internet : www.messageries-adp.com
* filiale du Groupe Sogides inc.,
  filiale de Québecor Média inc.
Pour la France et les autres pays :
INTERFORUM editis
Immeuble Paryseine, 3, allée de la Seine
94854 Ivry CEDEX
Téléphone : 33 (0) 1 49 59 11 56/91
Télécopieur : 33 (0) 1 49 59 11 33
Service commandes France Métropolitaine
Téléphone : 33 (0) 2 38 32 71 00
Télécopieur : 33 (0) 2 38 32 71 28
Internet : www.interforum.fr
Service commandes Export – DOM-TOM
Télécopieur : 33 (0) 2 38 32 78 86
Internet : www.interforum.fr
Courriel : cdes-export@interforum.fr
Pour la Suisse :
INTERFORUM editis SUISSE
Case postale 69 – CH 1701 Fribourg – Suisse
Téléphone : 41 (0) 26 460 80 60
Télécopieur : 41 (0) 26 460 80 68
Internet : www.interforumsuisse.ch
Courriel : office@interforumsuisse.ch
Distributeur : OLF S.A.
ZI. 3, Corminboeuf
Case postale 1061 – CH 1701 Fribourg – Suisse
Commandes :
Téléphone : 41 (0) 26 467 53 33
Télécopieur : 41 (0) 26 467 54 66
Internet : www.olf.ch
Courriel : information@olf.ch
Pour la Belgique et le Luxembourg :
INTERFORUM BENELUX S.A.
Fond Jean-Pâques, 6
B-1348 Louvain-La-Neuve
Téléphone : 32 (0) 10 42 03 20
Télécopieur : 32 (0) 10 41 20 24
Internet : www.interforum.be
Courriel : info@interforum.be

09-13

Dépôt légal : 2013
Bibliothèque et Archives nationales du Québec

ISBN 978-2-7619-3880-0

Gouvernement du Québec – Programme de crédit
d'impôt pour l'édition de livres – Gestion SODEC –
www.sodec.gouv.qc.ca

L'Éditeur bénéficie du soutien de la Société de développement des entreprises culturelles du Québec
pour son programme d'édition.

 Conseil des Arts   **Canada Council**
du Canada   **for the Arts**

Nous remercions le Conseil des Arts du Canada de
l'aide accordée à notre programme de publication.

Nous reconnaissons l'aide financière du gouvernement du Canada par l'entremise du Fonds du livre
du Canada pour nos activités d'édition.

JOCELYN DUPUIS
RICHARD GOYETTE

SYNDICALISTES
OU VOYOUS?

Nos années à la FTQ-Construction

LES ÉDITIONS DE
L'HOMME

Une société de Québecor Média

À mon père, Marcel, qui m'a appris que la colère est bonne conseillère quand elle exprime notre intolérance à la douleur des autres.

Richard Goyette

À mon père, Conrad.

Jocelyn Dupuis

Prologue

J'étais fait pour n'être que ce que je suis
Une saison d'homme entre deux marées.
LOUIS ARAGON

MORNES PENSÉES POUR JOCELYN DUPUIS

24 mars 2010, en chemin vers le Québec. La route défile devant Jocelyn, longue, monotone, lassante. Une vaine colère l'envahit. Les lignes sur la chaussée semblent se rejoindre au loin. À la hauteur de son motorisé, elles sont bien parallèles. Il sait qu'il ne parviendra jamais à ce point de l'horizon où elles convergent. Tout ne serait-il qu'apparence ? Sa vie n'est-elle, au même titre que cette voie rapide, tracée d'avance ? Son destin est-il inéluctable ? Il revoit en pensée les mois qui viennent de s'écouler. On a beau se faire une carapace, avec le temps, ragots, mensonges et calomnies font leur travail. Ils minent. Jocelyn ne prétend pas ne jamais avoir fait d'erreurs, bien au contraire. Il se sait le plus humain des humains. Mais l'image de lui qu'on véhicule dépasse l'entendement.

Patricia, son épouse, qu'il appelle Patsy, est à ses côtés. Elle a toujours été à ses côtés, aujourd'hui ne fait pas exception. Jocelyn sait que dans moins d'une heure il sera interpellé à la frontière par des agents de la Sûreté du Québec pour une fraude qu'il n'a pas commise. Le 10 mars, on lançait un mandat d'arrêt contre lui. Les agents de la Sûreté du Québec l'avaient pourtant avisé qu'il recevrait une sommation à domicile lors de son retour de Californie. Pourquoi ont-ils changé d'avis? pour le spectacle? pour attirer l'attention ailleurs? Ou bien était-ce pour faire plaisir au monde politique, comme on le lui a fait comprendre à demi-mot?

Au cours des semaines précédentes, son nom a fait les manchettes une fois de plus. Ses allocations de dépenses ont fait un grabuge encore plus tonitruant que les 40 milliards de dollars perdus de la Caisse de dépôt et placement du Québec. Un reportage, plus insipide que les autres, était même intitulé: «Où est Jocelyn Dupuis?» Le lecteur du bulletin de nouvelles devait être le seul au Québec à ne pas le savoir. Durant le séjour de Jocelyn aux États-Unis, policiers et journalistes n'ont pas cessé de lui rendre visite et de lui passer des coups de fil.

Perdu dans ses réflexions, il entend Patsy l'avertir: «Nous approchons de la frontière.» Il consulte sa montre-bracelet: il est 9 h 25. Dans quelques minutes, ils atteindront le poste frontalier de Saint-Bernard-de-Lacolle, où on le mettra en état d'arrestation.

Jocelyn replonge dans ses pensées. Alain Gravel et Marie-Maude Denis de Radio-Canada n'ont-ils pas déclaré, à l'émission *Tout le monde en parle*, que Ken Pereira, directeur du syndicat des mécaniciens industriels de la FTQ-Construction, s'était présenté à leur bureau avec une «poche de hockey» pleine de documents portant sur ses allocations de dépenses, documents qui auraient été volés dans le bureau du comptable de l'organisme? Étrange. Ces documents étaient pourtant entreposés dans un classeur fermé à clé. Nul n'avait accès à ce bureau, sauf le comptable et lui-même. Aucune trace d'effraction n'avait été constatée lors du vol. Qu'est-ce que cette histoire pouvait bien cacher?

Et si, en raison d'un profond différend politique entre deux factions de la FTQ-Construction, on s'était servi de cette excuse pour se débarrasser de lui? Et si certaines personnes avaient tout simplement exploité «l'affaire des allocations de dépenses» pour arriver à leurs fins et l'expulser de la FTQ-Construction? Et si tout ce spectacle faisait l'affaire du gouvernement, pour qui il tombait à point ?

Le poste frontalier apparaît bientôt devant Jocelyn et Patsy. Jocelyn réduit la vitesse jusqu'à immobiliser son véhicule. Il se présente aux douaniers : il est 10 h. Le temps d'être escorté par ces derniers auprès des agents de la Sûreté du Québec, de présenter son passeport, d'apposer sa signature au bas d'un formulaire attestant qu'il comparaîtra à la date et au lieu convenus, et il est libre de nouveau. La première partie du spectacle est terminée.

Au moment où il quitte l'immeuble fédéral, ses pensées reviennent à l'origine de toute cette histoire, à ses vrais débuts. Il reprend le volant et, tout en se dirigeant vers la maison, se souvient. Tout a commencé pour lui le plus simplement du monde, le 30 mars 1954. Son père s'appelait Conrad, et sa mère, Desanges…

LE PRIX À PAYER POUR RICHARD GOYETTE

21 mai 2010. Mon dernier jour de travail à titre de directeur général de la FTQ-Construction. À ce poste, je n'ai certes pas battu le record de longévité. Élu le 12 novembre 2008, je cumule dix-huit mois d'ancienneté. Seul Guy Perreault a eu un règne plus court que le mien. Mais pour lui et ses proches, la fin fut plus dramatique : quelques mois après son entrée en fonction, Guy devait mourir dans l'écrasement de l'avion qui le transportait vers Chandler, en Gaspésie.

Je peux bien affirmer n'avoir jamais désiré occuper le poste de directeur général, mais ça ne changerait rien. À la FTQ-Construction, ce n'était un secret pour personne. Tous savaient que la direction générale n'était d'aucun intérêt pour moi. Alors, pourquoi avoir accepté ce poste et mis ma tête sur le billot ? Il va de soi que la course à la direction de la FTQ-Construction, qui dérapa dès l'automne 2007, et l'affaire des allocations de dépenses de Jocelyn à l'automne 2008 ont été des moments déterminants dans ma propre vie. N'eût été ces événements, j'occuperais sans doute encore le poste de directeur général adjoint. La vie en a voulu autrement, et je n'ai rien à redire.

Sous ma direction, des mesures propres à satisfaire les plus hautes exigences en matière de transparence ont pourtant été mises en place. La FTQ-Construction est sortie gagnante d'un vote d'allégeance syndicale qui lui a permis d'envisager l'avenir sereinement, puisqu'elle n'y a perdu que 0,9 % de représentativité. Malgré toutes les attaques provenant de certains médias et de politiciens en quête de publicité, les travailleurs de la construction ont démontré qu'ils faisaient la distinction entre réalité et diffamation. La survie de la FTQ-Construction était désormais assurée.

Plus généralement, j'ai démontré que, toutes proportions gardées, l'ensemble des ordres professionnels et les membres des services policiers font l'objet d'un plus grand nombre de plaintes de toutes sortes que les travailleurs de la construction. Mieux encore, les employés du gouvernement provincial subissent plus d'agressions, dans leur milieu de travail, que nos travailleurs. Par agressions, on entend notamment les actes de violence provenant des employeurs et des autres employés, et non pas uniquement ceux provenant de la clientèle. La nouvelle est passée sous silence, est-ce étonnant ?

Évidemment, mon expérience dans cet organisme ne se termine pas dans les conditions idéales. J'en suis arrivé à un point de rupture où il m'est devenu impossible de continuer à remplir les fonctions de directeur général, parce que des officiers et des directeurs de la FTQ-Construction ont joué le jeu des médias, qui exigeaient du changement. Il fallait bien donner l'impression d'accéder à leurs demandes, si ridicules soient-elles. Même si tout était plus propre que propre, il fallait donner un coup de barre, démontrer que l'administration se prenait en main et qu'elle coupait les ponts avec l'ancien régime, celui de Jocelyn dont elle allait pourtant quelques mois plus tard regretter le départ.

Avec tout ce cirque, quelle solution restait-il à ces officiers et directeurs, sinon celle de s'immoler en public ? Mais les lâches ne s'immolent pas. Par opportunisme ou par manque de rigueur, des alliés d'hier m'ont laissé tomber. J'étais en voie de perdre la majorité au vote lors des assemblées. Or, en démocratie, sans la majorité, on est en panne. Il me revenait d'acquitter la dette que ces officiers et directeurs croyaient avoir contractée envers des gens qu'ils ne pouvaient même pas désigner clairement.

Pour porter le message, on fit intervenir Henri Massé, ex-président de la FTQ. Il vint docilement faire ce qu'il devait faire. J'eus droit à un tête-à-tête de dix minutes avec lui. On voit tout l'intérêt qu'il me portait. Comme bien d'autres, Henri croulait sous la pression de l'opinion publique. Dire qu'à une époque, les syndicats représentaient un danger pour l'ordre établi...

J'ai eu l'occasion de rencontrer bien des gens durant les dix-huit mois qu'a duré mon mandat. On me saluait dans la rue, dans les restaurants et dans d'autres endroits publics. J'ai remarqué que ceux qui m'interpellaient étaient curieux, posaient mille questions et étaient beaucoup plus « allumés » que l'on aurait pu le croire de prime abord. Ils n'avaient pas l'insulte facile comme ceux qui, à distance, cachés derrière un ordinateur ou un poste de travail, se permettent d'invectiver les autres en se fichant bien des conséquences de tels gestes.

La porte du Complexe FTQ se referme derrière moi. J'ai une dernière pensée pour tous les bien-pensants qui réclamaient hier la tutelle de nos syndicats. Ils se voient aujourd'hui dans l'obligation d'ajouter à la liste de leurs réquisitions la tutelle de la Chambre des communes, de l'Assemblée nationale du Québec, de quelques ministères, du Conseil du trésor, de la Ville de Montréal, de celle de Laval et de bon nombre d'autres municipalités, des services de polices, de différents ordres professionnels et des associations patronales. L'équipe que nous avions formée, Jocelyn et moi, était loin d'avoir le pire bilan, bien au contraire. Mais l'un n'exclut pas l'autre. Si nous avions commis une faute, nous devions en assumer la responsabilité.

Maintenant, la situation peut redevenir calme. Elle doit redevenir calme. Elle redeviendra calme. Je repense à tout ce que j'ai pu voir en trois décennies : des premiers ministres sans principes, des ministres incompétents, des gouvernements qui modifient les lois par pur intérêt, des discours faux et mensongers dans l'enceinte même de l'Assemblée nationale, des commissions d'enquête sous contrôle politique ou sans contrôle aucun, des commissaires plus intéressés par le *show* médiatique que par les intérêts des citoyens, des morts et des blessés qui jonchent les chantiers, des travailleurs à qui l'on vole leur salaire, et j'en passe.

Un jour, il faudra bien que j'écrive un livre. Je pourrais remplir tout un ouvrage avec le dixième de ce dont j'ai eu connaissance... Depuis longtemps, mon entourage me presse de le faire. On verra plus tard, me suis-je toujours dit. Peut-être est-il temps de mettre en branle ce projet ? Mais si je devais écrire, je ne pourrais me satisfaire d'une biographie complaisante, comme on en trouve trop souvent sur les rayons des librairies. Ce qui m'importe, c'est de décrire les conditions dans lesquelles évoluent les travailleurs de la construction. Encore un pamphlet, dira-t-on. Non, seulement la vérité, que beaucoup ne veulent pas entendre parce que trop dérangeante.

Jocelyn et moi avons mené d'importants dossiers, livré des luttes au profit de ceux que nous représentions, fait reculer les gouvernements qui s'attaquaient aux démunis, mis en place des structures d'entraide. La face cachée de nos activités est la moins sombre, contrairement à la croyance. Au fond, l'envers peut aussi être l'endroit, tout dépend du point de vue.

À quelques jours près, il y a trente-trois ans, j'entreprenais une carrière syndicale. Une question d'ADN, dans mon cas. Au volant de ma voiture, roulant en direction de la maison, malgré mon mécontentement je profite pour la première fois depuis mon adolescence d'un rare instant de bonheur. Je suis habité d'un irrépressible besoin : être inutile.

CHAPITRE 1

Jocelyn Dupuis

Cette pointe de sable apportée par le temps
au gré de la nature,
les courants, les marées et les années
γ ont formé cette pointe qui avance dans l'eau
vers l'île d'en face,
l'île du Havre, le cap Esquimo.
ROLAND JOMPHE

Jocelyn Dupuis est né le 30 mars 1954. Il est mon cadet de quelques jours, ce que je lui rappelle chaque fois que l'occasion se présente. Chaque fois il rit. Jocelyn a toujours le sourire. C'est l'une des rares personnes que j'ai côtoyées que rien n'ébranle, sauf la vraie douleur chez les autres. J'en témoignerais. Ce n'est pourtant pas l'image que l'on a projetée de lui dans les médias ces dernières années, bien au contraire. Il faut croire que l'on n'est plus dépositaire de sa propre image sitôt que l'on devient un personnage public. C'est comme ça et il faut l'accepter, sinon on meuble son quotidien de rage et de sourde colère.

CONRAD DUPUIS

« Natif de la Côte-Nord, mon père était un génie de la mécanique, se souvient Jocelyn. Son premier emploi important consista à occuper les fonctions de mécanicien à la base militaire américaine de Longue-Pointe-de-Mingan. De 1939 à 1945, il s'activa à la réparation et à l'entretien de divers appareils carburant au die-sel. Rapidement, il devint spécialiste de ces mécaniques et de leur motorisation. C'était un travailleur acharné. Après la guerre, il s'installa à Havre-Saint-Pierre. La Quebec Iron and Titanium cor-poration (Q.I.T.) l'embaucha pour prendre soin du parc d'appa-reils au diesel dont elle était propriétaire. Camions, locomotives, génératrices, équipement lourd et machinerie de toutes sortes n'avaient pas de secrets pour lui.

«J'appris plus tard que dans les années 1950, outre l'exploita-tion de la mine, Havre-Saint-Pierre servait aussi de port d'embar-quement pour le minerai, acheminé par un chemin de fer privé depuis Sept-Îles, puis par bateau jusqu'à la fonderie de Sorel. La ville prit graduellement son essor. Le développement fut lent, l'huile à chauffage ne fit son apparition au Havre qu'en 1955, et la route nous reliant à Sept-Îles ne fut terminée qu'en 1976.»

En dehors du temps qu'il consacrait aux machines de la Q.I.T., Conrad faisait de la mécanique automobile, mettant gratuitement son talent au profit des gens du Havre. «Un jour, ça me sera rendu», répondait-il à celui qui tentait de lui payer ses services. Pour Jocelyn et Conrad, ces moments passés à rafistoler l'auto d'un voisin dans le besoin étaient précieux. Quoi de mieux que d'échanger ou de rester silencieux, au seul profit d'une présence aimée, devant un moteur nécessitant une bonne mise au point?

LE « BLINK »

Le matin, tout jeune, Jocelyn se levait avec le soleil. Souvent, il était debout avant son père et attendait patiemment que celui-ci pénètre dans la cuisine. C'était un moment privilégié de la jour-née. Au réveil, il avait Conrad pour lui tout seul pendant quelques instants.

«Tiens, le Blink, on est debout», disait Conrad en le voyant. Ce surnom que lui donnait son père provenait de son tempérament.

Aujourd'hui, on parlerait probablement d'hyperactivité. Jocelyn était toujours prêt à faire une course ou une autre pour ses parents, avec l'objectif d'être de retour avant même que le signal du départ ne soit donné. « Et si on s'assoyait sur le perron pour parler ? » ajoutait Conrad.

« On parlait de tout et de rien, explique Jocelyn, et il s'intéressait vraiment à qui j'étais. Mes préoccupations, mes espoirs, mes objectifs, ma vision des choses le concernaient. Il écoutait. Avec le temps, j'ai compris que ces moments privilégiés étaient d'une valeur inestimable. Peu de gens savent écouter véritablement. Avant même que l'on dise un seul mot, notre interlocuteur a déjà en tête la réponse qu'il désire formuler. Très jeune, il m'est apparu étrange de constater que souvent, dans le cadre d'une conversation, on porte peu ou pas attention à la réponse donnée. Elle se perd dans l'écho de la question. C'est un principe que l'on doit constamment garder en mémoire dans le cours d'une négociation : d'abord comprendre le besoin dont l'autre ne peut nous faire part en raison de son mandat. Un bon observateur doit déceler le message caché au-delà des mots et du langage non verbal, et en extraire l'essentiel. Quand ce point névralgique est surmonté, on aborde l'étape suivante : le nœud de la négociation. »

Un de ces fameux matins propices aux échanges père-fils, Conrad expliqua à Jocelyn pourquoi, selon lui, les Américains avaient si bien réussi. « Vois-tu, Jocelyn, c'est qu'ils ne se sont jamais mêlés des affaires des autres. » Jocelyn comprit le principe que son père lui exposait. Au Havre, chacun connaissait la vie privée de tous. Envoyé plus tard par les Américains à Pittsburgh pour y parfaire sa maîtrise de l'anglais, Jocelyn y apprit aussi à détester les commérages qui, selon lui, sont moins présents chez nos voisins du Sud.

Ayant vécu au quotidien avec les principes rigoureux qui prévalaient sur une base militaire, Conrad appréciait la discrétion et la réserve face à la vie privée. Pour lui, il s'agissait de valeurs imprescriptibles. Sur le plan politique, Jocelyn, à la différence de son père, comprit cependant que les Américains avaient au contraire réussi en se mêlant BEAUCOUP des affaires des autres…

UN PREMIER EMPLOI

Pour Jocelyn, l'été était consacré au travail. Hydro-Québec fut la première entreprise à l'employer, en 1967. En raison de travaux hydroélectriques entrepris par cette dernière à Kegaska et Blanc-Sablon, le chantier nécessitait un approvisionnement constant en sable et en pierres. Afin de limiter les coûts durant la période estivale, on engageait des jeunes pour faire le remplissage de sacs. Hydro leur versait 3 $ par jour. Mais le jeune Jocelyn réalisa bien vite qu'on pouvait faire mieux si on organisait le travail.

Il rencontra le responsable des travaux et lui fit l'offre suivante : « Payez-nous 0,03 $ la poche emplie plutôt que 3 $ par jour, à taux fixe. » Marché conclu ! Le contremaître donna son accord. Jocelyn recruta son équipe et mit en place un système de production. Deux jeunes employés tenaient la poche à remplir alors qu'un troisième manipulait la pelle. Afin de travailler efficacement sans être exténués à la fin de la journée, les membres de l'équipe effectuaient un roulement. Rapidement, ils produisirent de 1000 à 1200 poches par jour, triplant et même quadruplant leur rémunération. Savoir négocier, prendre des engagements et les respecter, sélectionner les membres d'une équipe de travail et partager équitablement le revenu généré : voilà des compétences que Jocelyn Dupuis développa très jeune et qu'il eut l'occasion de mettre à profit d'innombrables fois.

LA VIE TELLE UNE TEMPÊTE

Puis, en 1971 survint la tempête, inattendue, fortuite : le gouvernail se brisa et Jocelyn dut affronter la houle. Ce jour-là, le drame frappa.

Foudroyé par une crise cardiaque, Conrad fut hospitalisé et sombra dans le coma. Lorsqu'il reprit connaissance, quelques jours plus tard, les médecins lui apprirent la mauvaise nouvelle: «Terminé le travail pour vous, monsieur Dupuis, vous êtes désormais invalide.»

À la maison, sept personnes dépendaient du revenu de Conrad. La famille se retrouva bénéficiaire de l'aide sociale, une situation difficilement acceptable dans un foyer où le travail était une valeur en soi. Voilà que la vie surprenait Jocelyn et lui distribuait le premier rôle dans un scénario sans qu'il ait été consulté. Il n'y avait ni motif, ni raison: les choses devaient se dérouler ainsi, voilà tout.

«Mon père gagnait un salaire qui nous permettait de vivre au jour le jour, se rappelle Jocelyn. Économiser relevait du rêve, de l'utopie ou du miracle. Avec sa maladie, la vie prit un tournant à 180 degrés. Pierrette, l'une de mes sœurs aînées, dut abandonner ses études et se trouver un emploi. Elle devint aide-infirmière au centre hospitalier Saint-Jude-du-Havre-Saint-Pierre. Elle remettait la totalité de son salaire à mes parents afin de pourvoir aux besoins de la maisonnée. Pour ma part, avec les petits boulots que je faisais l'été, je payais mes études. Ma mère, Desanges, douée pour le tricot, se mit à produire des bas, des tuques, des mitaines et des foulards qu'elle vendait dans l'entourage.»

SÉJOURS MÉMORABLES À SEPT-ÎLES

Jocelyn quitta Havre-Saint-Pierre pour Sept-Îles en 1969 afin d'entreprendre des études en mécanique automobile. Il avait 15 ans. Son dossier scolaire n'était pas des plus reluisants. Il avoue candidement aujourd'hui qu'il était «un peu dissipé». Mais cette fois, le contenu pédagogique convenait à l'étudiant, qui démontra dès le départ un intérêt certain. Jocelyn était conscient qu'il devait réussir. Pendant trois années, comme bien des jeunes vivant en région, il dut se rendre dans un centre urbain pour poursuivre ses études. Son absence de la maison durait plusieurs mois; il partait en septembre et revenait vers la troisième semaine de juin, au moment où se terminait l'année scolaire. Il avait droit à un congé en famille pour les fêtes de Noël et du Nouvel An.

Au moment où il quitta son village pour entreprendre ses études à Sept-Îles, Jocelyn en était à son troisième périple vers cette destination. Quelques années plus tôt, accompagné d'un ami, il avait pris le bateau pour s'y rendre dans le but d'y passer une semaine mémorable. Elle le fut, mais pas selon les attentes du fils de Conrad. Il avait 12 ans et il était temps qu'il voie Beauce Carnaval, un parc d'attractions ambulant qui se produisait dans la région. Grâce à son travail d'été, il avait fait des économies importantes pour l'époque: 75 $, somme avec laquelle il projetait de faire la fête durant sept jours.

« Ayant dépensé mes 75 $ en une seule journée et assumant les dépenses de mon *chum*, le jeûne fut de mise pour une bonne partie de la semaine. La nuit, on se rendait dans une cour à *scrap* pour les autos et on s'installait, selon nos modestes moyens, dans le véhicule le moins dégoûtant que le hasard mettait courtoisement à notre disposition. Mais le hasard étant ce qu'il est, il n'y eut pas avalanche de limousines. Pas d'installations sanitaires disponibles, ni douche, ni bain durant une semaine. Quand je suis revenu à la maison, mon père n'eut pas de difficulté à évaluer la situation. Pourtant, il ne dit rien. Un seul regard et nous nous étions compris. Encore une fois, il n'y avait rien à ajouter. »

MÉCANIQUE ET MACHINERIE

Tout comme son père, Jocelyn possédait de réelles aptitudes pour la mécanique, d'autant plus qu'il avait accumulé un bon nombre d'heures de pratique, n'ayant cessé de bricoler des moteurs avec Conrad. Il obtint donc dans ce domaine un diplôme d'études professionnelles.

À l'école secondaire que fréquentait Jocelyn, les étudiants étaient inscrits soit au secteur général, soit au secteur professionnel. Il n'y avait pas, comme dans certains établissements, de ségrégation entre les membres des deux secteurs. Bien au contraire, tous s'entraidaient. À une occasion, Jocelyn intervint en faveur d'étudiants du secteur général menacés d'expulsion par le préfet de discipline. Ce dernier, usant à répétition d'une violence inconsidérée à l'endroit des jeunes, avait mis le feu aux poudres. «Après avoir fait le point avec les étudiants, m'être assuré du bien-fondé de leurs réclamations et avoir mobilisé les troupes, je pris la tête du mouvement. À la fin de la journée, finies les expulsions et les autres mesures de représailles. Mais j'étais désormais dans la ligne de mire de la direction.» C'était le prix à payer pour être efficace.

Jocelyn a toujours eu la réputation de ne jamais laisser tomber un ami. «Ceux qui ne comprennent pas ce comportement ont des intérêts, mais pas de valeurs, du moins pas celles que mon père m'a enseignées», dira-t-il pour expliquer les principes de base qui gouvernent sa vie encore aujourd'hui.

À la sortie du secondaire, Jocelyn se trouva un emploi de mécanicien. Mais le travail était souvent rare dans ce domaine. C'est pourquoi, en 1973, il choisit d'intégrer l'industrie de la construction. Il travailla d'abord comme journalier et se fit rapidement connaître des équipes de travail. Après deux semaines, ses confrères le sollicitèrent pour occuper le poste de délégué de chantier, et il accepta. Deux mois plus tard, l'occasion de devenir apprenti grutier se présenta. Toujours intéressé par la mécanique et la machinerie, Jocelyn fit le saut vers son nouveau métier. Deux mois et demi plus tard, il fut mis à pied pour manque de travail et revint à Sept-Îles, où il occupa de petits emplois de mécanicien dans diverses stations-service de la ville. Il voyagea aussi sur la côte et se rendit à Port-Cartier, où il trouva des emplois comme apprenti grutier ou mécanicien. Ce furent des années de vache maigre.

À l'occasion, il se rendait à Havre-Saint-Pierre voir sa famille, lui apportant l'aide financière que lui permettaient ses moyens limités. Il offrit même parfois à ses parents des petits luxes dont ils n'avaient pas les moyens. En 1974, avec ses économies, il acheta pour la famille une Chevrolet Impala d'occasion.

SEPT-ÎLES, 1972 : PREMIER CONFLIT

Des années 1960 au milieu des années 1970, Sept-Îles connut une forte explosion démographique. Le développement économique de la Côte-Nord dépendait essentiellement de la vente au rabais de nos ressources naturelles aux Américains, et les «Canadiens français», comme on appelait à l'époque les Québécois francophones, migrèrent vers cette région, attirés par les 100 000 emplois promis par Robert Bourassa. Cependant, la population de Sept-Îles développa rapidement une solidarité peu commune, solidarité qu'elle a conservée depuis. Encore aujourd'hui, ne pas tenir compte de ce facteur social nuit à toute analyse sérieuse de cette région. C'est aussi ignorer ce qui a forgé Jocelyn Dupuis, ce qui l'anime et le caractérise.

En 1972, le gouvernement libéral et les employés des secteurs public et parapublic s'affrontèrent. Ce fut l'année de la création du Front commun intersyndical regroupant la CSN, la CEQ et la FTQ. À Sept-Îles, où le taux de syndicalisation était près du double de celui que l'on trouvait ailleurs en province, la population se mobilisa facilement. Dès le mois de mars 1972, plusieurs grèves vinrent frapper les établissements des secteurs de l'éducation et de la santé. Après de nombreuses manifestations, les syndiqués retournèrent finalement au travail, mais le message adressé au gouvernement était clair.

Pour les travailleurs de la construction, la situation se résumait en deux mots : chômage et précarité. Mensonge politique parmi tant d'autres, les 100 000 emplois promis ne se concrétisèrent jamais. Quant à Pierre Laporte et Jean Cournoyer, qui s'étaient succédé à la barre du ministère du Travail depuis l'élection du 29 avril 1970, leur bilan démontra qu'à leurs yeux, les impératifs économiques étaient de loin plus importants que les problèmes réels auxquels faisaient face quotidiennement les ouvriers. Uniquement pour l'année 1972, on compta 44 décès dans l'industrie de la construction et environ 500 000 jours d'indemnisation pour les travailleurs blessés de ce seul secteur. Au moment des perturbations de cette même année, le taux de chômage à Sept-Îles était de 46 %.

Dans les faits, près d'un ouvrier de la construction sur deux était au chômage, et 50 % gagnaient un revenu annuel de 5 000 $ et moins. Lorsque la pression monta dans le secteur public, le secteur privé se mobilisa à son tour. Les métallos et les machinistes participèrent activement à l'agitation populaire qui s'organisa. Les militants de la FTQ-Construction furent le fer de lance de cette période trouble, et Jocelyn Dupuis, même s'il n'avait pas encore intégré le milieu de la construction, en faisait partie.

Dans la foulée des événements de mai 1972, les travailleurs de la FTQ-Construction prirent le contrôle de la station de radio locale CKCN et diffusèrent les communiqués du Front commun. Dans la journée, afin d'isoler la ville et de retarder l'arrivée des renforts policiers, les travailleurs creusèrent, à chaque extrémité de la seule route qui donnait accès à Sept-Îles, une tranchée large et profonde de plusieurs mètres. Puis, ils l'encombrèrent de nombreux véhicules lourds qu'ils incendièrent.

Jour après jour, les accrochages violents se multiplièrent entre manifestants et forces de l'ordre. Il n'y avait pas que les travailleurs syndiqués qui étaient en colère, la population en général aussi. Les policiers faisant amplement emploi de leur matraque, leurs opposants se dotèrent pour répliquer de bâtons de baseball, de chaînes et de cocktails Molotov. Des rassemblements spontanés s'organisèrent un peu partout dans Sept-Îles, et 1500 personnes s'entassèrent devant le palais de justice. Entre policiers et manifestants, ce fut le flux et le reflux. Malgré l'emploi de bombes à gaz lacrymogène lancées du haut du ciel par hélicoptère, les contestataires maintinrent l'avantage du terrain. Jocelyn Dupuis, comme il se doit, était aux premières loges.

« Je m'en souviendrai toute ma vie, déclare-t-il. J'étais assis avec des amis sur le capot d'une autopatrouille devant le palais de justice. Nous étions entourés de centaines de travailleurs de la construction, de fonctionnaires provinciaux, d'enseignants, de métallos et de citoyens non syndiqués en colère. Nous attendions les orateurs de la journée, Jean-Claude Surreault, délégué de chantier pour la section locale 144 des tuyauteurs, et Claude Proteau, délégué des électriciens de la FIPOE[1], qui devaient faire le point sur la situation.

« Au moment où je me suis levé pour entendre les orateurs, j'ai vu une automobile foncer sur nous. Arrivé près des manifestants, le conducteur ne s'arrêta pas, bien au contraire. Il appuya sur l'accélérateur. J'eus à peine le temps de me jeter sur le côté que ce fut l'impact. C'était épouvantable. Le gars qui m'accompagnait a eu une jambe cassée dans la collision. Herman Saint-Gervais, un manifestant membre du syndicat des métallos, qui était demeuré près de l'autopatrouille, n'eut pas le réflexe d'esquiver le véhicule et fut percuté mortellement par celui-ci. J'étais juste à ses côtés. Outre ce décès, on dénombra 32 blessés. Quelques jours plus tard, nous étions des milliers au service et à l'enterrement d'Herman. »

Au cours des jours qui suivirent, le mouvement populaire perdit de l'ampleur. Certains directeurs syndicaux, dont Jean Gérin-Lajoie des métallos, empêtrés dans une idéologie légaliste et inconsciente de ses racines, démobilisèrent la province et isolèrent la Côte-Nord du reste du Québec. Approché par la Chambre de commerce et les *boss*, Claude Ryan, du journal *Le Devoir*, se rendit à Sept-Îles pour amener patrons et syndicats à renouer le dialogue. Mais il ne put rencontrer les syndicats, qui n'appuyaient nullement

---

1.   Fraternité inter-provinciale des ouvriers en électricité.

sa démarche. Il revint à Montréal et, vexé par son inutile esca-pade, s'en prit aux officiers syndicaux et aux syndiqués de la Côte-Nord dans un éditorial.

Pour leur part, les membres de la FTQ-Construction, y com-pris leurs directions syndicales, tinrent le coup. Mais, comme cela se produisit régulièrement par la suite, on leur reprocha d'avoir été trop « actifs » et de ne pas avoir « respecté les règles ». De quelles règles parlait-on, et au profit de qui avaient-elles été établies ?

« La FTQ-Construction vécut une situation analogue en décembre 2003. Mais cette fois, nous avions acquis de l'expé-rience. Nous ne pouvions nous permettre de perdre un affronte-ment. Je m'étais engagé à ne jamais entreprendre un combat sans en considérer tous les aspects stratégiques. C'était plus qu'un simple engagement, et j'ai tenu parole », conclut Jocelyn.

DES CONSTATS NÉS DE L'EXPÉRIENCE

Au cours des années 1970 et 1980, Jocelyn se déplaça constam-ment à travers le Québec. Le métier qu'il avait choisi le voulait ainsi. Il était ici, là et partout : du Mont-Wright à Port-Cartier, d'Amos à la Baie-James, de Sept-Îles à Montréal. En 1975, il manœuvrait un camion à flèche sur le site du Stade olympique, à Montréal. Pour Jocelyn, c'était une première, qui serait suivie de bien d'autres.

Au fil de ses expériences de travail, Jocelyn fit de multiples rencontres. Il apprit à la fois les techniques du métier et ses aspects humains. Si le grutier est seul dans sa cabine tout au long de la journée, il ne faut pas en conclure pour autant qu'il est solitaire. En raison de la précision que sa tâche exige et des règles de sécu-rité à respecter, l'opérateur maintient constamment un contact visuel avec les autres travailleurs du chantier qui interagissent avec lui. Le déplacement de lourdes charges constitue l'exercice essentiel du métier, et cet exercice peut devenir source de danger pour les autres et pour l'opérateur lui-même. Bien que solide, une grue se fragilise facilement et peut alors se transformer en instrument de mort.

Limite de poids, excès de charge, assemblage déficient et entretien inadéquat sont autant de facteurs déterminants dans les accidents qui se produisent durant les travaux. La chute d'une grue du mât, au chantier olympique, et l'effondrement d'une grue à tour, à Mirabel, entraînèrent le décès de deux travailleurs en 1975. Ces deux décès contribuèrent à renforcer l'opinion de Jocelyn quant à l'utilisation sécuritaire des grues. Les grutiers, eux, étaient de plus en plus conscients des lourdes responsabilités qu'on tentait de leur placer entre les mains. On voulait que les événements survenant sur les chantiers leur soient imputables.

Tout cela faisait partie de l'apprentissage de Jocelyn. Et au moment où il accéda au poste de directeur du syndicat des grutiers, il en fit profiter les travailleurs de la construction.

À plusieurs reprises, Jocelyn refusa d'exécuter un travail dangereux, par exemple le transport de charges au-dessus de salariés ou encore la manipulation de matériel avec un système d'attache non sécuritaire. Ces arrêts de travail, causés par une mauvaise organisation, causaient des pertes financières aux travailleurs. Pourtant, c'était l'employeur et le maître d'œuvre qui étaient responsables du bon déroulement des travaux, pas les ouvriers.

Le travailleur qui exigeait le respect des normes de sécurité voyait bien souvent son emploi se terminer abruptement. «Tu finis vendredi, lui disait le contremaître. Simple coïncidence; cette semaine, on réduit le personnel.» C'était la phrase-prétexte pour imposer le silence. Sur les chantiers d'importance, il était plus difficile de se débarrasser de la main-d'œuvre soucieuse du respect des règles, mais sur les chantiers de moindre envergure, on volait quotidiennement le salaire et la vie des salariés de la construction. Même si tous les gouvernements ont eu connaissance de ces pratiques, il n'y a jamais eu de commission d'enquête sur le sujet. Certains vols et certains meurtres sont permis dans notre société.

Jocelyn fit rapidement le constat des solutions qui s'offraient aux grutiers. Elles se présentaient sous deux aspects distincts, mais complémentaires. D'abord, il était impératif de mettre sur pied des centres de formation spécialisés et de faire en sorte qu'à l'avenir, seuls les grutiers diplômés de ces centres aient accès aux chantiers, en plus de ceux qui détenaient déjà un permis de travail. On parle ici uniquement de formation professionnelle. Ensuite, il fallait exiger l'application intégrale des mesures de sécurité conformes aux normes existantes et, au besoin, valider leur efficacité. Si, à l'analyse, celles-ci démontraient des lacunes, il fallait apporter les modifications nécessaires à la réglementation. C'est pourquoi on devait rendre obligatoire une formation spécifique sur l'utilisation sécuritaire des grues, qui serait dispensée dans le cadre de la formation professionnelle.

Seul un travailleur ayant la possibilité de dire « non ! » sans risquer des représailles ferait respecter les règles de sécurité, refuserait de travailler au noir ou de se faire imposer des réductions de salaire. Jocelyn était convaincu que sans sécurité d'emploi, l'industrie de la construction ne serait jamais civilisée. Si le bilan était clair, tout restait encore à faire.

Au moment du vote d'allégeance syndicale de 1981, Jocelyn, toujours grutier sur les chantiers, choisit de demeurer au Conseil provincial. Ce choix fut d'abord motivé par l'engagement pris envers les grutiers par les responsables de la nouvelle structure, la section locale 905 de l'Union internationale des opérateurs ingénieurs, de créer un syndicat totalement dédié à la sauvegarde et à la promotion de leurs intérêts. Bien que les grutiers n'aient jamais nié faire partie de la même famille que les opérateurs de pelles et d'équipement lourd, ils désiraient disposer d'une large autonomie au sein de cette famille, en raison des particularités de leur métier.

L'autre motif incitant Jocelyn à demeurer au sein de l'Union internationale était lié au travail lui-même. Les travailleurs avec qui il œuvrait sur les chantiers étaient majoritairement membres d'une section locale affiliée à l'Union internationale. Plus encore que les aspirations à de meilleures conditions, ce sont la disponibilité et la gamme des services offerts ainsi que la qualité de la représentation qui incitent les travailleurs à modifier ou à conserver leur allégeance syndicale. Malheureusement, lors du scrutin, les grutiers restèrent disséminés dans plusieurs associations syndicales.

LE MILITANT

«Léonard Duguay, grutier de métier doté d'une grande compétence, eut une grande influence sur mon développement idéologique, déclare Jocelyn. Ce vieux loup que tous les employeurs s'arrachaient en raison de son savoir-faire dans l'exercice de son art m'a fait comprendre que le respect des conditions négociées est un incontournable. On exige ce qui nous revient de droit, ni plus ni moins. Si le cocontractant ne respecte pas sa parole, alors rien ne va plus et la conjoncture se prête admirablement bien à l'entrée en jeu du rapport de force.»

Particulièrement engagé dans son syndicat comme militant, Jocelyn est sollicité pour occuper un poste au sein du comité exécutif en 1983. En 1985, il est embauché par la section locale 905 pour représenter les travailleurs. Rapidement, Jocelyn devint dérangeant: voilà qu'il réclamait la sécurité d'emploi, l'ancienneté et une liste de rappel pour les grutiers. Ce discours innovateur était tenu par peu de syndicalistes dans l'industrie de la construction, toujours aux prises avec les problèmes liés au placement (l'une des tâches relevant d'un représentant, qui consiste à trouver un emploi pour les membres en chômage).

«Le placement demeure, encore aujourd'hui, un problème créé et entretenu de toutes pièces par des gouvernements qui ont tout intérêt à ce que les travailleurs ne bénéficient d'aucune sécurité d'emploi ou physique, affirme Jocelyn. N'est-ce pas le Conseil du trésor qui s'oppose, en raison des coûts, à ce que l'ensemble de la Loi sur la santé et la sécurité du travail s'applique à tous les salariés du Québec, indistinctement? Dans notre secteur, tu peux bien crever et ça ne dérange personne si cela a pour effet de sauver de l'argent. Et en plus, on nous fait la morale!» s'indigne-t-il.

Jocelyn fit une dernière tentative auprès de son syndicat afin d'obtenir une section locale autonome pour les grutiers: «Accompagné de Gilles Desmarais et René Reault, respectivement représentants de la région de Québec et de la région de Trois-Rivières, je suis allé rencontrer Jean-Marc Morin, gérant d'affaires de la section locale 905, et Léo McBearthy, représentant international. Devant les réponses évasives du superduo Morin-McBearthy, il devenait évident que nous n'obtiendrions jamais notre structure de métier. Je demandai à être muté de Montréal, où j'occupais mon emploi de représentant, à Sept-Îles. Sur la Côte-Nord, de nombreux chantiers industriels étaient en activité. J'y serais plus utile. De retour au bercail, cela me permit de faire le point et d'évaluer la situation.»

LA CRÉATION DE LA SECTION LOCALE 791-G À LA FTQ-CONSTRUCTION

«Au printemps 1990, la réponse finale de la direction du syndicat à la proposition de la mise en place d'une structure dédiée aux grutiers me fut présentée sous la forme… d'une cessation d'emploi pour manque de travail. Je n'avais qu'à retourner opérer une grue. Il faut comprendre qu'autant en politique que dans le monde syndical, rien n'est plus temporaire que le permanent.

«En réaction à ma mise à pied par le syndicat, les travailleurs de la Côte-Nord que je représentais prirent la décision de me garder à leur service et de me rémunérer à même une cotisation volontaire. Après un mois, Jean-Marc Morin me retira ma carte de représentant. En effet, dans le domaine de la construction, les conventions collectives prévoient qu'un représentant syndical a droit d'accès au chantier à condition qu'il détienne une carte d'identité émise par l'association représentative (syndicale). Pas de carte, pas d'accès au chantier. Je n'avais d'autre choix que de revenir à Montréal. Sans travail, les années 1990 et 1991 furent vraiment une dure période à passer. »

Respectant les règles de la démocratie, les grutiers patientèrent jusqu'au début de la période électorale afin de briguer les suffrages à tous les postes de direction de la section locale 905. Se forma alors une équipe constituée de membres possédant une orientation idéologique progressiste. Le but de cette équipe était de remplacer une direction sclérosée et apathique. Il fallait en finir avec l'habituelle ronde de négociations qui favorisait les clauses salariales au détriment des clauses normatives. Les conditions de vie au travail ne devaient-elles pas correspondre à ce siècle? Ne devait-on pas s'assurer que les travailleurs travaillent plus de six mois par année? Ne devait-on pas en finir avec le favoritisme ambiant, qui voulait qu'un travailleur manœuvre un jour un appareil, puis soit remplacé le lendemain par un autre travailleur, à la discrétion de l'employeur?

« Le calcul était pourtant simple. Même si je gagnais 20 $ de l'heure, si je ne travaillais que 500 heures par année, mon revenu se situait toujours sous le seuil de la pauvreté. Pour une fois, il y avait des gens qui voulaient s'occuper des vrais débats », se souvient Jocelyn.

Un comité de stratégie formé d'une vingtaine de membres fut bientôt mis en place. L'équipe connut une croissance continue et s'étendit rapidement à l'ensemble du territoire du Québec. Selon les sondages internes, elle devait faire des ravages lors du scrutin à venir. Grâce à la section locale 711 des monteurs de structures d'acier, qui leur fournirent des cartes de représentants, Jocelyn et Yves Dérosby firent une tournée du territoire de la Baie-James.

Comme les autres tournées entreprises par les membres de l'équipe de Jocelyn, celle-ci démontra l'urgence de mettre en place des ressources et des moyens afin de mieux représenter les membres du syndicat, trop souvent laissés à eux-mêmes. Elle attesta aussi de la volonté de changement des travailleurs. Selon les sondages téléphoniques, les résultats leur accordaient de 70 à 80 % des votes. La victoire était à portée de main.

Pourtant, lors du décompte des voix au soir des élections, ce fut la consternation. Chaque membre de l'équipe représentée par Jocelyn Dupuis perdit par 10 à 15 votes. La mince majorité obtenue par les membres de l'équipe adverse sema le doute. Le déroulement de l'élection avait-il fait l'objet de pratiques douteuses ? En effet, l'Union internationale avait organisé le scrutin en contrevenant aux dispositions de la loi. Elle avait procédé par envoi postal, et les bulletins n'avaient été ni numérotés ni codés afin d'assurer qu'il n'y ait pas manipulation du vote. On avait pu «bourrer» les boîtes de scrutin, mais nul ne pouvait l'alléguer ni le prouver.

N'ayant plus l'appui de leur section locale, les membres de l'équipe de Jocelyn reprirent l'exercice de leurs métiers, principalement grâce à l'aide que leur apportèrent les sections locales des chaudronniers et des monteurs d'acier de structure. Mais les résultats des élections n'avaient pas semé le doute uniquement dans la tête de l'opposition. La direction de la section locale 905 vit sa crédibilité entachée. Elle perdit, par la même occasion, la confiance des autres syndicats affiliés du Conseil provincial.

Au sein du Conseil provincial, on comprit que les grutiers, désirant obtenir leur structure propre, n'avaient d'autre solution que de se tourner vers la FTQ-Construction, et plus particulièrement vers la section locale 791 des opérateurs de machinerie lourde. C'est pourquoi, afin de ne pas subir une diminution du nombre d'adhérents à son association, Maurice Pouliot, alors directeur général du Conseil provincial, offrit à Jocelyn Dupuis le poste de directeur général adjoint. À première vue, l'offre était alléchante et présentait d'intéressantes possibilités d'avenir. Mais l'accepter signifiait pour Jocelyn abandonner les grutiers, dans son seul intérêt. La période de réflexion ne fut pas longue, et la réponse ne tarda pas : « Non ! Je continue avec les grutiers. »

À l'approche du vote d'allégeance syndicale de 1992, Jocelyn fut joint par la direction de la section locale 791, affiliée à la FTQ-Construction. Comme c'était à prévoir, on lui offrait de mettre en place la structure d'accueil pour les grutiers et d'en assumer la direction. Seule condition à respecter : livrer la marchandise en obtenant le nombre de membres nécessaire à la survie de la nouvelle section administrative. Cette fois, il fut impossible de jouer avec le résultat du scrutin. Dès qu'ils eurent obtenu officiellement le mandat, Jocelyn et son équipe repartirent à la conquête du Québec. Pas une région ne fut négligée, pas un grutier ignoré. Mieux encore, les grutiers s'occupaient aussi de recruter des opérateurs de machinerie lourde et de pelle. Pendant les trente jours durant lesquels se déroula la campagne de recrutement, on vit se déployer sur le terrain un appareil d'une redoutable efficacité.

En septembre 1992, ce fut le vote. La nouvelle section locale 791-G rafla la majorité des voix. La représentativité des grutiers de la FTQ-Construction passa de 30 à 72,8 % ; du jamais vu. En plus des grutiers, l'équipe de Jocelyn réussit à entraîner dans le raz-de-marée plus de 1700 opérateurs de pelle, opérateurs de machinerie lourde et chauffeurs de camion.

DE VÉRITABLES NÉGOCIATIONS

Pour Jocelyn, tous les engagements pris durant la campagne d'adhésion syndicale et portant sur l'amélioration des conventions collectives devaient être respectés. C'est d'ailleurs en appliquant ce principe que Jocelyn se fit un nom. Il se présenta à la table de négociations en 1993 avec l'appui indéfectible des grutiers. Dans un premier temps, il récupéra la perte salariale engendrée au cours des dernières années par la dispersion des grutiers dans plusieurs associations syndicales. Les employeurs profitaient de ce que ceux-ci n'étaient pas regroupés dans un seul syndicat pour monter les associations syndicales les unes contre les autres.

Dans un deuxième temps, Jocelyn fit adopter une nouvelle disposition stipulant l'obligation d'affecter un deuxième opérateur de grue sur un appareil de plus de 150 tonnes (auparavant, le deuxième homme n'était obligatoire que sur une grue d'une capacité de 200 tonnes). Cette nouvelle disposition permettait une meilleure formation des apprentis. En effet, pour développer sa compétence, un apprenti devait avoir accès à une formation pratique sous la supervision d'un opérateur d'expérience. Désormais, cette pratique devenait possible et profitait à l'ensemble de l'industrie.

À la négociation de 1995, Jocelyn obtint pour les grutiers la seule et unique clause de sécurité d'emploi et de rappel existant dans les conventions collectives du secteur de la construction. Au cours des deux années qui suivirent, il fit revoir les normes de sécurité pour les grues et rendit obligatoire le respect des normes nord-américaines. À l'aide d'une équipe de spécialistes, il échafauda le programme du cours *Utilisation sécuritaire des grues*, et au moment où il s'apprêtait à prendre la direction de la FTQ-Construction, l'École des grutiers était à quelques mois d'ouvrir ses portes pour recevoir sa première cohorte.

En cinq ans, Jocelyn Dupuis réussit à tenir tous les engagements pris lors de son élection à la section locale 791-G des grutiers de la FTQ-Construction.

À LA TÊTE DE LA FTQ-CONSTRUCTION

En novembre 1997, Jocelyn Dupuis accéda à la direction de la FTQ-Construction. Il restait beaucoup à faire. La crise économique du début des années 1990 avait laissé l'industrie de la construction dans une situation déplorable. La Loi sur l'assurance-emploi avait été vidée de son contenu, les mesures de santé et de sécurité sur les chantiers étaient inexistantes, le travail au noir proliférait, la Régie du bâtiment multipliait l'émission de licences aux entrepreneurs et le système de formation professionnelle, abandonné par le gouvernement du Québec depuis des décennies, était à reconstruire.

Ce n'est pas que le précédent directeur général, Yves Paré, avait été absent de la scène syndicale, bien au contraire. On lui devait notamment la réintroduction du secteur résidentiel dans la Loi, secteur que le gouvernement libéral avait exclu en décembre 1993. Dans les faits, entre janvier 1994 et février 1995, le secteur de la construction résidentielle n'avait pas été syndiqué et les conventions collectives ne trouvaient plus application. En quelques jours, les travailleurs de ce secteur avaient vu leur salaire réduit de moitié. Dans les mois qui avaient suivi l'exclusion, ils avaient perdu leurs bénéfices d'assurance et de retraite ainsi que bon nombre d'autres avantages liés à l'emploi.

Ceux qui doutaient encore de l'avantage d'être syndiqués en comprirent toute l'importance au cours des semaines qui suivirent. Une fois de plus, le gouvernement du Québec s'était agenouillé devant celui de l'Ontario afin de procéder à la fameuse Entente Québec-Ontario, libérant la main-d'œuvre. Robert Bourassa et son ministre du Travail, Normand Cherry, avaient procédé au solde annuel. Il ne faudrait toutefois pas croire que cette politique était l'apanage des libéraux puisque Lucien Bouchard, premier ministre du gouvernement péquiste, et sa ministre du Travail, Diane Lemieux, en firent autant quelques années plus tard.

Même si, en raison de cette loi inique, la rémunération des travailleurs était coupée, le prix des maisons ne s'en trouvait pas réduit pour autant. Les employeurs mettaient tout simplement plus d'argent dans leurs poches. D'autres en profitaient pour hausser le coût des matériaux de construction de 4 %.

Jocelyn en était là. Tant demeurait à faire. Peu importe le domaine dans lequel on œuvre, on peut toujours améliorer, parfaire, accomplir... Mais on ne peut jamais terminer. Il reste toujours à réaliser ce qu'hier encore on croyait impossible. Au cours de ses mandats comme directeur général de la FTQ-Construction, Jocelyn allait s'attaquer à l'impossible.

INTERMÈDE : LA CORVETTE DE COLLECTION 1969, OU LE FÉTICHISME MÉDIATIQUE

La fameuse Corvette de collection 1969 de Jocelyn Dupuis fut probablement, dans la chronique journalistique du Québec contemporain, le plus connu des petits bijoux mécaniques. Durant toute l'année 2008, elle a provoqué chez d'illustres membres de la presse parlée et écrite des convulsions chagrines et des crises d'agitation anxieuses. En entrevue, on me demandait comment Jocelyn pouvait se payer une « Corvette de collection », allant jusqu'à insinuer que le véhicule avait été payé à même l'argent de la FTQ-Construction. Afin d'assurer le triomphe de la vérité, voici en primeur la petite histoire de la Corvette de Jocelyn Dupuis...

« Le sport automobile (véhicules, mécanique et composantes électroniques) a de tout temps constitué à mes yeux une forme d'incarnation du génie humain, affirme Jocelyn. Les voitures sont une passion pour moi. Avec les revenus de mon premier emploi au Mont-Wright, j'ai pu amasser quelques dollars afin de me pro-curer une automobile. À mon retour, je me suis acheté une superbe Camaro Z-28 1971 d'occasion. Par la suite, j'ai eu plusieurs autres véhicules, dont une Corvette 1970 échangée contre ma Z-28, qui fut échangée à son tour, etc.

« Une bonne connaissance à moi, Denis Babin, possédait une Corvette 1969. Tous les véritables amateurs de Corvette savent que *LA* 1969 est considérée comme un modèle classique. Jusqu'en 1982, j'ai conservé ma Corvette ordinaire, chétive, fade et médiocre... Je demeurais alors à Montréal. Si, d'aventure, je me rendais à Baie-Comeau, je faisais un petit détour pour rencontrer Denis afin de lui demander si *LA* Corvette était à vendre, mais, déception, la réponse était toujours négative. Ne voulant pas perdre un ami, je cessai de le harceler.

« Je lui signifiai toutefois que si, par le plus grand des hasards, la vie étant pleine de mystères et de surprises, il changeait d'avis et qu'il lui prenait l'idée saugrenue mais géniale de vendre son bolide, il n'avait qu'à communiquer avec moi. J'en deviendrais avec plaisir l'heureux acquéreur. En 1990, je reçus un appel de Denis : *LA* Corvette était à vendre pour la modique somme de 10 000 $. J'en fis l'acquisition. »

Peut-il exister une histoire plus insipide et anodine que celle-là ? Cette voiture a pourtant fait la manchette durant des mois...

Mais le temps est maintenant venu de passer à une autre histoire.

CHAPITRE 2

Richard Goyette

> – Qu'est-ce que vous faites dans la vie, vous ?
> demanda le professeur.
> – J'apprends des choses, dit Colin.
> Et j'aime Chloé.
> BORIS VIAN
> *L'ÉCUME DES JOURS*

Le 7 septembre 1659, le *Saint-André* jette l'ancre devant Québec. Mes ancêtres, Pierre Goguet, son épouse Louise et leur fille Marie-Anne, sont à bord. Depuis la création de la Compagnie des Cent-Associés en avril 1627, la colonisation de l'Amérique française plafonne. Préoccupée par un commerce orienté vers des profits immédiats, la Compagnie néglige le peuplement et n'instaure pas d'assises solides sur le plan local. L'organisation préalable à la traversée et les conditions dans lesquelles cette dernière s'effectue sont révélatrices de la piètre importance que l'on accorde aux immigrants.

Le 20 septembre 1658, Jeanne Mance et Marguerite Bourgeoys s'embarquent pour la France afin de recruter de nouveaux colons. Elles y rencontrent l'armateur Jacques Mounier qui exige le triple de la somme initialement convenue afin de mener les colons à bon port. Jeanne Mance réussit à trouver un marchand de La Rochelle qui accepte de fournir la somme manquante. Il faudra dix ans aux immigrants pour rembourser la totalité de l'emprunt…

La traversée dure plus de deux mois. Les passagers sont contraints de manger des biscuits durs bouillis dans de l'eau de mer, que les marins partagent à même leur ration. Et comme rien n'est simple, le *Saint-André* a été, durant les deux dernières années, un navire-hôpital pour les troupes de la marine. Il n'a pas subi de quarantaine avant d'être affrété pour servir au transport de civils. Voilà que les passagers et les membres d'équipage sont aux prises avec ce que l'on appelle une «fièvre pestilentielle», ou la peste.

Une fois à Québec, presque tous les nouveaux arrivants sont hospitalisés. Comble de malheur, la maladie se transmet à une partie de la population locale. Ayant heureusement survécu, Pierre Goguet et sa famille atteignent Ville-Marie et s'installent à la Pointe-aux-Trembles, quartier de Montréal qui existe toujours aujourd'hui.

Bien que ces événements datent des débuts de la colonie, on trouve des circonstances similaires aujourd'hui encore au Québec. La même violence et le même mépris persistent à l'endroit des immigrants, des travailleurs et des démunis. Bien sûr, tout est plus feutré, plus discret, mais cette violence et ce mépris sont tout aussi brutaux. Et ils surviennent dans la plus grande indifférence, malgré l'apitoiement factice de certains et la consternation complice des autres.

MON PÈRE, SYNDICALISTE PAR PASSION

Je suis né le mercredi 17 mars 1954 à l'hôpital Notre-Dame de Montréal, le cadet d'une famille de trois fils. À l'origine, nous demeurions dans la rue des Érables, un peu au sud de Sherbrooke. C'est là que j'ai passé les premières années de ma vie. À l'instar de bien des gens nés juste avant ou durant la crise de 1929, mon père, Marcel Goyette, dut se mettre au travail très jeune. Déjà, à 12 ans, il transportait des copeaux de bois.

Durant la guerre, Marcel travailla à la construction de navires pour la Canadian Ship Yard. Après l'armistice de 1945, il devint tuyauteur de métier et syndicaliste par passion. Militant actif au sein de la section locale 144, il occupa les fonctions de délégué sur les grands chantiers industriels, notamment durant la construction des raffineries de l'est de Montréal, des papeteries de l'Outaouais, de la General Motors à Sainte-Thérèse, des pipelines et des chantiers industriels de la Côte-Nord. C'était un homme charismatique qui possédait un leadership étonnant. À une certaine époque, il fut président du syndicat, et c'est lui qui incita un ami d'enfance à entrer, comme plombier, dans l'industrie de la construction. Cet ami s'appelait André «Dédé» Desjardins, celui-là même que l'on devait surnommer plus tard le «Roi de la construction».

Peu de temps après ma naissance, un conflit éclata dans l'industrie de la construction. Les patrons refusaient de se plier aux conclusions du comité d'arbitrage qui avait accordé une augmentation de 0,10 $ l'heure aux tuyauteurs. Après neuf semaines de grève, les travailleurs remportèrent une importante victoire, qui encore aujourd'hui fait date dans l'histoire syndicale : ils obtinrent une augmentation de 0,12 $ l'heure. Très tôt chez moi, dans cette maison-école aux fortes propensions à la pédagogie, j'appris qu'une organisation syndicale demeure le seul outil permettant aux travailleurs de faire face aux aléas de la vie ouvrière, et qu'une victoire ne s'obtient jamais gratuitement, ni sans privations.

La section locale 144 était située au 4540, rue Garnier, à Montréal. Mon père m'y emmenait souvent le samedi ; ce jour-là, il accueillait les membres en quête d'information ou vivant des difficultés. Je n'avais aucune idée de ce que pouvait être un syndicat, mais je ressentais la force qui émanait des personnes présentes. Quand on sortait en famille, on ne pouvait passer le pas de la porte sans que quelqu'un salue mon père. Il connaissait des gens de tous les milieux et de toutes allégeances, des gens de bonne et de moins bonne réputation. Mon père m'a souvent répété ce conseil quand j'ai débuté à mon tour dans la construction : «Tu devras parler à tout le monde, tu n'auras pas le choix. Mais ne fais pas d'affaires… » J'ai bien compris ce qu'il voulait dire.

Mon père poursuivit sa carrière de délégué de chantier et de militant jusqu'en 1983, au moment où un accident de travail mit fin à ses activités.

MA MÈRE ET SON SENS DE L'HUMOUR

Ma mère, Noëlla, était ce qu'on appelle une ménagère, c'est-à-dire qu'elle travaillait à temps plein pour la maisonnée. Intéressée par les études, elle ne put néanmoins les poursuivre plus loin que le primaire. Tout comme ce fut le cas pour mon père, la crise de 1929 l'obligea à trouver un emploi pour subvenir aux besoins de ses frères et sœurs plus jeunes. Elle avait un sens aigu des affaires et des aptitudes pour les arts. J'ai toujours cru qu'à la maison, nous vivions dans une communauté matriarcale, même si la famille comptait une femme et quatre hommes. Le pouvoir du nombre ne s'applique pas toujours, même en démocratie.

Le 29 octobre 1969 se tint la fameuse manifestation de *La Presse* qui dégénéra en émeute. Prévoyant qu'il y aurait de l'action, mon père avait dit à ma mère qu'il était affecté à la mobilisation téléphonique, de manière à ne pas l'inquiéter inutilement. Ma mère ne le crut qu'à moitié, sachant trop bien que les syndicats de la construction étaient toujours aux premiers rangs lors des manifestations, et que mon père n'avait pas le type «téléphoniste».

Se produisit donc ce qui devait se produire : durant la manifestation, mon père toucha de la main l'une des clôtures servant au contrôle de la foule. Aussitôt, un «sympathique» policier lui asséna un coup de matraque sur la main. Lorsqu'il revint à la maison dans la soirée, celle-ci avait bien doublé de volume. Le constatant, ma mère dit à mon père : «Ouais, Marcel! T'as dû en faire, des téléphones, pour avoir la main comme ça?!»

La question étant réglée une fois pour toutes, mon père ne prétendit plus jamais être affecté aux appels téléphoniques avant de participer à une autre activité de la sorte. Autre leçon à retenir, et non la moindre : si l'on prévoit consacrer sa vie aux luttes sociales et politiques, il importe de bien choisir la personne qui partage son quotidien.

ATTENTATS ET FLEURS AU BOUT DU FUSIL

Il n'est pas inutile de rappeler que durant l'intervalle allant de 1960 à 1980, le Québec, tout comme le reste du monde d'ailleurs, est le théâtre d'une « saison trouble ». À partir de 1963, le Québec connaît de grands bouleversements. Le FLQ, l'ALQ, le FLP, le CIS[2] et les autres mouvements de libération nationale et populaire font amplement parler d'eux. La tension atteindra son paroxysme lors des événements d'octobre 1970. Tel est le monde dans lequel j'ai grandi. Il a nourri mon quotidien et forgé ma détermination.

Louis Fournier résume bien l'état de la situation dans laquelle est plongé le Québec au début des années 1960. Les statistiques portant sur l'année 1961 fournissent les données suivantes :

> « [...] entre les Québécois francophones et anglophones, l'écart de revenu moyen est de 35 %. Sur l'échelle des salaires, les francophones se classent au douzième rang des groupes ethniques – avant les Italiens et les Amérindiens. Le Québec, qui représente 27 % de la population du Canada, n'en compte pas moins près de 40 % des chômeurs. En 1960-1961, le taux de chômage y dépasse 9 % de la main-d'œuvre. Enfin les francophones contrôlent moins de 20 % de l'économie québécoise[3]. »

2. Front de libération du Québec, Armée de libération du Québec, Front de libération populaire et Comité Indépendance-Socialisme.
3. Fournier, Louis. *FLQ. Histoire d'un mouvement clandestin*, Outremont, Lanctôt Éditeur, 1998, page 17.

On limite beaucoup trop souvent les années 1960 au « *flower power* » et au mouvement hippie. Le Québec fut pourtant, durant cette période, beaucoup plus marqué par les luttes politiques, ponctuées d'attentats à la bombe et de combats de rue, que par des fleurs au bout du fusil. Une fois de plus, l'histoire est escamotée à des fins politiques.

LES ANNÉES D'ÉCOLE

Je ne conserve que de bons souvenirs de mes années à l'école primaire, non en raison de ce que j'y ai appris, mais pour l'atmosphère, les activités parascolaires et les amis que j'ai pu m'y faire. En 6ᵉ année, j'eus la chance d'avoir un professeur innovateur, Denis Langlois, qui organisa dans le cadre de notre formation en histoire le procès de personnages historiques. Frontenac et Radisson mis en accusation, la Couronne avait pour tâche de démontrer que ceux-ci avaient agi par traîtrise ou forfaiture à l'endroit de la colonie. Pour ma part, je fus désigné d'office avocat de la défense. Le juge et les jurés, l'accusation et la défense, les journalistes, enfin tous les acteurs que l'on rencontre habituellement dans une salle d'audience y étaient. J'ai la certitude que cette expérience n'est pas étrangère à la profession que j'exerce aujourd'hui.

Au secondaire, à l'école Christophe-Colomb, je fus classé au secteur général. En langage scolaire de l'époque, cela signifiait « étudiant bas de gamme ». Les professeurs du secteur scientifique affectés à la suppléance dans nos groupes ne se donnaient même pas la peine de nous faire la classe. L'un d'entre eux nous mit dans la confidence : il ne servait à rien de nous dispenser un enseignement que, de toute manière, nous ne comprendrions pas. Beau modèle pédagogique, non ? À l'orientation, le professionnel affecté à notre groupe m'a un jour demandé avec son plus beau langage : « Avez-vous envisagé d'être balayeur ? »

Je fis part à mon frère Gilles, qui était passé par le secteur scientifique, du mépris qu'affichaient certains membres du corps professoral à notre endroit. Il m'avait déjà donné accès à sa bibliothèque ; il m'invita à venir assister à ses cours au cégep. C'est donc principalement grâce à lui que j'ai connu la poésie et le théâtre de l'absurde. Ce fut une révélation. Enfin, j'assistais à des cours ayant du contenu !

Pierre, mon autre frère, peignait, sculptait, dessinait et consacrait une bonne partie de sa vie à la musique. Je le regardais faire émerger un monde d'une toile, d'un canevas ou d'une simple feuille de papier. C'est grâce à lui si j'ai eu l'opportunité de faire de la musique.

À la fin des années 1960, dans un climat social et politique en pleine ébullition, émergèrent les syndicats étudiants de tendances radicalisées. L'équivalent du « printemps érable » s'étalait alors sur quatre saisons. À l'école Christophe-Colomb, le syndicat étudiant dans lequel je militais activement faisait la promotion des luttes sociales. En raison de notre engagement et de nos actions, nous avions été joints par le Syndicat du secondaire (SDS). Le SDS maintenait des contacts étroits avec des groupes de gauche, dont le Front de libération populaire. Ce que nous ignorions, c'est que leur réseau de contacts comptait des membres des Black Panthers de la région de New York…

On peut avoir conscience de la pauvreté, du dénuement, du désespoir et autres ulcères de la vie menant parfois au suicide. Mais moi, je vivais ces expériences en direct. Jour après jour, les interventions de notre petite communauté avaient des effets palpables. Le constat que je faisais sur l'environnement social dans lequel j'étais plongé ne me condamnait-il pas à l'action ? J'étais cependant bien loin de m'imaginer que je ferais de ce type d'interventions mon quotidien pendant plusieurs décennies.

Mes deux années en droit au collège Saint-Laurent me permirent de recevoir une bonne formation de base en philosophie, en politique et en histoire. Outre les salles de classe où se dispensait la formation théorique, ma vie gravitait entre la bibliothèque, la cafétéria et le café étudiant. C'est là que les étudiants se retrouvaient, entretenant d'incessants débats et se forgeant un argumentaire qui devait se révéler essentiel dans un proche avenir. Un de mes amis, Claude Cormier, eut la brillante idée de mettre en place l'activité « Rencontres sociales et politiques », à l'occasion de laquelle des personnalités du domaine public étaient invitées à nous entretenir de questions d'actualité. De Robert Burns, leader parlementaire du Parti Québécois, à Armand Vaillancourt, sculpteur engagé, nous eûmes droit à un tour d'horizon des opinions dominantes de l'époque.

INTERMÈDE I

Le 7 septembre 1970, j'eus le privilège de rencontrer Louise, que tous connaissent sous le nom de Loulou. Louise partage mon quotidien depuis quarante-trois ans. De descendance irlandaise catholique par son père, elle est nationaliste, pro-Sinn Féin et très favorable, à l'époque des « troubles[4] », à son bras armé, l'IRA. Elle a milité dans son syndicat à titre de vice-présidente, déléguée et responsable du dossier de la condition féminine. Elle a aussi œuvré comme bénévole dans des maisons de femmes. À croire que tout nous destinait à une vie des plus calmes…

Durant toutes ces années, nous nous sommes mutuellement soutenus dans nos tâches respectives. Chaque fois que c'était possible, nous étions ensemble aux événements, manifestations, congrès, assemblées, etc. Rien n'aurait été pareil sans Loulou.

---

4.   Période que vécut l'Irlande du Nord de 1964 jusqu'à la fin des années 1990, caractérisée notamment par l'occupation de l'Ulster par les troupes britanniques.

LE SORT EN EST JETÉ : PREMIER CHANTIER

Les facultés universitaires de droit refusèrent ma candidature car il manquait trois points à ma moyenne générale. Le sort en était jeté : je travaillerais sur les chantiers de construction. Le principe de raison (« rien n'est sans raison et nul effet n'est sans cause ») trouvait une fois de plus son application. « Je ne peux qu'améliorer ma situation », me suis-je dit. Mes parents prétendaient que mon raisonnement manquait de nuance. Et pourtant...

Je mis les pieds sur un chantier pour la première fois à l'été 1973. Je fus affecté à l'équipe de nuit lors d'un arrêt de production (*shut down*) à la raffinerie Pétro-FINA située dans l'est de Montréal. On y travaillait à raison de douze heures par jour, sept jours par semaine. Une nuit, un violent orage s'abattit sur l'est de Montréal. La foudre frappa le haut des installations de la pétrolière. Image saisissante, s'il en est, que ces flammes léchant les tours et autres installations de la raffinerie. Le spectacle se produisit au moment où nous étions attablés dans les roulottes pour la pause. Il n'y avait qu'une solution : nous éloigner du foyer d'incendie le plus rapidement possible.

Cependant, la seule voie nous permettant de quitter les lieux passait... sous les installations qui flambaient ! L'entreprise avait installé les roulottes dans un emplacement n'offrant aucune issue ! Après un long, très long moment, les flammes diminuèrent d'intensité, puis disparurent. Chacun reprit son travail sans émettre le moindre commentaire. Y eut-il une enquête ? Allez savoir ! J'en tirai cette conclusion : la vie d'un travailleur ne vaut pas le poids de la viande que ses os transportent.

LA BATAILLE DE L'INDEXATION

Entre 1973 et 1975, en raison de l'inflation, les travailleurs perdirent 40 % de leur pouvoir d'achat. Une paie de 100 $ n'en valait plus que 60. Au moment de faire l'épicerie ou de payer le loyer, ça représentait tout un impact. Parallèlement, le taux de chômage se maintint entre 7 % et 8 %. En conséquence, la FTQ-Construction se joignit au collectif demandant des mesures contre l'inflation afin de s'assurer que les travailleurs ne voient pas annihiler leur pouvoir d'achat en raison du dérèglement de l'économie. Si, pour ma part, je gagnais un bon salaire à l'époque, je me sentais concerné puisque d'autres n'avaient pas la même chance que moi. Je participai encore une fois à cette lutte populaire.

C'est dans ce contexte que je retournai à Pétro-FINA. Mais le chantier fut fermé peu de temps après en raison d'un ralentissement occasionné par cette «bataille de l'indexation». En représailles, le propriétaire du chantier nous fit expulser par le service de sécurité. À force de pressions, nous réussîmes pourtant à obtenir une majoration des salaires. Mais rien n'était pour autant terminé, et la lutte se poursuivit jusqu'en 1975.

UNE IMMENSE PLACE PLEINE DE TROUS : LE CHANTIER DU STADE OLYMPIQUE

En août 1974, je fis mon entrée au chantier du Stade olympique. C'était une immense place parsemée de trous destinés à accueillir les colonnes du stade. Jour après jour, le nombre de travailleurs ne cessait de croître, et le nombre de machines augmentait sans arrêt, au point où il deviendrait, avec le temps, quasi impossible de se déplacer en véhicule sur le chantier. Les outils étaient disponibles à un endroit central appelé « le magasin ». Dans le cadre de mon emploi, j'avais à m'y rendre souvent afin d'y quérir les outils dont mon équipe de travail avait besoin. En septembre, Orhan Akef, le responsable des achats, m'offrit de m'occuper du service pendant qu'il se consacrait aux achats. Il faut dire qu'à l'époque, je ne correspondais pas du tout à l'image que l'on se faisait d'un travailleur de la construction. Mesurant 5 pieds 8 pouces et pesant

110 livres, les cheveux aux épaules et un casque jaune sur la tête, j'arborais un look qui tenait du délire, modèle clou ! Lorsque j'étais guitariste la fin de semaine, ça passait très bien, mais sur un chantier, nettement moins. J'acceptai l'offre.

Le travail au magasin me procurait un double avantage. C'était l'endroit propice pour prendre connaissance de l'état du chantier, en raison des conversations et des échanges qui s'y tenaient. De plus, l'activité constante qui s'y déroulait favorisait la prise de contacts avec tous les acteurs qui avaient un rôle à jouer dans la réalisation du projet.

Je passais la majeure partie de mon temps de travail dans divers magasins, non sans problèmes. Le surintendant responsable de l'installation principale me fit mettre à la porte du chantier à trois reprises pour me remplacer par des membres de sa famille. Je compris ce qu'était la précarité, et ce que représente le fait de ne pas avoir de sécurité d'emploi : on est livré à l'arbitraire de l'employeur.

Grâce à l'intervention de Normand Tousignant, coordonnateur à la section locale 62 de l'Union internationale des journaliers, syndicat auquel j'appartenais, je réussis chaque fois à revenir sur le chantier, où l'on me réaffectait. Ce dont je ne me doutais pas à ce moment, c'est que trois années plus tard, je ferais partie de la nouvelle équipe de direction du syndicat sous la conduite de Normand.

Par la suite, le surintendant responsable du stade, Roger Harrison de la firme Désourdy, me proposa de travailler dans le magasin sous sa responsabilité, et j'acceptai. Quelque temps plus tard, on me confia la responsabilité de ce magasin. À la fin de la journée, j'étais toujours le dernier à quitter le travail. Ces quelques instants de calme me permettaient d'estimer les besoins en matériel et en outils pour le lendemain.

Un soir, alors que je m'employais à cette tâche et que les travailleurs de jour avaient déserté le chantier, à l'exception de l'équipe chargée de l'érection des composantes préfabriquées nécessaires à la construction du stade, le surintendant responsable de cette équipe entra en coup de vent dans le magasin. Il me demanda de mettre à sa disposition tous les vérins hydrauliques disponibles et m'informa que l'une des colonnes garnies de consoles, de voussoirs et de poutres radiales se tordait sur elle-même. Si on ne tendait pas les câbles de rétention qui la maintenaient en place, elle allait s'écrouler. Et si la colonne s'écroulait, elle entraînerait dans son sillage la chute des autres colonnes, dans un effet domino. C'en serait fait des Jeux olympiques de Montréal... Pendant des heures, les travailleurs luttèrent afin de maintenir en place la structure de béton. On doit encore, en partie, la tenue des Jeux à ces travailleurs, qui ne firent pourtant jamais la manchette.

PREMIÈRES EXPÉRIENCES SYNDICALES

Mes premières expériences syndicales, bien que toutes personnelles, débutèrent avec les travailleurs italiens. Peu d'entre eux étaient scolarisés, mais tous avaient leur fierté. Or, dans de telles conditions, on ne va pas voir le «gars du *store*», qui a 20 ans, pour se faire lire un formulaire ou une lettre provenant de l'administration, de l'employeur ou du syndicat, en lui disant: «Je ne sais pas lire, pourrais-tu me dire ce qui est écrit là-dessus?» On tend plutôt la lettre en disant: «J'ai oublié mes lunettes, pourrais-tu me lire ça?» J'ai rapidement compris le sens du non-dit et en ai accepté les règles.

Le mot a rapidement circulé. Tous ceux qui avaient besoin d'une information venaient me consulter. Sans le chercher, ni le désirer, je me suis fait connaître. Je fus largement soutenu dans cette tâche par Jean Mercier et Guy Tousignant, qui agissaient comme délégués de chantier et que j'accompagnais régulièrement, quand par exemple survenait un accident grave ou un décès. J'avais de bonnes aptitudes pour les enquêtes. Sans que j'en sois tout à fait conscient, ma formation se poursuivait au quotidien.

INTERMÈDE II

Le samedi 5 juin 1976, par une superbe journée ensoleillée, j'ai épousé Louise. J'avais bien pris soin de ne laisser filtrer aucune information à ce sujet au chantier, d'autant plus que Louise y était aussi à pied d'œuvre, puisqu'elle travaillait à la Régie des installations olympiques. Étant connu par plus d'un millier de travailleurs, j'ose à peine imaginer ce qui serait arrivé si l'information avait circulé...

Au début juillet, mon travail chez Désourdy prenait fin.

ÉLECTION À LA SECTION LOCALE 62 DE L'UNION DES JOURNALIERS D'AMÉRIQUE DU NORD

En mars 1977 se tint à la section locale 62 la première élection libre survenue dans un syndicat de la construction depuis les audiences de la Commission d'enquête sur l'exercice de la liberté syndicale dans l'industrie de la construction (commission Cliche) et la publication, en 1975, du rapport qui en découlait.

La direction de la section locale 62, représentée par Paul Castonguay, avait en 1975 embauché Roger Perreault afin d'établir la ligne politique devant prévaloir lors de la prochaine campagne d'adhésion syndicale prévue pour l'automne. Perreault faisait partie de la vieille garde de la construction et était un ami d'André «Dédé» Desjardins. Ce dernier, alors directeur général du Conseil provincial du Québec des métiers de la construction (FTQ), l'avait placé à la tête de la Commission de l'industrie de la construction (CIC), ancêtre de la CCQ. Mais Perreault dut quitter son poste en raison de révélations faites lors des audiences de la commission Cliche. Il se retrouva donc à la section locale 62.

Malgré son départ de la FTQ, Desjardins demeurait présent et influent au sein de l'industrie. Sachant que Roger Perreault avait été un intime de Dédé, je devais m'assurer de la neutralité de ce dernier. S'il prenait parti contre nous, certains syndicats ou représentants interviendraient auprès des journaliers et tenteraient d'influencer le résultat du scrutin.

C'est dans son petit commerce de la 5ᵉ Avenue, dans le quartier Rosemont, que la rencontre eut lieu. J'accompagnai Normand Tousignant. Bien que Desjardins fût déjà au fait des événements, je profitai de l'occasion pour l'informer que je briguais les suffrages pour le poste de secrétaire archiviste au conseil de direction du syndicat. La rencontre fut de courte durée, froide d'atmosphère, mais très correcte. Desjardins nous laissa entendre que les affaires internes de la section locale 62 n'avaient aucun intérêt pour lui. Il conservait un arrière-goût amer depuis les dépositions faites par Castonguay à la commission Cliche. Concernant les agissements inusités de Perreault, Desjardins croyait que ce dernier avait tout intérêt à se faire oublier. En conclusion, il nous confirma qu'il n'avait aucune intention d'intervenir dans le processus électoral.

Ligués derrière Normand Tousignant, mon équipe et moi avions mis deux ans pour renverser Roger Perreault et la direction syndicale en place. Nos motifs de revendications allaient de la mauvaise gestion à l'ingérence de tous les métiers dans notre organisation. La majorité des représentants, de même que les membres de la direction, ne provenaient pas de notre syndicat, mais d'autres organisations syndicales, dont la section locale 144 des tuyauteurs.

Malgré le blocage tenté par le siège social de l'Union internationale à Washington et l'intimidation sous toutes ses formes (appels téléphoniques anonymes durant la nuit, menaces aux membres de la famille, coups de feu), avec l'aide de Louis Laberge, président de la FTQ, nous avions maintenu le cap et obtenu la tenue de cette élection, s'échelonnant sur un mois, à travers tout le Québec. Le 21 mars 1977, le résultat du scrutin était connu et notre équipe entrait en fonction.

Le 28 mars 1977, à l'âge de 23 ans, je devenais le plus jeune représentant syndical de l'histoire de la FTQ-Construction. M'étant fait connaître sur les chantiers pour avoir souvent dépanné les travailleurs, j'avais les aptitudes pour occuper un poste permanent; c'est du moins ce qu'on estima. On me remit une copie de chacune des principales lois et des règlements que je devais faire appliquer dans l'intérêt des travailleurs. Je devais dans un temps record absorber le contenu de la Loi sur les accidents du travail, de la Loi sur l'assurance-chômage et du Règlement sur le régime universel d'avantages sociaux des travailleurs de la construction. Que me fallait-il de plus? Un bureau et un téléphone, c'est tout!

INTERMÈDE III

Peu après ma nomination, Louise et moi sommes devenus parents. Katherine naquit en avril 1978 et Frédéric en octobre 1979. Afin de profiter pleinement de leur présence, je m'assurais de venir chaque soir prendre mon repas à la maison et de ne travailler qu'après le coucher de mes enfants. Pour reprendre les mots de Renaud, « le temps est assassin et emporte avec lui le rire des enfants ». Je comptais bien faire obstacle au temps. Jamais je ne regretterais d'avoir agi de la sorte. J'aurais le temps, un jour, de récupérer le sommeil perdu.

VINGT-DEUX ANS DE MONTAGNES RUSSES

Sans avis préalable, ma vie s'est transformée en montagnes russes. Le départ est lent, on avance sur le rail jusqu'à s'immobiliser pour prendre le départ, ça craque, puis c'est la descente infernale. Le chemin est-il tracé? On a la certitude de suivre le rail, mais ce n'est qu'illusion.

Au cours des vingt-deux années qui suivirent, soit de 1977 jusqu'au moment de mon embauche à titre de directeur général adjoint à la FTQ-Construction, en janvier 1999, je n'ai pas abusé du sommeil, ne dormant que de quatre à cinq heures par nuit. En plus de mon travail quotidien concernant les lois sociales, dès 1978 j'ai été à la table de négociations et ai participé à toutes les négociations qui ont suivi. En septembre 1979, évaluant que j'étais mal préparé à faire mon travail, j'entrepris des études en droit que je terminai en quatre ans, tout en travaillant à temps plein. Je faisais mes travaux la fin de semaine. Au lever du jour, le samedi et le dimanche, Louise dactylographiait des pages et des pages de texte.

Durant la même période, je commençai à enseigner la santé et la sécurité du travail (SST) à l'Université de Montréal. J'y ai aussi enseigné la réadaptation et me suis retrouvé un beau jour au Conseil des programmes, organe visant à déterminer les besoins spécifiques du programme de manière à répondre aux exigences de la clientèle universitaire. J'ai participé à diverses études produites par l'Institut de recherche en santé et sécurité du travail (IRSST), dont l'une devait me mener, en 1985, à un colloque international en SST tenu à Hambourg. J'ai aussi siégé au comité de révision du code de SST pour les travaux de construction et à de nombreux autres comités de SST : amiante, plongée sous-marine, montage d'acier, installations sanitaires, appareils de levage, etc. Notre tâche était de revoir l'ensemble des normes applicables sur les chantiers.

Le gouvernement étant désireux de continuer à faire de l'industrie de la construction une fabrique d'handicapés, j'intervins régulièrement sur diverses tribunes durant les trente-cinq années qui allaient suivre mon entrée en fonction. En raison de l'expertise que j'avais rapidement acquise en ce domaine, j'eus l'occasion d'agir à titre de personne-ressource dans le cadre d'une recherche portant sur l'intégration au travail des personnes handicapées. Durant les trois années qui ont précédé le début de mon emploi, le nombre de personnes souffrant d'une incapacité permanente en raison d'un accident survenu sur un chantier est passé de 12,6 % à 15,7 %. Ces personnes représentaient un fort contingent de ma clientèle.

Dans la même veine, je fus invité à rédiger et à présenter les mémoires de l'Université de Montréal et du Conseil provincial du Québec des métiers de la construction lors des audiences gouvernementales (commission parlementaire) sur la Loi sur les accidents du travail et les maladies professionnelles. Ces mémoires permirent notamment d'offrir des services de réadaptation au conjoint ou à la conjointe d'une personne qui décède en raison de causes liées au travail. Je profitai aussi de l'occasion pour dénoncer une politique interne de la Commission des accidents du travail (CAT) portant atteinte aux droits fondamentaux des accidentés. En effet, afin de garder le contrôle de son image, la CAT rencontrait les médias en secret avec le dossier pourtant confidentiel d'un accidenté lorsque celui-ci se plaignait publiquement du sort qui lui était réservé. Une telle entente avait été conclue avec le quotidien *The Gazette*, entre autres.

La FTQ me désigna en 1997 pour la représenter au sein d'un comité devant revoir le langage de la Loi sur l'assurance-chômage, considérée comme la loi la plus complexe après la législation sur l'impôt, afin d'en simplifier le contenu. Ce travail se révélait de première importance. Faut-il se surprendre qu'une fois les travaux terminés, le fédéral n'y donna jamais suite ? N'est-il pourtant pas essentiel pour un citoyen de comprendre toute loi le concernant ?

Enfin, ma spécialisation et mes prises de position en matière de santé et de sécurité du travail m'amenèrent à faire de la formation pour divers groupes : le syndicat des infirmiers et infirmières, le secteur du pétrole, les hygiénistes du travail et même les policiers. La Fraternité des policiers et policières de Montréal m'offrit d'ailleurs un emploi au sein de son contentieux à titre d'expert en santé et sécurité du travail, offre que je déclinai.

ET LE CHARIOT DÉRAPA

De 1999 à 2010, je fus tour à tour directeur général adjoint, puis directeur général au sein de la FTQ-Construction. Ce furent des années pleines, chargées d'expériences, d'apprentissages et d'émotions d'une variété et d'une intensité insoupçonnées, dont j'aurai l'occasion de reparler dans les prochains chapitres.

Mais comme il arrive parfois avec les montagnes russes, le chariot que j'occupais s'est brusquement détaché, m'éjectant du même coup de sa course folle. Je fus évincé du poste de directeur général de la FTQ-Construction. J'ai toutefois cette faculté de ne pas me complaire dans le drame. J'oublie facilement le mauvais côté des choses pour ne retenir que le meilleur. Malgré les événements malheureux qui ont mené à mon départ, je me souviendrai toujours de l'inexorable marche ascendante du monde ouvrier, des luttes qui la meublent et de la sourde colère qui la dynamise. Quant au reste, la vie m'a comblé de ses bienfaits. Une grande part de mon bonheur tient à ma famille. Mais aujourd'hui encore me restent ce goût et ce plaisir : engager la lutte pour le bien d'autrui.

CHAPITRE 3

Pouvoir politique
et crime organisé :
aux origines de la collusion

> *La victoire du Parti libéral en ce sens*
> *n'est en fait que la victoire*
> *des faiseurs d'élections Simard-Cotroni.*
> MANIFESTE DU FLQ,
> octobre 1970

Étrange de constater l'étonnement que suscitent les révélations faites dans le cadre de la Commission d'enquête sur l'octroi et la gestion des contrats publics dans l'industrie de la construction (CEIC ou commission Charbonneau). La divulgation de la preuve, c'est-à-dire les événements qui se sont produits, les faits, voire même les personnes concernées, devrait-elle occasionner tant de stupeur ?

L'histoire se répète sans grande originalité, et l'on s'indigne aujourd'hui devant des événements similaires à ceux qui ont scandalisé il y a quelques années à peine. Les dénonciations publiques et les procès retentissants servant à démontrer les liens étroits qui existent entre le monde politique et le milieu criminalisé ne sont pas une nouveauté, loin de là. La commission Charbonneau est une réédition des commissions d'enquête qui l'ont précédée : la commission Caron, la Commission d'enquête sur le crime organisé (CECO), la Commission d'enquête sur le coût de la 21e Olympiade (commission Malouf), et d'autres encore.

Pour bien comprendre la situation qui prévaut actuellement au Québec en ce qui a trait aux relations entre pouvoir politique, milieu interlope et caisses électorales occultes, il importe de faire un retour aux décennies 1950, 1960 et 1970, afin de se remémorer le rôle joué par les différents acteurs d'un bien triste spectacle. Pourquoi cet effort de mémoire? Parce qu'en oubliant d'appliquer au quotidien la devise du Québec, « Je me souviens », nous nous condamnons à reproduire éternellement les mêmes erreurs. Il sera intéressant de souligner au passage les contradictions évidentes dont sera marquée la suite de la vie publique des commissaires et procureurs de ces organismes d'enquête.

LES COMMISSIONS D'ENQUÊTE : QUE LE SPECTACLE COMMENCE !

J'ai souvent exprimé mon scepticisme face à la forme que prennent les commissions d'enquête, ces spectacles qui donnent lieu à tant d'interprétations inoubliables. En soi, le fait de tenir une commission d'enquête est louable. Comme le disait Bourdieu : « Le problème public est un problème qui mérite d'être traité publiquement, officiellement[5]. » Mais tant que le concept même de « commission d'enquête » ne sera pas clairement décrit, il donnera lieu à certaines dérives. Ne pas faire connaître ses témoins, ne pas remettre la preuve au témoin avant l'audience, refuser de faire entendre les témoins des parties concernées, refuser de déposer la preuve, sortir de son mandat pour « savoir », accepter les insinuations et la délation : voilà autant de façons de faire qui ne devraient pas avoir leur place dans un tel exercice.

En attendant que les choses changent, quel triste spectacle nous inflige-t-on ! Les témoins se livrent en évitant, quand ils le peuvent, de fournir un témoignage trop précis. Sourires entendus et poses plastiques servent à orner le tableau. En prime, les acteurs du drame, commissaires et procureurs, accèdent au rang de stars télévisuelles. Pour plaire aux caméras et épater la galerie, ils

---

5.   Bourdieu, Pierre. *Sur l'État*, Paris, Éditions du Seuil, 2012, page 47.

donnent l'impression de suivre le cours des débats alors que, dans les faits, ils supputent et soupèsent l'air ambiant. Un exemple? La commissaire Charbonneau ira jusqu'à demander à Lino Zambito, propriétaire d'Infrabec, son opinion sur la Loi électorale. Pourquoi en effet se priver d'une telle expertise?

Le sensationnalisme à la sauce *reality show* constitue aujourd'hui un élément essentiel du contrôle de l'opinion en démocratie, comme l'étaient autrefois les jeux pour les Romains. Les commissions d'enquête qu'on nous présente donnent l'impression de faire le grand ménage, plutôt que d'y procéder réellement. Jamais ne sont-elles suivies d'une réforme en profondeur. Si un régime politique se corrompt tous les dix ou vingt ans, c'est une bonne chose d'évacuer les corrompus, mais si on n'agit pas à la source, le travail sera à recommencer une ou deux décennies plus tard.

Toute mécanique finit toujours par soigner ses propres intérêts et par s'éloigner de sa raison d'être initiale. Avec le temps, une commission d'enquête prend conscience de ce qui est avantageux pour elle, j'entends ici ses membres et ses procureurs. Ceux-ci auront tout intérêt :

- à en mettre plein la vue ;
- à punir les plus bas intermédiaires ;
- à blâmer les institutions politiques mais pas les politiciens ;
- à éviter toute conclusion pouvant engendrer des réformes politiques ;
- à faire plaisir à ceux qui sont friands de scandales en leur fournissant des proies sans identifier les vrais responsables ;
- et enfin, à s'assurer que le reste tombe dans l'oubli. Le générateur de silence est inhérent à la mécanique des commissions d'enquête.

Outil politique, une commission d'enquête? Que oui, et certaines vont même parfois jusqu'à tomber dans la partisanerie. La Commission d'enquête sur la Somalie, par exemple, fut interrompue au moment même où des révélations devenaient compromettantes pour le gouvernement canadien. Dès lors, comment ne pas se méfier d'une institution qui se situe à mi-chemin entre le tribunal d'inquisition et le tremplin politique?

COMMISSIONS D'ENQUÊTE ET MÉDIAS : MAIN DANS LA MAIN

Une commission d'enquête possède un fort pouvoir d'attraction auprès des médias; on peut même affirmer qu'elle constitue un événement en soi. Le danger que la commission se serve des médias à ses propres fins ou que les médias se servent de la commission est donc bien présent. C'est le principe de la désinformation dans son application pratique.

Pour ceux qui en doutent, nous nous référons ici à l'auto-hagiographie de Lucien Bouchard, qui a occupé le poste de procureur en chef lors des travaux de la commission Cliche. Dans cet ouvrage, Bouchard écrit :

« Les avocats [de la commission] avaient pour instruction de tenir compte des heures de tombée dans le déroulement de leurs interrogatoires. S'il était prévu que des questions provoqueraient des réponses "manchette", on nous demandait de les poser avant que les journalistes de la télé partent faire leur "topo". Il m'est arrivé quelquefois, absorbé dans mon interrogatoire et retardé par la résistance d'un témoin peu soucieux de synchronisme médiatique, d'oublier l'heure et la séquence souhaitées. Les commissaires avaient tôt fait de me rappeler à l'ordre, pointant sur leurs montres des doigts impérieux[6]. »

---

6.   Bouchard, Lucien. *À visage découvert*, Montréal, Les Éditions du Boréal, 2001, page 97.

L'importance du rôle que jouent les médias lors de telles commissions n'est plus à démontrer. De même, le crédit que leur accordent les politiciens est tout aussi documenté. Par exemple, traçant un portrait de Robert Bourassa, Jean-François Lisée cite Mario Bertrand, chef de cabinet de ce dernier à la fin des années 1980, qui déclare :

« [Robert Bourassa] ne prend pas une décision importante avant d'écouter ce que disent ses démagogues : Jean-Luc Mongrain (TVA), Jean Cournoyer (CKAC), Pierre Pascau (alors à CKAC), Gilles Proulx (Radiomutuel), sur le sujet. Il veut savoir ce que les gens disent en lignes ouvertes et c'est sa façon de rester en contact avec les petites gens[7]. »

Il arrive toutefois que, pour une raison ou pour une autre, les médias rapportent une information incomplète, imprécise ou carrément mensongère.

« ...le fait que les médias publient des faits sur un sujet ne prouve en rien que la couverture soit adéquate ou juste. [...] les médias occultent une part considérable de ce qui permet de comprendre un événement[8]. »

Relayée par d'autres journalistes, auteurs et médias tout aussi peu rigoureux, cette information déformée acquiert peu à peu de la crédibilité. Étonnamment, les multiples répétitions d'une histoire fausse la rendent vraie avec le temps. Difficile alors de démêler le bon grain de l'ivraie !

Par exemple, lors de son témoignage devant la Commission d'enquête sur les dépassements des coûts de la Gaspésia, Claude Blanchet, président-directeur général de Rexfor (une filiale de la Société générale de financement), admit que son opinion sur le manque de productivité attribuable aux travailleurs était basée sur ce qu'il avait lu dans les journaux, et non sur sa propre connaissance du dossier.

---

7. Lisée, Jean-François. *Le petit tricheur. Robert Bourassa derrière le masque*, Montréal, Éditions Québec Amérique, 2012, page 130.
8. Chomsky, Noam et Edward Herman. *La fabrication du consentement. De la propagande médiatique en démocratie*, Marseille, Éditions Agone, 2009, page 21.

Même des auteurs sérieux finissent par ne plus s'y retrouver ! Jean-François Lisée, dont les travaux, livres et articles sont d'une incontestable rigueur, commet la même erreur en rapportant une analyse sommaire, partielle et partiale de la commission Cliche. Traitant des commissaires, du procureur de la commission et du rapport, il écrit :

« Cliche, Mulroney, Chevrette et Bouchard sortent de l'opération comme un quatuor d'incorruptibles et leur rapport provoque un nettoyage rapide et nécessaire de l'industrie de la construction au Québec. (Bien qu'il ait fallu attendre 2012 pour abolir le placement syndical[9] des travailleurs de la construction, comme l'avait recommandé la commission[10].) »

Peut-on affirmer, comme Lisée, qu'il y a eu un « nettoyage de l'industrie » ? Si ce nettoyage a eu lieu, servait-il des intérêts particuliers ? Lesquels ? Et s'il a effectivement eu lieu, alors pourquoi la commission Charbonneau quelques années plus tard ?

Cette tendance, chez de nombreux intellectuels et journalistes, à tenir pour acquis le matériel qui se « reproduit de lui-même » sert l'aspect marketing du scandale au détriment d'une réalité plus complexe. Une telle façon de faire ne peut que plaire à l'*establishment* politique, peu importe son allégeance, puisqu'elle éloigne l'attention des enjeux véritables, ceux qu'il est souvent difficile de solutionner. Composante abstraite, l'industrie de la construction devient alors un enjeu électoral, pendant que la population ouvrière reste dans l'oubli, là où elle est consignée à perpétuelle demeure depuis toujours.

La couverture médiatique des commissions d'enquête est donc forcément incomplète, puisque ce qui est d'intérêt, pour les organes de presse, c'est la part « commercialisable » de la nouvelle, c'est-à-dire le scandale que l'on s'arrache. Quant aux suites qui sont données – ou non – aux commissions d'enquête par l'appareil

---

9. Voir chapitre 4, « Le placement : la personne avant toute chose ».
10. Lisée, Jean-François. *Le petit tricheur. Robert Bourassa derrière le masque, op. cit.*, page 119.

politique, elles relèvent d'intérêts ponctuels et passent le plus souvent inaperçues.

La nouvelle logique médiatique est ainsi faite : l'opinion publique s'arrête aux révélations-chocs et, bientôt frappée d'amnésie, passe à autre chose. Hier alertée par un meurtre ou la naissance de l'enfant d'un artiste populaire, elle se sent aujourd'hui concernée par les finales de la coupe Stanley, les Jeux olympiques ou les changements climatiques. Dans un tel chaos où l'instantanéité est reine, les recommandations d'une commission d'enquête sombrent dans l'oubli, exception faite de celles qui pénalisent le « monde ordinaire ». Jamais cette composante de la société n'est-elle conviée au partage des privilèges distribués dans la foulée du rapport…

Dans une tentative peut-être dérisoire d'éviter la répétition des erreurs du passé, revenons sur ce que nous ont appris certaines commissions d'enquête à propos des liens qui unissent le monde politique et le crime organisé.

SCANDALE À MONTRÉAL : L'ENQUÊTE CARON

Créée en 1950, l'enquête sur la moralité publique présidée par le juge François Caron de la Cour supérieure avait pour mandat de faire la lumière sur la moralité dans l'administration municipale montréalaise. Durant les audiences de l'enquête Caron, devant qui procédèrent les avocats Pacifique « Pax » Plante et Jean Drapeau, 373 personnes défilèrent dans le box des témoins. Les travaux de l'enquête menèrent à la conclusion que le crime organisé avait investi les services policiers jusqu'aux plus hauts échelons. Le directeur du service de police et son prédécesseur furent condamnés, mais les politiciens s'en tirèrent, faute de preuves. Pourtant, l'enquête avait mis en cause plusieurs membres du Comité exécutif de la ville. Le scandale fut tel que Camillien Houde, le maire de Montréal de l'époque, décida de ne pas se présenter à l'élection municipale du 25 octobre 1954, laissant le champ libre à Jean Drapeau.

Déjà, il y a plus de soixante ans, le monde politique et les milieux criminalisés entretenaient des relations douteuses. La Commission d'enquête sur le crime organisé, qui suivit la commission Caron, vint réaffirmer la même sombre réalité.

LA COMMISSION D'ENQUÊTE SUR LE CRIME ORGANISÉ

Instituée en septembre 1972 par le gouvernement du Québec, que dirigeait alors le Parti libéral de Robert Bourassa, la Commission d'enquête sur le crime organisé (CECO) avait le mandat très large de mettre au jour et de démanteler les « organismes » et les « réseaux » dont les membres vivaient des produits de la criminalité au Québec.

Durant les audiences de la commission, qui se tinrent au milieu des années 1970, on entendit le témoin William Obront. Celui-ci faisait l'objet de diverses enquêtes et était présent dans plus d'un rapport de la CECO. Cette dernière démontra qu'Obront était un familier de Frank et de Vic Cotroni, de Nicolo Di Iorio, de Paolo Violi, de Frank Dasti et de bien d'autres membres du crime organisé. Les activités d'Obront étaient aussi variées que ses contacts. On se souvient surtout de lui en raison du scandale de la viande avariée. Mais il se livrait à de nombreuses autres activités, dont le blanchiment d'argent, le prêt usuraire, la prostitution, le jeu, les valeurs mobilières et l'évasion fiscale.

Obront, dont on fait remonter les activités dans le monde interlope jusqu'en 1949, témoigna devant les juges Rhéal Brunet, Marc Cordeau et Roméo Courtemanche. Utilisant le stratagème qui avait mené à la condamnation d'Al Capone pour évasion fiscale en 1931, la CECO convoqua bon nombre de membres du crime organisé du grand Montréal et exigea le dépôt de leur déclaration de revenus. Le but recherché par la commission était de mettre en évidence l'écart entre les revenus déclarés et le train de vie des témoins.

Procédant à l'interrogatoire d'Obront, le procureur de la commission, Me Robert Cooper, dévia de l'interrogatoire principal et demanda à son témoin s'il versait des contributions à une quelconque caisse électorale. Obront lui répondit qu'il avait versé un montant de 5000 $ à la caisse de Robert Bourassa pendant la course à la chefferie du Parti libéral en 1969. Consternation dans la salle… Les commissaires suspendirent l'audience.

Durant la période de suspension, le juge Brunet eut l'occasion de prendre connaissance d'une lettre signée par Guy Bernier, président du comité de la campagne de financement de Robert Bourassa, adressée à William Obront pour le remercier de sa contribution à la caisse électorale. Cette déclaration ne fit guère de bruit à l'époque. Pourtant, elle aurait dû alerter le milieu politique sur de possibles tentatives du crime organisé de l'investir. À moins, bien entendu, que le milieu n'ait déjà été investi…

JUSQU'OÙ Y EUT-IL INFILTRATION DU PARTI LIBÉRAL ?

Le 28 août 1969, Jean Lesage, alors chef du Parti libéral du Québec et chef de l'opposition, annonça sa démission. Il y eut donc course à la chefferie. L'apothéose de cet exercice démocratique se tint les 16 et 17 janvier 1970 au Colisée de Québec, en présence de 1663 délégués venus de partout en province. Trois candidats tentèrent leur chance à la « roulette du congrès » : Robert Bourassa, que l'on connaît aujourd'hui pour avoir occupé la fonction de premier ministre du Québec à deux reprises (de 1970 à 1976 et de 1985 à 1994), Claude Wagner, qui occupa le poste de ministre de la Justice pour le gouvernement libéral à l'époque de Jean Lesage, et Pierre Laporte, dont le nom est habituellement associé aux événements d'octobre 1970. Attardons-nous plus particulièrement à ce dernier.

Pierre Laporte vint à la politique à la suite d'une première carrière dans le journalisme. Il avait mené la lutte contre l'Union nationale et son chef, Maurice Duplessis, en mettant notamment au jour le scandale du gaz qui impliquait, selon Laporte, plusieurs ministres unionistes de même que le premier ministre lui-même. Il brigua les suffrages une première fois lors d'une élection partielle dans le comté de Chambly. Il fut d'abord élu le 14 décembre 1961, puis successivement lors des scrutins de 1962, 1966 et 1970.

En 1970, il se présenta à la chefferie du Parti libéral du Québec. À ce moment, Pierre Laporte possédait de solides appuis. L'un de ses organisateurs et responsables financiers, Jean-Jacques Côté, tavernier de profession, nourrissait d'étroits contacts avec des représentants du monde interlope, parmi lesquels Nicolas Di Iorio et Frank Dasti du clan Cotroni. Dès avant la course au leadership du parti, beaucoup de bruit circulait autour du nom de Laporte. Sur la Rive-Sud de Montréal, ne faisait-on pas allusion à lui en l'affublant du surnom de «Monsieur 10%»? Il est hautement probable que déjà à l'époque, de nombreux membres de l'organisation politique libérale aient eu connaissance de rumeurs persistantes à l'effet que Laporte faisait partie de la vieille garde politique qui flirtait avec le crime organisé. Dans sa biographie de Robert Bourassa, Georges-Hébert Germain va plus loin en observant que Claude Ryan, alors directeur et éditorialiste au journal *Le Devoir*, le savait tout aussi bien[11].

Ryan avait refusé à Jean-Pierre Charbonneau[12], alors journaliste au journal *Le Devoir*, de rendre ces informations publiques afin de ne pas «ternir la réputation d'une personne importante du Québec, et qui en plus a été assassinée par le FLQ[13]!». Pourtant, la quantité de renseignements détenus par Charbonneau à ce moment était impressionnante et portait peu à équivoque.

---

11. Germain, Georges-Hébert. *Robert Bourassa*, Montréal, Éditions Libre Expression, 2012, page 115.
12. Jean-Pierre Charbonneau fut la victime d'une tentative de meurtre en 1973 en raison de ses révélations sur le crime organisé et le monde politique. À partir du 15 novembre 1976, il siègera à titre de député du Parti Québécois, et ce, durant trente ans. Il a été président de l'Assemblée nationale du Québec de 1996 à 2002.
13. Charbonneau, Jean-Pierre. *À découvert*, Louiseville, Éditions Fides, 2007, page 69.

Cette décision de Ryan fut pour le moins étonnante. Faut-il comprendre que, pour lui, il était plus important de protéger un réseau d'infiltration du monde criminalisé dans le milieu politique que les activistes politiques eux-mêmes, ceux-là qui avaient dénoncé l'élection d'un gouvernement corrompu ?

Il y a deux sortes de crimes : ceux qui sont inexcusables et ceux que l'on peut pardonner. Il ne s'agit pas ici de faire la promotion d'un type de crime par rapport à un autre, mais de constater que l'État en préfère un. Préférence que partagent bon nombre de membres de notre élite intellectuelle, défenseurs du *statu quo*.

Quoi qu'il en soit, la mémoire de l'ancien ministre du Travail du Québec fut préservée.

L'ensemble des pièces, parmi lesquelles on compte les rapports de la Sûreté du Québec et ceux de la Gendarmerie royale du Canada, soit un total de 18 rapports, laisse peu de doute sur l'infiltration du milieu interlope dans le Parti libéral du Québec[14].

Dès octobre 1969, on savait que Pierre Laporte avait rencontré Dasti et Di Iorio. En novembre 1969, Dasti se rendit au comité financier de Pierre Laporte pour s'entretenir avec Jean-Jacques Côté. Le 5 novembre, une nouvelle rencontre eut lieu au Moishes Steakhouse, où étaient présents messieurs Dasti, Di Iorio, Lanzo, Côté et René Gagnon, alors attaché politique de Laporte. Selon les sources policières, il est possible que la réunion ait porté sur le financement de la campagne de Pierre Laporte. Le 21 novembre, faisant suite à une écoute électronique, un rapport policier mentionna une conversation téléphonique durant laquelle Dasti informait Di Iorio qu'il appuierait la candidature de Laporte au poste de chef du parti et qu'il continuerait de lui donner son appui après le congrès à la chefferie.

En mai 1970, un autre rapport policier fit état de l'intention de Dasti d'appuyer financièrement tout candidat qui pourrait

---

14. Charbonneau, Jean-Pierre, *La filière canadienne*, Les Éditions de l'Homme, Montréal, 1975, page 71.

avantager l'organisation. Le 16 avril 1970, à quelques jours de l'élection provinciale, Laporte avait à nouveau rencontré Dasti et Di Iorio. Un rapport indique que le clan Cotroni fut très actif dans divers comtés lors de l'élection du 29 avril donnant le pouvoir aux libéraux. Au moment de la composition du cabinet, Laporte fut nommé ministre du Travail et leader parlementaire en chambre. Ses « amis » espéraient plutôt qu'il devienne titulaire du poste de ministre de la Justice, rien de moins[15].

On sait que Laporte mourut le 17 octobre 1970, alors qu'il était entre les mains des felquistes. Sa mort ne réduisit en rien les tentatives de membres du crime organisé d'infiltrer le gouvernement. La même journée, dans une conversation téléphonique, Frank Dasti offrit à René Gagnon, qui avait entre-temps été promu chef de cabinet de Laporte, de mettre ses effectifs à son service afin de retrouver le ministre du Travail. Au cours de cette même journée, Dasti rencontra Gagnon et Côté au centre-ville de Montréal pour leur faire la même offre.

Précédemment, Robert Théorêt, membre important du clan Cotroni, avait rencontré Pierre Vallières, felquiste et auteur du livre *Nègres blancs d'Amérique*, afin de s'enquérir d'une rumeur voulant que le FLQ entretienne le dessein de s'en prendre à la mafia; dans son manifeste, on pouvait lire une phrase dénonçant « les faiseurs d'élections Simard-Cotroni ». Ce n'est certes pas pour apaiser la situation que les policiers de la Sûreté du Québec, responsables de l'écoute électronique des rencontres de membres du crime organisé avec certains politiciens, déléguèrent un des leurs pour lancer un message lié à une pierre à travers les carreaux du club de Dasti. Ce message se lisait comme suit : « Fini, la pègre protégée par la corruption ! Exploiteurs de vices au détriment des travailleurs québécois ! La troisième victime sera votre grand patron : V.C. Vive le Québec

---

15. Charbonneau, Jean-Pierre, *La filière canadienne*, Montréal, Les Éditions de l'Homme, 1975, page 72 et Lavallée, Claude, *Révélations d'un espion de la SQ*, Montréal, Les Éditions de l'Homme, 2010, page 238.

libre ! » La devise professionnelle de la Sûreté du Québec est « Service, intégrité, justice »… Faut-il le rappeler ?

En août 1971, les services policiers savaient que Di Iorio avait rencontré Côté afin que ce dernier intervienne auprès de Paul Desrochers, conseiller spécial du premier ministre Robert Bourassa. Ils savaient aussi que Frank Cotroni avait participé au congrès à la chefferie du Parti libéral du Québec au cours duquel Bourassa fut élu. Les dossiers de surveillance des services policiers contenaient la preuve que Cotroni et d'autres personnes de son entourage, notamment Côté, étaient présents à un souper bénéfice des libéraux qui se tint au Reine-Elizabeth quelque temps après les élections.

Après son entrée en fonction à titre de premier ministre du Québec, Bourassa fut informé par la GRC des liens étroits qu'entretenait Laporte avec le crime organisé. Ayant appris que les membres du crime organisé faisaient l'objet d'écoute électronique, le premier ministre aurait mandaté Paul Desrochers, son conseiller, pour qu'il prenne connaissance du contenu des conversations interceptées. On procéda malgré tout à la double nomination de Laporte à titre de vice-premier ministre et de ministre du Travail !

Il apparaît aujourd'hui évident que le premier ministre Robert Bourassa et le ministre de la Justice Jérôme Choquette ne pouvaient ignorer les relations qui unissaient le ministre du Travail à certains membres du crime organisé. D'après Claude-Jean Devirieux, alors journaliste à Radio-Canada, son confrère du réseau anglais Franck Rauch aurait aussi informé Bourassa de ces faits au début de son mandat. Devirieux affirme que lors d'une rencontre survenue en 1973, Claude Wagner lui aurait avoué que dès 1970, il avait eu connaissance des relations de Laporte avec le monde interlope.

Cette révélation faisait suite à la publication dans le quotidien *Le Devoir* de preuves incriminantes à l'égard de Laporte. Rappelons que Claude Wagner avait occupé le poste de solliciteur général, procureur général et ministre de la Justice jusqu'en 1966, et s'était présenté à la chefferie du Parti libéral du Québec en 1970. Comment son successeur au parti, Jérôme Choquette, pouvait-il en savoir moins que lui?

Le coup de grâce sera donné lors des événements d'octobre 1970. Plusieurs théories avancent que Bourassa et Choquette auraient abandonné Laporte à son sort, se débarrassant ainsi d'un poids encombrant pour le gouvernement et pour le Parti libéral. La mort de Laporte mit fin à la compromettante enquête policière qui était alors en cours.

Dans son autobiographie[16], Claude Lavallée, ancien agent de la Sûreté du Québec, raconte que durant la crise d'Octobre, il eut à rencontrer Jérôme Choquette. Lors de cet entretien, le ministre de la Justice s'informa auprès de Lavallée de l'état des travaux policiers au centre Parthenais, au sujet de la gestion de la crise qui devait mener à la mort du ministre Laporte. Lavallée aurait répondu à Choquette: «Il ne se passe absolument rien qui puisse me faire croire qu'on s'occupe de l'enquête au sujet de monsieur Laporte.»

LE SILENCE SUSPECT DE LA CECO

Durant les audiences de la CECO, il fut établi qu'existaient des liens étroits entre le monde politique et le milieu criminalisé. Les acteurs de ce triste spectacle furent clairement identifiés. Et pourtant, la CECO ne rendit jamais publics ces éléments d'enquête, qui auraient permis d'illustrer la fragilité de nos institutions politiques. Si les éléments de l'enquête avaient été dévoilés à l'époque, cela aurait peut-être permis d'éviter ce qui est survenu au Québec par la suite.

---

16. Lavallée, Claude. *Révélations d'un espion de la SQ*, Montréal, Les Éditions de l'Homme, 2010, page 211.

La principale raison invoquée par Choquette et Bourassa pour ne pas tenir d'audiences sur le contenu des rapports des services de la GRC et de la SQ fut la suivante : cela aurait informé les criminels que les services policiers procédaient à une enquête à leur sujet. Mais les travaux de la CECO se poursuivirent jusqu'à la fin de décembre 1975, et les commissaires remirent leur rapport au ministre de la Justice, Marc-André Bédard, le 2 août 1977. Rien ne justifiait qu'on s'empêche de questionner plus à fond les membres du gouvernement sur l'infiltration du crime organisé dans le milieu politique. Avec tout le matériel dont la commission disposait, cela aurait été un jeu d'enfant.

La commission Cliche, probablement la commission d'enquête la plus partisane et la plus politique qu'ait connu le Québec, prit le relais.

LA COMMISSION D'ENQUÊTE SUR L'EXERCICE DE LA LIBERTÉ SYNDICALE DANS L'INDUSTRIE DE LA CONSTRUCTION

Selon la version officielle, le gouvernement libéral dirigé par Robert Bourassa institua la Commission d'enquête sur l'exercice de la liberté syndicale dans l'industrie de la construction (commission Cliche) le 27 mars 1974, à la suite d'actes de violence s'étant produits sur les chantiers de la Baie-James et ayant causé des « dommages considérables [qui ont] entraîné l'arrêt des travaux pour une période indéterminée[17] » dans la semaine du 18 mars 1974.

Réduire le mandat de la commission Cliche uniquement aux actes de violence qui ont pu survenir sur les chantiers de construction relève de la démagogie et de la manipulation, dans la mesure où l'arrêté en conseil créant la commission mandate initialement celle-ci :

---

17. *Arrêté en conseil de la Chambre du conseil exécutif,* nᵒ 1208-74, 27 mars 1974.

L

le laboratoire.ca

www.lelaboratoire.ca

450.433.8810
1107, Curé-Labelle
Suite 102, Blainville
Qc J7C 2M2

450.472.7234
585, 20e Avenue
Deux-Montagnes
Qc J7R6B2

VACCIN et injection

ECG HOLTER MAPPA

test d'allergies en une seule prise de sang

Prescription requise

Prélèvement sanguin

Résultat de routine en 24 H

« [...] d'enquêter et de faire rapport :

a) sur l'exercice de la liberté syndicale sur les chantiers de construction ;

b) sur les comportements des personnes qui œuvrent sur les chantiers de construction (employeurs, contremaîtres et autres représentants d'employeurs, syndicats, délégués de chantiers, agents d'affaires et autres représentants syndicaux, travailleurs), empêchant des abus contre les personnes et la propriété, des retards dans les travaux, des majorations de coûts et autres inconvénients[18]. »

Il est donc clairement de la responsabilité de cette commission d'aborder des sujets tels la violation des dispositions des lois et des décrets applicables, les accidents du travail et les abus contre certaines personnes. Le 29 août 1974, un nouvel arrêté adopté par le Conseil des ministres élargit le mandat d'enquête de la commission à « toutes personnes physiques et morales intéressées au secteur de la construction au Québec[19] ». Voilà qui aurait dû donner des ailes à la commission ! Ce ne fut pourtant pas le cas.

Avant d'aller plus loin, une mise en garde s'impose. Il n'est nullement dans mon intention d'amoindrir ou d'excuser les excès auxquels se sont livrés certains représentants syndicaux lors du saccage de la Baie-James afin de se soustraire aux règles démocratiques qui doivent gouverner leurs associations. Jour après jour, la preuve administrée par les procureurs de la commission démontra sans doute possible que des gens sans scrupules se sont servis de la structure syndicale pour retirer des avantages personnels. Sur cet aspect, la commission Cliche fut, pour de nombreux travailleurs, un terrible choc.

Mais la dénonciation de ces excès a souvent fait l'objet de commentaires, alors que des aspects plus sombres encore de la commission Cliche ont rarement été soulevés. Parmi les sujets qui

---

18. *Ibid.*
19. Libro 140, folio 368, 29 août 1974.

n'ont pas été abordés par la commission mais qui étaient inclus dans son mandat, on retrouve notamment le silence sur les pratiques déloyales des employeurs, le vol de salaire par les employeurs, l'intervention des ministres du Travail sous la pression des lobbies industriels, l'objectif politique derrière l'obligation, prévue par la Loi, de maintenir une concurrence entre les syndicats, la mainmise de l'administration sur les relations du travail, le monopole des usines d'asphalte et de béton par les entreprises de construction, la concentration des contrats de construction entre les mains d'un nombre limité d'entreprises, les caisses électorales occultes, l'implication des firmes d'ingénieurs-conseils dans la corruption politique et l'infiltration du crime organisé dans le milieu politique.

Les questions non résolues ou esquivées par les commissaires Robert Cliche, Guy Chevrette et Brian Mulroney ainsi que par les procureurs Lucien Bouchard et Paul-Arthur Gendreau sont les suivantes :

1. Pourquoi la commission mit-elle un terme à ses travaux au moment où elle s'interrogeait sur les agissements de membres du gouvernement ?
2. Pourquoi ne pas avoir poussé plus loin l'enquête sur la concentration des contrats publics octroyés par l'État, puisque déjà la situation était semblable à celle qui prévaut aujourd'hui dans l'industrie ?

« Sur presque tous les chantiers des grands projets financés à même les deniers publics, on peut apercevoir quelques-uns des 850 camions, pelles mécaniques, grues et autres engins que possède la compagnie [Miron] : c'est elle qui a obtenu des contrats importants avec les gouvernements fédéral, provincial et municipal pour participer à des projets de construction concernant l'autoroute en direction de l'aéroport Mirabel (15 millions), la piste de l'ancien adacport du centre-ville de Montréal, les routes qui mènent aux chantiers de la Baie-James, le Village olympique[20]. »

Déjà en 1973, le député fédéral Doug Rowland accusait trois entreprises de fixer illégalement les prix du ciment au Québec[21]. On se croirait en pleine commission Charbonneau quarante ans plus tôt.

3. Et la dernière question, celle que posait Louis Laberge lors de la conclusion des travaux de la commission Cliche, et qui est à ce jour demeurée sans réponse : « S'il y a des corrompus, qui sont les corrupteurs ? »

LE PLURALISME SYNDICAL, UN RÉGIME VICIÉ DÈS LE DÉPART

La question du monopole syndical fut au cœur des affrontements violents qui eurent lieu à la Baie-James et qui menèrent à la tenue de la commission Cliche. Cette question, qui revient régulièrement dans l'actualité, mérite quelques réflexions.

Il n'existe pas au Québec d'autres régimes juridiques ressemblant à celui qui s'applique dans l'industrie de la construction. Si la Loi de la construction[22] offre d'évidents avantages pour l'ensemble des intervenants de l'industrie et a permis une rationalisation de la gestion du monde du travail, elle comporte aussi un point faible sur lequel beaucoup reste à faire : l'adhésion syndicale. À la suite du saccage de la Baie-James, les médias et les journalistes s'en sont donné à cœur joie sur le sujet, mais sans jamais faire une véritable analyse des racines du problème. On aura entendu tout ce qui peut se dire sur le sujet, sauf l'essentiel.

---

20. Savard Baby, Michèle. *Le syndicalisme patronal dans la construction*, Montréal, Éditions coopératives Albert Saint-Martin, 1980.
21. « La loi anticollusion violée par des compagnies de ciment ? », *Le Devoir*, 14 juin 1973.
22. De son vrai nom, la Loi sur les relations du travail, la formation professionnelle et la gestion de la main-d'œuvre dans l'industrie de la construction (L.R.Q. c. R-20).

Dans tous les secteurs syndiqués, exception faite du secteur de la construction, l'unité d'accréditation regroupe des travailleurs qui effectuent un même travail pour un même employeur, ou encore l'ensemble des salariés d'un employeur, peu importe leur travail. Tous les salariés ainsi définis appartiennent au même syndicat. Il y a un porte-parole unique pour le côté patronal, et il en va de même pour la partie syndicale. Bien sûr, il peut exister dans certains secteurs d'activité différents syndicats qui représentent des groupes de salariés distincts dans un même établissement. Toutefois, sauf en de rares exceptions, on ne compte qu'un seul syndicat pour représenter les salariés.

Les journalistes qui s'objectent, au nom de la démocratie, au syndicat à représentation unique dans l'industrie de la construction ont une position totalement contraire à l'égard de leur propre syndicat, qui offre le monopole syndical à ses membres. Voilà un bel exemple de régime démocratique à deux temps !

Dans la construction, pour un même employeur et sur un même chantier, on peut compter des travailleurs appelés à effectuer les mêmes tâches mais qui sont pourtant membres de CINQ associations syndicales différentes ! On parle alors de pluralisme syndical.

Par le passé, avant l'adoption de la Loi de la construction en 1968, le gouvernement du Québec accordait le monopole syndical par chantier. Il l'avait accordé à la CSN-Construction sur les chantiers de Manicouagan 1, Manicouagan 2, Outarde 3, Outarde 4 et Manicouagan 5. En adoptant la nouvelle loi, le gouvernement du Québec reconduisait le monopole syndical de la CSN sur ces chantiers jusqu'à l'échéance des travaux. Il en était de même pour d'autres chantiers, dont la construction des silos à Port-Cartier. La question du monopole syndical n'était donc pas nouvelle. Il s'agissait d'une pratique connue de l'ensemble des acteurs de l'industrie.

Or, voilà que, en 1968, le gouvernement libéral de Bourassa décida de faire marche arrière et multiplia le nombre d'intéressés ayant désormais le droit d'intervénir sur chaque chantier. Dès l'application de la loi, on sut que ce régime était vicié. Jean Cournoyer, alors ministre du Travail, avait prévu l'inextricable imbroglio dans lequel l'industrie de la construction allait s'empêtrer en raison d'un principe qui, sous le couvert de la démocratie, empêcherait les relations de travail d'évoluer pendant cinquante ans.

« Au mois de novembre, je me prononçai clairement en faveur de la tenue d'un vote d'allégeance syndicale sur tous les chantiers de construction pour que, à l'instar des autres secteurs industriels, les travailleurs ne soient représentés que par une seule centrale syndicale. J'étais convaincu que le système multipartite instauré par la loi 290 ne permettrait jamais la conclusion de conventions collectives dans l'industrie de la construction[23]. »

Et plus loin :

« Je regrette aujourd'hui de ne pas avoir mis en œuvre le processus qui aurait permis aux travailleurs de choisir majoritairement la centrale syndicale à laquelle ils voulaient appartenir. Cette prise de position de ma part aurait probablement permis d'éviter plusieurs luttes intersyndicales, comme celles qui ont coûté si cher à la Baie-James en 1974 et à la Gaspésia de Chandler en 2004[24]. »

Pourtant, on ne sait pourquoi, au moment de déposer son projet de loi, Cournoyer changea d'opinion, maintint le pluralisme syndical et imposa le principe de l'extension juridique des conventions collectives par le gouvernement. Ce fut le règne des décrets jusqu'en 1994.

À la fin de l'enquête, la commission jeta le blâme uniquement sur la FTQ-Construction pour le saccage de la Baie-James. Lorsque les commissaires et les procureurs condamnèrent la FTQ-Construction pour avoir exigé le monopole syndical, ils oublièrent

---

23. Cournoyer, Jean. *Dans le feu de l'action*, Montréal, Les Éditions de l'Homme, 2012, page 117.
24. *Ibid.*, page 122.

volontairement que… c'était d'abord le gouvernement qui le lui avait offert ! Mais à quel moment et dans quelles circonstances cette offre fut-elle faite ?

UN MIROIR AUX ALOUETTES : LE MONOPOLE SYNDICAL À LA FTQ-CONSTRUCTION

Au moment où le premier ministre du Québec lança son projet du siècle à la Baie-James, le gouvernement libéral explorait la possibilité d'offrir à la FTQ-Construction le monopole syndical, cette dernière représentant plus de 68 % de la main-d'œuvre. Le 19 janvier 1972, Paul Desrochers, non seulement conseiller personnel de Bourassa mais aussi responsable du dossier de la Baie-James, rencontra à New York la compagnie américaine de construction Bechtel, entreprise qui devrait prendre les travaux en charge. Il s'agissait d'une rencontre exploratoire pour étudier la question du monopole syndical. Il faut savoir que Paul Desrochers était fiduciaire du compte du Parti libéral et du compte spécial mis à la disposition du chef du Parti libéral du Québec, Robert Bourassa. On comprendra que «compte» signifie ici «caisse électorale».

Bechtel démontra de l'intérêt à ce sujet ; le monopole syndical faciliterait les relations de travail durant la phase des travaux qui devait s'étendre sur une dizaine d'années, voire même plus. Poursuivant son «exploration», Desrochers, accompagné de Jacques Lorion, chef de cabinet du ministre du Travail Jean Cournoyer, rencontra Louis Laberge, président de la FTQ, et André Desjardins, directeur général de la FTQ-Construction, afin de mener plus avant les discussions.

Le gouvernement libéral se disait disposé à accorder le monopole syndical en échange d'une convention collective d'une durée de dix ans. Heureusement, André Desjardins fit comprendre au porte-parole du gouvernement que la FTQ-Construction n'était pas d'accord pour échanger du membership et des cotisations contre la perte du droit de grève, ni pour conclure une convention collective à long terme, ce qui la priverait de renégocier celle-ci dans un délai raisonnable. Le projet de Paul Desrochers n'aboutit pas, et l'on qualifia d'exploratoire l'idée que le gouvernement du Québec accorderait le monopole syndical à la FTQ-Construction.

Le 12 mars 1974, alors que se poursuivaient les audiences de la commission Cliche, Jean Drapeau, maire de Montréal, et Roger Taillibert, ingénieur en chef responsable du chantier olympique, convoquèrent une réunion afin de présenter leur projet de chantier olympique à M. Charles Duranceau, de Duranceau Construction, et aux représentants des syndicats de métiers. Comment se fait-il que l'on passa ce fait sous silence à la commission Cliche ? Au début du chantier olympique, le maire Drapeau invita au chalet du Golf municipal Louis Laberge, président de la FTQ, Jacques Brûlé, vice-président de la FTQ, et André Desjardins, directeur général de la FTQ-Construction, pour en arriver à la conclusion qu'il serait souhaitable qu'il y ait une convention collective particulière pour le chantier olympique. Pourquoi a-t-on omis, à la même commission, de préciser que ces discussions avaient perduré tout au long de l'année 1974 ?

C'est donc dire que jusqu'au début de l'année 1975, divers paliers gouvernementaux ont courtisé la FTQ-Construction pour lui faire miroiter l'octroi du monopole syndical, monopole dont le ministre du Travail de l'époque, Jean Cournoyer, avait d'ailleurs favorisé l'avènement et qu'il perçoit encore aujourd'hui comme la bonne solution. Pourtant, dans le rapport de la commission Cliche, seule la FTQ-Construction fut blâmée pour sa position sur le monopole syndical, à la suite de troubles survenus… en raison du pluralisme syndical !

Pourquoi tous ceux qui avaient manigancé pour offrir ce monopole à la FTQ-Construction (les hautes instances du Parti libéral, le personnel du ministère du Travail, le maire de Montréal, l'ingénieur en chef du chantier olympique, les maîtres d'œuvre des chantiers de grands travaux et les grandes entreprises) n'ont-ils pas subi les foudres de la commission au même titre que la FTQ-Construction ? Pour paraphraser Louis Laberge, alors président de la FTQ, posons de nouveau la question : Comment peut-il exister des corrompus sans corrupteurs ?

Michel Chartrand, du conseil central de la CSN, résume magistralement la situation en peu de mots :

> « Ce qu'on avait offert, c'était des bureaux de placement conjoints sous la surveillance du gouvernement, s'il le voulait. Mais pas des bureaux du gouvernement qui placent les amis des députés qui ne sont pas compétents et envoient les gars se faire tuer sur les chantiers comme ceux du Mont-Wright [...]. Comme les sept qui sont morts au Mont-Wright. [...] Ça n'a pas scandalisé grand monde. Mais 2 réservoirs éventrés, 3 génératrices brisées, 2 millions de dommages, c'est pire qu'un travailleur qui se fait tuer et des centaines de travailleurs qui se font estropier à l'année longue. [...]
>
> « La FTQ n'a pas voulu prendre le monopole à la Baie-James, c'est-à-dire en contractant avec le gouvernement. Ils ont dit : "On veut continuer à se battre" et après ils ont voulu prendre le monopole. Le gouvernement était au courant de ça. Duhamel et ses frasques, c'est pas ça le drame. Le drame, c'est que le gouvernement, M. Cournoyer et M. Bourassa avec les employeurs ont toujours été de connivence pour laisser le problème de la construction comme ça[25]. »

Le gouvernement libéral du Québec donna encore plus raison à Chartrand quand il créa un monopole patronal en constituant l'Association des entrepreneurs en construction du Québec. Tout en fustigeant, bien sûr, ceux qui osaient réclamer un monopole

---

25. Foisy, Fernand. *Michel Chartrand. Les dires d'un homme de parole*, Montréal, Lanctôt Éditeur, 1997, page 248.

syndical. Un monopole, c'est bien, mais uniquement s'il donne de la force aux patrons. En réalité, le monopole syndical ne présente des avantages pour le gouvernement et les entrepreneurs qu'à un seul moment : quand vient l'heure de la négociation. Tout le reste est poudre aux yeux. Une meilleure protection des travailleurs ? Qui s'en soucie vraiment ?

L'AVEUGLEMENT VOLONTAIRE D'UN MINISTRE

Après la mort de Pierre Laporte, Robert Bourassa fit appel à Jean Cournoyer pour occuper le poste de ministre du Travail. Cournoyer avait déjà agi à ce titre sous le gouvernement de l'Union nationale dirigé par Jean-Jacques Bertrand, du 12 mars 1970 à l'élection générale du 29 avril de la même année. Battu, il se retira ensuite de la vie politique. Mais, répondant à l'appel de Bourassa, d'unioniste, il devint promptement libéral.

Cournoyer connaissait bien les pratiques électorales ayant cours à la fin des années 1960 et au début des années 1970. De son propre aveu, il dit qu'au Québec, il était possible d'obtenir une élection clé en main n'importe où dans la région de Montréal[26]. Toujours à propos de l'élection de 1970, Cournoyer déclare :

« À aucun moment je n'ai dépensé un seul sou personnel dans cette campagne électorale, ce qui ne veut pas dire qu'aucun sou n'a été dépensé ; je n'en ai pas collecté personnellement et je n'en ai pas sorti de mon compte de banque non plus. J'imagine que le parti de l'Union nationale s'était chargé d'assumer le coût des dépenses reliées à l'élection[27]. »

Puis :

« Le parti m'envoya l'ingénieur René Laberge […]. Au cours de la campagne électorale qui suivit, en avril 1970, Laberge était

---

26. Cournoyer, Jean. *Dans le feu de l'action, op. cit.*, page 91.
27. *Ibid.*, page 92.

connu comme l'homme à la valise; c'est lui qui payait les travailleurs d'élection; c'était avant que les dépenses électorales soient contrôlées comme elles le sont depuis plusieurs années au Québec[28]. »

À la même époque, la formation politique de René Lévesque avait pourtant déjà une tout autre vision du financement des partis. Déjà, même sans législation pour l'obliger à le faire, le Parti Québécois appliquait des règles de financement « propres ». Le programme du PQ avec lequel Lévesque tenta de se faire élire en avril 1970 était tout à fait explicite sur la question : « Enfin, la démocratisation de ces partis politiques reconnus doit être assurée par une loi imposant la publication détaillée de leurs dépenses ainsi que celles de toutes leurs sources de revenus[29]. » Au fond, on a toujours le choix. Cournoyer connaissait les mœurs électorales de son parti et il en acceptait les principes.

Mais certaines de ces pratiques étaient toutefois grandement discutables. Par exemple, au cours des audiences de la commission Cliche, on révéla l'utilisation de certains membres de la FTQ-Construction par les plus hautes instances du Parti libéral, Paul Desrochers et Jacques Laurion, chef de cabinet du ministre du Travail Jean Cournoyer.

> « La nécessité de se faire élire est une autre réalité du pouvoir politique. Desjardins, qui peut facilement mobiliser des gens actifs et débrouillards, est un atout majeur dans l'organisation d'une campagne électorale. Il le sait et n'en fait pas mystère. Le chef de cabinet du ministre du Travail, M. Jacques Laurion, requiert ses services durant la campagne d'octobre 1973 pour remplir une salle, à Saint-Jérôme, où l'Honorable Jean Cournoyer doit prononcer un discours électoral.

---

28. *Ibid.*, page 95.
29. *Programme du Parti Québécois [1970] : La solution*, page 105.

« Lors des élections complémentaires dans Duplessis, en octobre 1972, M. Paul Desrochers constate, en arrivant à Sept-Îles, que des partisans libéraux ont été ennuyés par des partisans d'une formation adverse. Ayant appris que M. Desjardins est descendu dans le même hôtel, il lui demande son aide pour faire régner la paix électorale. André Desjardins accepte de faire son possible[30] [sic]. »

Il est difficile de croire qu'un ministre ignore les moyens douteux pris par son propre chef de cabinet pour « remplir une salle » et pour « faire régner la paix électorale ». Il est également difficile d'imaginer que lors de la rencontre suivante entre Desjardins et Cournoyer, le sujet ne revint pas dans la discussion…

En mars 2010, Cournoyer déclara en entrevue que des fiers-à-bras de Montréal avaient fait le voyage jusque sur la Côte-Nord pour intimider des travailleurs dissidents. Il évoqua même l'idée de mettre la FTQ-Construction en tutelle. Bien entendu, cette déclaration était totalement fausse et il ne put la prouver. Quoi ! Un homme qui s'indignait avec véhémence de la présence de fiers-à-bras dans le cadre d'un rassemblement syndical, mais fermait les yeux avec complaisance quand les amis de Dédé Desjardins venaient prêter main-forte à son propre chef de cabinet pour « remplir une salle » et « faire régner la paix électorale » ? « Faites ce que je dis et non ce que je fais », l'entend-on presque s'exclamer. Non, l'indignation de M. Cournoyer n'était pas vraiment crédible…

UNE COMMISSION AUX YEUX GRANDS FERMÉS

Ayant été nommé juge à la Cour des sessions de la paix et commissaire pour la CECO, le procureur en chef de la commission

---

30. *Rapport de la Commission d'enquête sur l'exercice de la liberté syndicale dans l'industrie de la construction*, Éditeur officiel du Québec, 1975, page 84.

Cliche, Jean Dutil, fut remplacé par Me Lucien Bouchard. Cet homme à la carrière erratique fera la démonstration d'évidents préjugés dès les audiences de la commission. En 2001, Bouchard décrit ainsi sa vision du monde:

> «Car l'heure des romantiques, surtout à Ottawa, est révolue. Aucun premier ministre ne connaîtra plus l'exaltation d'inaugurer Via Rail, de créer Radio-Canada, et de fonder Pétro-Canada. Les premiers ministres doivent maintenant se soumettre aux ordres des comptables du ministère des Finances qui leur enjoignent de charcuter le premier, de sabrer le budget du deuxième et de liquider le troisième. Pour une génération de dirigeants surpris par les mutations qui sont en train de changer le monde, l'exercice du pouvoir risque de se résumer au maniement des ciseaux et à l'organisation de "ventes de feu". Les séances de cabinet à Ottawa porteront de plus en plus sur la réponse à donner à la question: "À qui allons-nous faire mal aujourd'hui: aux personnes âgées, aux démunis, aux jeunes ou aux femmes[31]?"»

Ce court passage donne un aperçu de la position politique de l'homme. Cette position, Lucien Bouchard la rappellera tout aussi clairement lors de la publication du manifeste *Pour un Québec lucide*[32]. Bouchard était de toute évidence un ultra-conservateur qui se souciait peu des gens. Au moment où il fut procureur de la commission Cliche, était-il à la recherche de la vérité, d'une carrière politique ou d'un tremplin devant le mener plus loin, au détriment de ceux à qui il devait venir en aide? Ce qui ressort de sa déclaration, c'est qu'un premier ministre n'exerce aucun contrôle et qu'il est à la merci des fonctionnaires.

---

31. Bouchard, Lucien. *À visage découvert, op. cit,* page 100.
32. www.pourunquebeclucide.info

Durant les audiences de la commission Cliche, la Sûreté du Québec joignit Lucien Bouchard pour lui faire entendre le contenu des bandes magnétiques de l'opération Vegas. Bouchard se vit informé des liens qu'entretenait le ministre du Travail, Pierre Laporte, avec le crime organisé. Il ne pouvait ignorer que René Gagnon, chef de cabinet du ministre, et Jean-Jacques Côté, organisateur libéral, avaient côtoyé eux aussi tout ce beau monde à l'époque de Laporte[33].

Bouchard ne pouvait ignorer non plus que Guy Leduc, député libéral, avait démissionné en raison des liens qu'il entretenait avec le crime organisé[34]. Il savait que les libéraux, par la bouche de Paul Desrochers, conseiller spécial du premier ministre, avaient offert le monopole syndical à la FTQ-Construction pour la construction des barrages et des centrales hydroélectriques de la Baie-James, et qu'une rencontre avait même eu lieu à ce sujet dans les bureaux du premier ministre du Québec

Pourquoi Lucien Bouchard n'a-t-il pas soulevé les étonnants versements d'argent faits à la caisse du Parti libéral et à la caisse personnelle du chef du Parti libéral, M. Robert Bourassa, par des entreprises qui se sont vu accorder en échange des contrats avec la Régie des installations olympiques ?

Pour les commissaires et le procureur, poursuivre plus loin dans cette voie aurait porté ombrage au Parti libéral, à son chef Robert Bourassa et au fiduciaire des caisses électorales, Paul Desrochers. N'est-ce pas ce dernier qui aurait invité le maire Drapeau à faire affaire avec certaines firmes, parmi lesquelles Régis Trudeau et Associés ainsi que Desjardins, Sauriol et Associés ? Ces deux firmes, recommandées par Desrochers, auraient été elles-mêmes en rapport avec Claude Rouleau, qui cumulait les

---

33. Lavallée, Claude, *Révélations d'un espion de la SQ*, Montréal, Les Éditions de l'Homme, 2010, page 236.
34. O'Neil, Pierre, «Leduc quitte le Parti libéral», *Le Devoir*, le samedi 1er mars 1975, page 1 et Falardeau, Pierre, *Les bœufs sont lents mais la terre est patiente*, Montréal, Éditions Typo, 2009, page 95.

postes de sous-ministre à la Voirie, sous-ministre des Transports et commissaire de l'Office des autoroutes du Québec.

Or, Rouleau avait reçu d'importantes sommes d'argent de la part de Régis Trudeau. Ce dernier versa aussi des sommes à Paul Desrochers, dont 20 000 $ comptant en 1973. Mais plus encore, Desjardins, Sauriol et Associés, firme d'ingénieurs-conseils, avait versé 475 000 $[35] à la caisse électorale du Parti libéral entre 1970 et 1975, somme qui équivaudrait aujourd'hui à environ 2 500 000 $[36].

Si les commissaires et les procureurs de la commission Cliche avaient poussé plus avant leurs investigations, ils en seraient arrivés à la même conclusion que MM. Albert Malouf, Jean-Guy Laliberté et Gilles Poirier: «Il paraît que des rapports étroits existaient entre la caisse électorale du parti au pouvoir et l'octroi de contrats gouvernementaux ou olympiques à certaines firmes professionnelles[37].» Qui sont ces trois messieurs? Les commissaires qui ont mené de 1977 à 1980 les travaux de la Commission d'enquête sur le coût de la 21e Olympiade, rien de moins.

Fait intéressant à signaler, leur enquête portait sur des données obtenues pour les années 1969 à 1976. C'est donc dire que la commission Cliche aurait pu obtenir les mêmes informations, exception faite de celles concernant l'année 1976. Autre fait à considérer: la commission d'enquête sur les Olympiades ne disposait d'aucun enquêteur des services policiers, ni d'écoute électronique, son personnel se limitant, outre le personnel juridique habituel pour ce genre d'exercice, à des comptables et à des ingénieurs.

Le juge Cliche félicita Paul Desrochers pour sa franchise durant l'audience. Faut le faire! Le silence se mérite les félicitations

---

35. *Rapport de la Commission d'enquête sur le coût de la 21e Olympiade*, vol. 4, Québec, Éditeur officiel du Québec, mars 1980, page 105.
36. Calcul fait à partir de l'outil de la Banque du Canada: http://www.bankofcanada.ca/rates/related/inflation-calculator/
37. *Rapport de la Commission d'enquête sur le coût de la 21e Olympiade*, op.cit., page 106.

d'un juge... Mais au fond, pourquoi Desrochers aurait-il avoué quoi que ce soit face à la complaisance du procureur Bouchard et des commissaires ? Puisque nulle question n'était posée, il n'avait pas à répondre. Quant à Jérôme Choquette et Jean Cournoyer, ils eurent de la chance. On ne peut pas dire que le procureur Bouchard se soit acharné sur eux.

On évoqua enfin la possibilité de faire témoigner Robert Bourassa devant la commission, mais le commissaire Brian Mulroney s'y opposa. Pourquoi une telle position de la part de Mulroney ? Il aurait été intéressant de savoir si Bourassa était informé des agissements de son conseiller spécial et grand argentier du Parti libéral et de sa caisse personnelle.

La commission pécha donc par omission en ne poursuivant pas sur sa lancée l'enquête au sujet des caisses électorales. Il est vrai toutefois que celles-ci ne seront régies par une loi qu'à compter de juin 1978.

Et pourtant...

« À maintes reprises, nous nous sommes fait dire : "Allez plus loin." Cette suggestion exprimait le souhait que nous nous penchions sur les problèmes de moralité publique et d'éthique professionnelle. Notre mandat se limitait à la construction. Nous l'avons respecté[38]. »

Le 29 août 1974, le mandat de la commission fut élargi par un arrêté en conseil qui prévoyait expressément :

« Que la commission fasse enquête et rapport et soumette ses recommandations :

a) [...]

b) sur tous les comportements non seulement des agents patronaux et syndicaux et des travailleurs, mais de toutes personnes physiques et morales intéressées au secteur de la construction au Québec[39] [...]. »

---

38. *Rapport de la Commission d'enquête sur l'exercice de la liberté syndicale dans l'industrie de la construction*, Québec, *op. cit*, page 294.
39. *Ibid.*, page 350.

Doit-on conclure que le texte du mandat est complexe au point que les commissaires et les procureurs n'en ont pas saisi le sens ? Ces mots décrivent bien le gouvernement, qui est donneur d'ouvrage. Sans l'ombre d'un doute, la Baie-James est-elle un projet gouvernemental de construction, tout comme le chantier olympique. Le réseau routier, les autoroutes, les viaducs, les chemins publics, etc., sont tous des chantiers de construction publics. Sachant que les caisses électorales étaient renflouées par les entreprises en construction et les firmes de génie-conseil, les commissaires et les procureurs de la commission Cliche auraient eu beau jeu de mettre un terme aux débordements que nous connaissons encore aujourd'hui. En interprétant de façon restrictive le mandat que le gouvernement du Québec leur avait confié et en n'agissant pas, les commissaires et les procureurs nous forcent aujourd'hui à revivre la même histoire.

Dans les faits, la commission aurait pu aller beaucoup plus loin sur une voie qu'elle n'a qu'effleurée. Cela devint tellement évident que des intervenants de la CSN, qui avaient pourtant demandé la tenue d'une enquête, ne purent que constater, chez les commissaires et procureurs, un préjugé favorable au gouvernement et aux entrepreneurs. Michel Chartrand reprocha à Bouchard de brasser les patrons moins fort que les syndicalistes lors de leur apparition dans le box des témoins, alors que Michel Bourdon, alors président de la CSN-Construction[40], accusa Brian Mulroney de voir dépasser son jupon patronal sous sa robe de commissaire.

UN RAPPORT QUI CONTREVIENT À TOUTES LES RÈGLES DE JUSTICE

Aussi incroyable que cela paraisse, les commissaires Robert Cliche, Guy Chevrette et Brian Mulroney n'ont pas rédigé le rap-

---

40. À l'époque, la CSN-Construction avait pour nom la Fédération nationale des syndicats du bâtiment et du bois inc.

port de la Commission d'enquête sur l'exercice de la liberté syndicale dans l'industrie de la construction. Insatisfaits du travail soumis par on ne sait qui, nul ne le précise, les procureurs Lucien Bouchard et Paul-Arthur Gendreau travaillèrent eux-mêmes pendant plus d'un mois à sa rédaction.

Voilà donc un rapport rédigé par les procureurs, les accusateurs, ceux-là mêmes qui avaient évité de faire toute la lumière sur les questions soumises. Le mandat ne se limitait pas aux seuls syndicats, mais aux employeurs et à ce que les commissaires dénommèrent eux-mêmes «le système et ses appuis[41]», dénomination désignant le gouvernement libéral. Ce sont donc ceux qui avaient protégé le régime politique qui étaient responsables de rédiger le rapport.

Bouchard et Gendreau passèrent sous silence le fait que le gouvernement du Québec favorisait le monopole syndical. Ils oublièrent aussi qu'Yvon Duhamel, celui qui avait foncé avec un bulldozer sur une génératrice de LG 2, était travailleur d'élection pour les libéraux. Pis encore, par manque de rigueur ou pour augmenter l'effet théâtral, Bouchard écrit même, dans son livre, que Duhamel était un dirigeant de la FTQ-Construction[42], ce qui était totalement faux. Bref, Bouchard et Gendreau rédigèrent un rapport racoleur, oubliant les lacunes de la preuve.

Mais oublions pour l'instant ce qui pourrait être interprété comme de la propagande syndicale, et contentons-nous de mettre en évidence certains principes juridiques de base qui, croyons-nous, gouvernent notre société de droit: Comment se fait-il que l'on ait confié aux deux procureurs le soin de rédiger un rapport d'une telle importance? Ceux que l'on qualifiait d'incorruptibles auraient-ils joué le jeu de l'État et des «petits amis»? Dans les faits, un tel scandale devrait faire les annales de notre système judiciaire.

---

41. Intitulé du chapitre 6 du *Rapport de la commission Cliche*.
42 Bouchard, Lucien, *À visage découvert*, Montréal, Les Éditions du Boréal, 2001, page 87.

Voilà qui explique pourquoi on prit action exclusivement contre les syndicats. Le gouvernement libéral et ses « amis », de même que les péquistes, n'ont pas voulu agir à l'encontre de leurs alliés habituels, les entreprises en construction et les bureaux d'ingénieurs-conseils, ceux-là mêmes qui, à ce jour encore, garnissent les caisses électorales. Quant au milieu interlope, il fait malheureusement toujours partie des mœurs électorales.

Alors, quand on entend les procureurs de la commission Charbonneau reprendre un témoin en lui disant qu'il revient aux membres de la commission d'apprécier la preuve, on est en droit de se questionner. Tant les procureurs que Mme Charbonneau ont un défi à relever : celui d'agir avec plus de transparence que leurs prédécesseurs de la commission Cliche. Il serait d'ailleurs intéressant de voir les commissaires rédiger leur rapport en direct, sous l'œil avisé des citoyens, dans les mêmes conditions que celles dans lesquelles sont livrés les témoignages.

La pire erreur à commettre serait toutefois de croire que la situation est immuable et qu'on n'y peut rien changer. Cette erreur mènerait à reproduire un rapport Cliche, dont les conclusions protègent l'*establishment* politique et économique.

LES SUITES DONNÉES AU RAPPORT DE LA COMMISSION CLICHE : QUELLES SUITES ?

Si les commissaires et le procureur de la commission sortirent de l'opération « comme un quatuor d'incorruptibles », ainsi que le rapporte Lisée, il faudrait bien nous dire aux yeux de qui ce fut le cas. Et prendre conscience de tous ceux qui, nombreux, les perçurent plutôt comme à la solde du cabinet du premier ministre.

Sur les 135 recommandations du rapport de la commission Cliche qui avaient pour but de solutionner les problèmes de l'industrie de la construction (par exemple, les recommandations relatives à la qualité de vie sur les chantiers éloignés, la sécurité physique, la sécurité d'emploi et du revenu, l'étalement des travaux afin d'éviter des crises d'emploi, la planification réelle des besoins de main-d'œuvre, etc.), combien ont été suivies ? À ce jour, aucune. Mieux encore, toutes les tentatives de la FTQ-Construction pour les mettre en place ont été sabordées par les gouvernements libéral et péquiste. Comment se fait-il qu'on n'ait pas donné suite à ces recommandations censées améliorer le sort des travailleurs ?

Les enquêtes démontrent que le crime organisé prolifère principalement dans les secteurs instables et précaires (dans les bars et les restaurants, chez les éboueurs, dans l'industrie de la construction, etc.). Tant que le législateur maintiendra des règles de gouvernance propres à un capitalisme sauvage, les mentalités n'évolueront pas. Tant que les employeurs à la recherche d'investisseurs feront affaire volontairement ou par contrainte avec des individus sans scrupules, rien ne changera. Tant que l'on valorisera le profit rapide et que l'on souhaitera « faire la passe » sans égard aux vrais acteurs de l'industrie, c'est-à-dire les travailleurs et les employeurs qui gagnent en permanence et légalement leur vie, l'industrie ne pourra s'épurer. Enfin, tant que l'intégrité physique des travailleurs et leur sécurité d'emploi ne seront pas respectées, il en sera de même.

L'expérience le démontre : toute action qui ne s'attaque pas à la racine du problème ne servira qu'à permettre une restructuration de la corruption. À la différence des syndicats, qui doivent le plus souvent être en réaction contre ce que les gouvernements acceptent et parfois favorisent, le milieu criminalisé ne remet pas en question le régime économique, bien au contraire. En dépit de tout bon sens, il constitue un allié du pouvoir, quel qu'il soit.

Quant aux réactions qu'ont eues la FTQ et la FTQ-Construction à la suite de la publication du rapport de la commission Cliche, faut-il vraiment le préciser ?, elles sont tombées dans le trou noir de l'oubli.

UNE COMMISSION D'ENQUÊTE MANQUÉE

Dernier clin d'œil avant de tirer des conclusions. À la fin de l'année 2008, le Québec fut secoué par ce qui pourrait être le pire scandale de son histoire. La Caisse de dépôt et placement du Québec perdit 40 milliards des 155 milliards de dollars qu'elle administrait. En plus de leur avoir collectif du régime public, l'écroulement de la Caisse fit perdre aux travailleurs de la construction 1,7 milliard de dollars de leur fonds de retraite, somme qu'ils n'ont toujours pas récupérée à ce jour. Le milieu financier connut en général des pertes de 40 % (alors que le Fonds de solidarité de la FTQ performa avec une perte de 15 %).

N'est-il pas curieux qu'à la même période, les comptes de dépenses de Jocelyn Dupuis, rendus publics, aient pris le pas dans les médias sur la perte des 40 milliards de dollars de la Caisse de dépôt et placement ? Au moment même où les Québécois voyaient partir en fumée près du tiers de leur avoir collectif, les comptes de dépenses de Jocelyn Dupuis volèrent la vedette. Curieusement, la population du Québec se sentit alors plus concernée par l'administration de la FTQ-Construction que par le sort réservé à ses propres économies. Pourtant, si on fait le rapport économique entre les dépenses de Jocelyn Dupuis et la perte de la Caisse, on se demande en se grattant la tête : Pourquoi un citoyen se préoccupe-t-il des 3 $ perdus par un voisin mais ne se sent-il nullement concerné par le million de dollars disparu de son propre compte d'épargne ? Pourquoi les médias accordèrent-ils tant d'importance à ce qui était un fait divers en comparaison de l'événement d'une importance capitale qui se déroulait en parallèle ? Qu'est-ce qui explique un tel traitement de l'information : sensationnalisme de bas étage, paresse intellectuelle ? Ni Jocelyn ni moi ne sommes adeptes de la théorie du complot, mais force est de constater que le hasard fait parfois bien les choses. Du moins, pour certains.

Plusieurs personnes et groupes de pression réclamèrent une commission d'enquête afin que soient mises en lumière les défaillances de l'administration de la Caisse. Leur demande resta sans réponse.

POUR UNE COMMISSION D'ENQUÊTE SUR LES COMMISSIONS D'ENQUÊTE

Puisque le ridicule ne tue pas, pourquoi ne pas exiger une commission d'enquête sur les commissions d'enquête ? Exigence farfelue, direz-vous ? Alors, comment éviter que ne se reproduisent, lors de futures commissions d'enquête :

- des tractations douteuses ;
- la rédaction du rapport d'enquête par les procureurs et non par les commissaires ;
- la rétention de la preuve ;
- le camouflage ou la présentation incomplète de la preuve ;
- la production d'un rapport qui ne prend pas en considération la preuve soumise ;
- la production de rapports d'experts contrevenant aux règles de justice ;
- le contrôle des médias et de l'opinion publique ;
- la transformation d'une commission d'enquête en un *show* médiatique ;
- la sélection des témoins en fonction d'intérêts politiques ;
- etc.

Allez ! Une autre commission d'enquête, que l'on rie un peu...

CHAPITRE 4

Le placement : la personne
avant toute chose

> *– Tu es trop libre pour me plaire !*
> *J'ai des lois, des gendarmes, des huissiers,*
> *des propriétaires ! Tu deviendras une fille soumise*
> *et tu paieras ton terme.*
> *– Mon terme est proche et je le paierai fort exactement,*
> *a répondu l'Indignation de Dieu.*
>
> LÉON BLOY
> *LE SANG DES PAUVRES*

Depuis des années, le placement défraie la manchette. Intimidation à la Baie-James, bousculades sur la Côte-Nord, pression sur les entrepreneurs à la Gaspésia, violence faite à des femmes à Sept-Îles, voilà autant de cas rapportés par les médias. Qu'en est-il véritablement de cette facette de l'industrie de la construction qui prend le pas sur toutes les autres ? Le placement est, à la base, un travail d'une simplicité déconcertante : il consiste à trouver la personne qui détient les aptitudes et les compétences requises pour combler un poste de façon satisfaisante. Alors, comment expliquer qu'il fasse autant de bruit dans les médias ?

Éliminons d'entrée de jeu les faussetés et rétablissons les faits. L'information voulant que la FTQ-Construction ait eu quoi que ce soit à voir avec le fait que des femmes auraient été battues sur la Côte-Nord est issue d'un cerveau malade. Il s'agissait plutôt de deux femmes d'employeurs qui en étaient venues aux coups. L'incident ne concernait nullement la FTQ-Construction, pas plus que cette femme qui aurait quitté en ambulance le chantier de la Baie-James. Quant aux cas de discrimination sur le chantier de la Gaspésia, on en a dénombré deux pour la durée du chantier. En proportion, le gouvernement du Québec enregistre 75 fois plus de plaintes déposées par son personnel que le secteur de la construction.

Bien que cela paraisse surprenant dans une industrie qui représente chaque année des dizaines de milliards de dollars d'investissements en immobilisation, la précarité et l'instabilité sont les caractéristiques décrivant le mieux le secteur de la construction. Nul ne conteste ces faits, quelle que soit la position qu'il occupe sur l'échiquier. De mon propre point de vue, la gestion actuelle de la main-d'œuvre dans l'industrie de la construction m'apparaît comparable à celle qui régnait au XIXe siècle.

Les 12 points suivants permettent de mieux comprendre les contraintes qu'impose l'industrie aux travailleurs, et qui sont sources de dysfonction.

1. Un chantier de construction a une durée d'existence moyenne de deux mois et demi. Les travailleurs sont donc toujours à la recherche d'un nouvel emploi.
2. Il n'y a aucun lien permanent entre un employé et son employeur.
3. L'employé ne bénéficie d'aucun régime de sécurité d'emploi, ni d'ancienneté.
4. Il existe uniquement une mince possibilité de rappel au travail.
5. Dans l'industrie de la construction, il y a présentement environ 170 000 salariés et 28 000 employeurs.
6. Selon nos estimations, le service de la gestion de la main-d'œuvre de la Commission de la construction du Québec (CCQ) maintient minimalement 35 % de chômeurs dans ses bassins afin de répondre à une éventuelle demande de la part des employeurs.
7. Les travailleurs ne font en moyenne que 1000 heures de travail par année, parfois moins selon l'état de l'économie.

8. Le travailleur doit enregistrer des heures de travail chaque année, sinon il perd son certificat de travail.
9. En raison des mises à pied et de l'obligation de demeurer disponible pour obtenir un emploi, le travailleur de la construction est condamné à recourir à l'assurance-emploi.
10. Dans l'ensemble de l'Amérique du Nord, les syndicats de la construction ont l'exclusivité du placement. C'est le Québec qui fait exception en ne l'accordant pas.
11. L'industrie de la construction est le seul secteur d'activité au Québec qui met en concurrence des associations syndicales représentant le même groupe de personnes pour le même employeur sur un même lieu de travail. Concrètement, cela signifie que, sur un chantier, pour un même employeur, il peut y avoir des travailleurs qui exercent les mêmes tâches, mais qui appartiennent à CINQ associations syndicales différentes[43].
12. Le secteur de la construction est reconnu comme le secteur d'activité économique le plus à risque pour les atteintes à la santé, à la sécurité et à l'intégrité physique des travailleurs. C'est aussi le premier responsable des décès à survenir en raison de causes liées au travail.

Pour bien comprendre la situation qui prévaut actuellement dans l'industrie en lien avec le placement, il faut revenir quelques années en arrière. Les pages qui suivent décrivent certaines interventions faites au nom de la FTQ-Construction au cours de nos mandats, à Jocelyn et à moi, ainsi que les nombreux rendez-vous manqués par nos gouvernements successifs. Ces rendez-vous auraient permis de régler définitivement la question du placement, si tel avait été leur intention réelle. Quarante ans d'hypo-

---

43. FTQ-Construction, CPQMC (International), CSD-Construction, SQC, CSN-Construction.

crisie, de mensonges politiques et de manipulation d'opinion se dérouleront sous vos yeux...

LA PROBLÉMATIQUE DU PLACEMENT

Au cours de la période allant de 1975 à 2007, le travailleur de la construction devait participer en moyenne à quatre à cinq chantiers par année pour subvenir à ses besoins et à ceux de sa famille. Il pouvait œuvrer pour le même employeur, mais si celui-ci n'avait pas de nouveau chantier en activité au moment où le travailleur terminait un mandat, ce dernier était mis à pied. Il devait alors se trouver un nouvel employeur.

Comme c'était la coutume sur l'ensemble du territoire nord-américain, les travailleurs se présentaient à leur syndicat pour obtenir un emploi. La FTQ-Construction n'avait pas de bureau de placement, mais chaque syndicat affilié en possédait un. Certains systèmes de placement étaient informatisés, d'autres non.

En règle générale, tous les bureaux fonctionnaient de façon similaire. Le travailleur qui désirait être mis sur la liste de placement fournissait les informations relatives à ses compétences et à d'autres aspects reliés à l'emploi. Ces informations étaient conservées. Si un employeur présentait une demande au syndicat afin d'embaucher un travailleur, le syndicat en informait ce dernier. Si le travailleur acceptait l'emploi, le syndicat lui fournissait les coordonnées du chantier où il devait se rendre. S'il le refusait, le syndicat passait à un autre candidat. Voilà les règles de base.

Le libre marché ne permettait pas à l'industrie de la construction de rationaliser l'organisation de son secteur. Les fluctuations dans l'investissement étaient telles que parfois, l'industrie pouvait compter 170 000 travailleurs, comme c'est le cas actuellement, alors qu'à d'autres périodes on en dénombrait moins de 100 000. Il en allait de même pour le nombre d'employeurs actifs, qui variait aussi en fonction de l'activité économique.

Le manque de planification dans les mises en chantier créait une pression indue sur les travailleurs, qui passaient constamment du sur-emploi au sous-emploi. En période de croissance, on laissait le bassin de main-d'œuvre croître jusqu'à la surpopulation, et en période de ralentissement, on se retrouvait avec trois travailleurs pour un emploi disponible. C'était la condamnation : les deux tiers de la population de la construction devaient subir les affres du chômage.

Pour chaque emploi offert, il y avait toujours un minimum de deux travailleurs disponibles. Selon les régions et les périodes, on pouvait se retrouver avec 3, 4 ou même 10 travailleurs disponibles pour un même emploi. En reconnaissant cinq associations représentatives dans la construction pour un même lieu de travail, on créait de toutes pièces un conflit entre les syndicats qui recevaient la pression de centaines de chômeurs pour obtenir un emploi. Va-t-on un jour le comprendre ? Le problème du placement est une démonstration éclatante du capitalisme le plus abject, où l'on encourage des ouvriers à se battre pour pouvoir mettre du pain sur la table.

À l'occasion du Forum sur la productivité dans l'industrie de la construction (admirons déjà le titre de l'exercice) tenu en décembre 2006, j'annonçai en ouverture la position de la FTQ-Construction :

> « La FTQ-Construction tient aussi à s'assurer que le débat portant sur la "productivité et l'emploi" tiendra compte des aspects humains. Si bon nombre de questions se posent à l'endroit de l'industrie, c'est plutôt à la capacité d'apporter des réponses que la FTQ-Construction se consacrera au cours de ce forum. Les questions demeurent les mêmes depuis des années... Ce sont les réponses qui deviennent nécessaires. Le manque de planification, la gestion déficiente des chantiers, la mauvaise évaluation du coût des travaux, les modes de soumission, le mépris affi-

ché à l'endroit de la santé et de la sécurité des travailleuses et des travailleurs, les cycles de chômage et de sous-emploi suivis de périodes d'activité intenses. Voilà autant de sujets qui nous paraissent prioritaires et devant faire partie intégrante de l'agenda[44].

« L'engagement que prendront les intervenants sur les diverses facettes du monde de la construction déterminera les actions de la FTQ-Construction pour les années à venir. Pour nous, il en va de la qualité de vie de ceux qui œuvrent jour après jour à construire le Québec et à façonner son territoire. Pour qu'un "forum" portant sur la productivité et l'emploi s'avère une réussite, il est fondamental de traiter en priorité ceux qui produisent et exercent ces emplois : au cœur des débats, "la personne humaine". »

Combien de fois a-t-on lu et entendu des journalistes et des commentateurs expliquer que plus la FTQ-Construction compte de membres, plus elle retire de cotisations syndicales, d'où son intérêt pour le placement ? Pourtant la réalité est tout autre. Dans la majorité des cas, les syndicats de la construction ne reçoivent aucune cotisation ni montant minimum de la part d'un travailleur au chômage. Sur le plan purement comptable, la personne sans emploi est une charge financière, le syndicat lui offrant durant cette période toute une gamme de services administratifs et juridiques en cas de difficulté, au moyen de divers appareils bureaucratiques complexes. Alors, pourquoi le placement est-il si important pour les syndicats ? La réponse est ailleurs : Parce que c'est un dossier profondément humain, qui traite d'un besoin fondamental de la personne, gagner sa vie et celle de sa famille.

---

44. On remarquera que déjà à l'époque, la FTQ-Construction avait mis la table pour les principales questions qui seraient abordées par la commission Charbonneau. http://www.ftqconstruction.org/Relation-de-travail/l-forum-sur-la-productivite-et-lemploi-r-la-ftq-construction-sera-la-pour-parler-l-des-vraies-choses-r

Voici trois exemples de situations vécues qui montrent à quel point le placement est une fonction difficile à exercer et pourquoi il est source d'autant de conflits et de drames.

1983 – LA FAIM JUSTIFIE LES MOYENS ?

À cette époque, j'étais à la section locale 62 des journaliers. La journée s'annonçait tranquille, à la mesure de l'activité économique. Les emplois se faisaient rares, et la majorité des travailleurs de la construction étaient en chômage. Les gens avaient faim. Il faut travailler pour se qualifier et avoir droit à l'assurance-emploi, et le nombre de semaines de travail[45] effectuées sur les chantiers, alors réduit de moitié, ne le permettait que rarement.

En huit ans, l'industrie avait perdu un peu plus de 80 000 emplois. Les membres du syndicat venaient s'enregistrer au bureau de placement, mais nous n'avions aucun poste à combler : trop de chômeurs pour les emplois disponibles. Le Règlement sur le placement nous obligeait à inscrire sur un registre fourni par l'OCQ le nom du travailleur qui se déclarait disponible, de même que le nom de celui à qui nous avions trouvé un emploi : premier enregistré, premier placé.

Mon bureau était situé à l'étage d'un petit immeuble qu'occupait le syndicat des journaliers, dans la rue Jarry, à deux pas de la station de métro du même nom. Le bureau de placement pour les membres du syndicat était situé au rez-de-chaussée. Ce matin-là, nous étions deux à l'étage : la secrétaire de direction, Serge-Anne Fillion, et moi. Il devait être 10 h lorsque j'entendis des pas venant de l'escalier. Robert[46] apparut devant mon bureau. Je ne pouvais manquer de le voir, la porte et la fenêtre de mon bureau donnant sur la salle d'attente.

---

45. À l'époque, le travailleur cumulait des semaines de travail et non des heures afin d'obtenir des prestations.
46. Afin de préserver l'anonymat de cette personne, ce nom est fictif.

Il marchait de long en large dans la salle, d'un pas nerveux et saccadé. Fébrile, perdu dans ses pensées, il ne nous accordait aucune attention. Après un moment, il s'immobilisa devant ma porte et me demanda si Normand Tousignant, le directeur du syndicat, était là. Je l'informai que Normand était à l'extérieur du bureau pour la journée. Robert se remit à faire les cent pas dans la salle d'attente, puis se décida à entrer dans mon bureau. Il me demanda poliment si je pouvais l'aider. Je l'invitai à s'asseoir, fermai le dossier sur lequel je travaillais et déposai mon crayon, bien décidé à lui accorder toute mon attention. Au moment où je l'invitai à me faire part de l'objet de sa visite, il sortit un revolver qu'il me braqua entre les yeux en disant : « Je veux une *job*. » Rien ne vaut un message clair pour empêcher une conversation de dériver.

Je connaissais Robert depuis des années et, bien qu'il eût un passé trouble, je ne pouvais envisager qu'il puisse faire usage de son arme. Depuis cinq ans que j'occupais mon emploi, je rencontrais quotidiennement des personnes en état de choc en raison de leur situation financière précaire, de leur santé physique déficiente, de leur santé mentale vacillante, de problèmes familiaux, d'alcool et de drogue. C'était mon travail. Souvent, un travailleur, arrivé dans mon bureau en colère contre l'administration ou contre un employeur, en sortait après un long entretien en me disant : « Vous savez, depuis que j'ai des difficultés, c'est la première fois que l'on m'écoute. » Rares sont les endroits où l'on peut se vider le cœur de façon confidentielle et sans répercussion aucune. Mon bureau servait entre autres à cela.

J'abordai Robert de la même manière que j'avais l'habitude de le faire avec tous les autres travailleurs en état de choc et lui dis : « Prendrais-tu un café pendant qu'on en discute ? » Probablement fut-il surpris lui-même de la situation dans laquelle nous nous trouvions. Il baissa lentement son arme en la fixant et se mit à pleurer. Robert n'était pas violent ; lui et les siens avaient tout simplement faim.

1995 - QUI MANGERA DEMAIN ?

Durant la crise économique des années 1994 à 1997, Léo Gingras était responsable du service de placement à l'Association des manœuvres interprovinciaux. À cette époque, j'occupais le poste de conseiller juridique et politique auprès de la direction de l'AMI.

Le système en place était souple et relativement simple, car Léo connaissait tous les travailleurs qui y étaient inscrits. Chaque travailleur en disponibilité remplissait une carte contenant, outre ses coordonnées, son champ de compétence et ses activités. Si un employeur communiquait avec le service de placement, le travailleur qui avait la compétence pour faire le travail et dont la carte apparaissait au haut du tableau était dirigé vers lui.

À titre de responsable du placement, Léo recevait de la part des salariés nombre de confidences permettant de leur trouver un travail approprié. Plusieurs des informations dont il disposait étaient nominatives, mais certaines permettaient d'éviter des erreurs dans l'attribution des emplois. Un travailleur souffrant de claustrophobie n'était pas recommandé pour un travail dans un endroit clos, quelqu'un souffrant de vertige était plus à l'aise sur un chantier où le travail s'exécutait au niveau du sol, etc. Léo composait même des équipes de covoiturage !

Pour répondre plus efficacement au besoin de la clientèle, Léo proposa de modifier le système de placement. Sa proposition de restructuration fut acceptée par la direction et les membres. Il fractionna donc un tableau en trois parties : une pour les travailleurs qui recevaient des prestations d'assurance-emploi, une deuxième pour les bénéficiaires de l'aide sociale, et une troisième pour ceux qui n'étaient admissibles ni à l'un, ni à l'autre des deux régimes. Pourquoi agir ainsi ? Parce que lorsqu'il n'y a qu'un emploi pour 250 personnes inscrites au tableau de placement, chaque cas devient un drame personnel ou familial.

Je me souviens qu'en fin de journée, quand Léo recevait une demande de la part d'un employeur pour un travailleur, il se questionnait sur le bon choix à faire en cette époque où, parfois, une seule offre d'emploi entrait pendant la semaine. « Quel travailleur a préséance sur les autres ? » se questionnait-il. Quand les règles qui gouvernent le placement passent de « premier arrivé, premier servi » à « qui mangera demain ? », on y réfléchit longuement avant de transmettre le nom d'un travailleur à un employeur. Doit-on donner préférence à un assisté social parce qu'il reçoit un montant d'aide inférieur à celui que touche un chômeur ? Mais si le chômeur a quatre personnes à charge, est-il plus en difficulté que la personne seule qui reçoit des prestations d'aide sociale ? Et celui qui ne reçoit aucune prestation, doit-il être considéré comme ayant véritablement plus d'avoirs ?

Être responsable du placement, ce n'est pas un travail. C'est une vocation.

1996 – ILLÉGAL, MAIS MORAL

Durant la même période, les travailleurs membres de la FTQ-Construction et les syndicats affiliés avaient trouvé un moyen simple de venir en aide aux plus démunis : le travailleur qui avait accumulé ses heures afin d'être admissible à l'assurance-emploi laissait son emploi et l'offrait à un confrère. Bien sûr, on soulèvera qu'une telle pratique est illégale. C'est peut-être le cas, mais à nos yeux, c'était moral.

Combien de fois, à l'interne du syndicat ou en assemblée avec les membres, avons-nous remis en cause les diverses formules pour améliorer notre service de placement ? La dure réalité nous rattrapait chaque fois que nous faisions un pas en avant. En 1996, le salaire moyen annuel d'un travailleur atteignait à peine 19 242 $. Chacun effectuait environ 760 heures de travail et chômait en moyenne 32 semaines. Le gouvernement fédéral modifiait à la baisse la Loi sur l'assurance-emploi, en réduisant le taux de prestation et en augmentant les conditions d'admissibilité.

Pendant que les gouvernements des pays occidentaux favorisaient une dérèglementation des marchés financiers et absorbaient
à même nos avoirs, nos impôts et nos taxes les pertes économiques
de ceux qui nous ruinaient, on nous opposait les règles d'éthique
et de morale des possédants. Pour ma part, j'ai toujours affirmé
que la morale et l'éthique tiennent à l'affirmation d'un objectif
relativement simple : le bien-être des travailleurs, en accord avec
les intérêts collectifs de la population en général.

DES PISTES DE SOLUTION

À maintes reprises, les syndicats ont tenté de sécuriser leur population respective en demandant l'intégration, dans les conventions collectives de travail, de dispositions sur l'ancienneté et la
sécurité d'emploi. Quoi ? Tout ce carnaval politique sur le placement, alors qu'on pourrait disposer de la question simplement et
que rien n'est encore fait ?

Au fil des ans, la FTQ-Construction a proposé diverses pistes
de solution afin d'en arriver à un régime de sécurité d'emploi et
du revenu. D'autres associations ont aussi fait des tentatives. Certains gains ont été obtenus. Ainsi, alors qu'il était directeur de la
section locale 791-G des grutiers, Jocelyn Dupuis avait priorisé
l'obtention de la sécurité d'emploi lors de la ronde de négociations de 1995 et l'avait obtenue.

Une chose est sûre, les gouvernements et les entreprises en
construction ont tout intérêt à laisser en place un régime de
concurrence où les travailleurs exigent de leur syndicat qu'il soit
agressif afin de leur trouver un emploi. Les gouvernements ont
toujours fait opposition aux propositions afin de profiter de la
concurrence ainsi entretenue entre les syndicats et entre les salariés. Résultat : les syndicats font tout en leur pouvoir pour placer
leurs membres en chômage sur les chantiers. Quoi de plus normal que de vouloir offrir un travail et un salaire décent à ses

membres ? Malheureusement, ces efforts mènent parfois à des débordements qui se produisent sur le terrain.

LE PLACEMENT VU PAR NOS GOUVERNEMENTS, OU LA VALSE DE L'INCOMPÉTENCE

Le rapport de la Commission d'enquête sur l'exercice de la liberté syndicale dans l'industrie de la construction (commission Cliche) fut remis au gouvernement le 2 mai 1975 et publié la même année. Il contenait 135 recommandations principales, parmi lesquelles figurait l'abolition du placement syndical. En échange de quoi les commissaires proposaient la mise en place de divers mécanismes afin de combattre les formes d'insécurité auxquelles devaient faire face les travailleurs.

Parmi ces mécanismes, notons :

- la mise en place d'un régime de sécurité d'emploi ;
- la mise en place d'un régime de sécurité du revenu ;
- la constitution d'un régime de prestations complémentaire à l'assurance-chômage ;
- l'obligation pour le gouvernement, ses ministères, ses organes administratifs et les municipalités d'importance de prévoir un plan d'investissement basé sur cinq ans permettant de connaître les besoins de main-d'œuvre afin d'éviter les longues périodes de chômage ;
- l'obligation, pour Hydro-Québec, de faire rapport sur l'impact de ses projets sur l'industrie de la construction ;
- l'obligation, pour les secteurs public et privé, de se doter d'une politique d'investissement en créant des modes de concertation[47].

---

47. *Rapport de la Commission d'enquête sur l'exercice de la liberté syndicale dans l'industrie de la construction, op.cit.*, 1975.

Quant aux recommandations portant sur la santé et la sécurité du travail, elles seront présentées au chapitre 6.

Or, des 15 recommandations relatives au placement et à la stabilisation de l'industrie, aucune n'a jamais fait l'objet d'une mesure législative ou réglementaire, sauf le placement. Trente-huit ans après le dépôt du rapport de la commission Cliche, l'industrie est toujours en attente... Pis encore, les gouvernements ont successivement démontré de l'insouciance à l'endroit des travailleurs de la construction, en rendant leur situation encore plus précaire. Pour avoir rencontré personnellement tout ce que le Québec a produit comme ministres du Travail depuis 1976, j'ai eu l'occasion de constater un réel mépris de leur part à l'endroit des travailleurs de la construction, exception faite de Pierre Marois, qui m'a toujours paru plus sensible aux problèmes vécus par ceux-ci.

Comment expliquer que le nombre de décès et d'accidents chez les travailleurs, la précarité d'emploi, les conditions de vie difficiles sur les chantiers, l'absence d'installations sanitaires sur les lieux de travail n'attirent pas l'attention ? Seul le placement, concept qui déclenche chez certains de nos intellectuels une forme de fétichisme social, semble avoir de l'importance aux yeux des milieux politiques et des médias. L'importance qu'on lui accorde est telle qu'il éclipse et occulte toutes les autres facettes de l'industrie. Il n'est personne, ni du côté des libéraux, ni du côté des péquistes, qui se donne la peine de se pencher sur la situation réelle des travailleurs. Il suffit que le mot « placement » soit prononcé pour que tout le reste s'efface.

Chaque fois que la FTQ-Construction a tenté de négocier des mesures de sécurité d'emploi, de sécurité du revenu ou de sécurité physique, elle s'est retrouvée devant une fin de non-recevoir. De la remise du rapport de la commission Cliche au gouvernement du Québec en 1975 jusqu'à l'abrogation des décrets dans la construction en 1994, le gouvernement aurait eu le loisir de décréter de telles conditions ; il en avait le pouvoir. Aucun gouvernement ne l'a fait. La FTQ-Construction a tenté de négocier, tel que le prévoyaient les recommandations, un régime de supplément du revenu, mais jamais les employeurs n'ont voulu en discuter véritablement.

Pourquoi le gouvernement, qui a imposé arbitrairement et unilatéralement aux syndicats tant de conditions répressives découlant des recommandations de la commission Cliche, n'a-t-il pas agi de même avec les associations patronales et les employeurs ? Pourquoi ceux qui ont gouverné le Québec depuis 1975 ne se sont-ils pas pliés eux-mêmes aux conditions qui auraient permis à l'industrie de la construction d'améliorer sa stabilité et le revenu des travailleurs ? Telles sont les véritables questions.

LA COMMISSION SUR LA STABILISATION DU REVENU ET DE L'EMPLOI DES TRAVAILLEURS DE L'INDUSTRIE DE LA CONSTRUCTION

En 1989, en vertu de la Loi sur les commissions d'enquête[48], le gouvernement met sur pied la Commission sur la stabilisation du revenu et de l'emploi des travailleurs de l'industrie de la construction, aussi connue sous le nom des commissaires qui l'ont présidée, la commission Picard-Sexton. Le mandat[49] de cette commission est clair :

> « Que le mandat de la Commission soit d'établir les modalités d'un système de stabilisation du revenu et de l'emploi dans l'industrie de la construction et de formuler les propositions législatives ou réglementaires requises pour l'implantation d'un tel système [...] »

---

48. L.R.Q., chapitre C-37.
49. Gouvernement du Québec, Décret 1095-89 du 5 juillet 1989.

Il ne s'agit plus de faire des recommandations théoriques, mais bien « d'établir » et de « formuler » les dispositions normatives qui encadreront ce système.

Le rapport est remis en juin 1990. Des plus complets, il prévoit l'ensemble des mécanismes législatifs et réglementaires pour mettre en place le régime de sécurité d'emploi et du revenu pour les travailleurs de la construction.

On attend encore aujourd'hui les suites de ce rapport. Faut-il s'en étonner ?...

FOIRE AUX QUESTIONS POUR NOS ÉLUS

Rien ne vaut des questions précises portant sur des faits particuliers et adressées à des personnes spécifiques pour cerner une problématique. En voici quelques-unes.

1. Pourquoi, une fois devenu premier ministre du Canada, Brian Mulroney, commissaire de la commission Cliche, n'a-t-il pas suivi ses propres recommandations et modifié la Loi sur l'assurance-emploi afin de sécuriser le revenu des travailleurs de la construction plutôt que de réduire les bénéfices dont ils pouvaient se prévaloir ?

2. Pourquoi Lucien Bouchard, procureur en chef de la commission Cliche, n'a-t-il pas suivi ses propres recommandations au moment où il accéda au poste de premier ministre du Québec, en donnant suite au rapport dont il avoue avoir rédigé les deux tiers ?

3. Pourquoi Guy Chevrette, commissaire de la commission Cliche puis adjoint parlementaire du ministre du Travail et de la Main-d'œuvre (du 1er décembre 1976 au 1er mars 1978), n'a-t-il pas suivi ses propres recommandations en procédant aux réformes apparaissant dans le rapport qu'il avait signé ?

4. Pourquoi Guy Chevrette, whip du gouvernement puis siégeant par la suite au cabinet (de 1982 à 1985), n'a-t-il pas usé d'autorité pour améliorer les conditions de travail de ceux-là dont il plaignait le sort quelques années plus tôt, conditions décrites dans le rapport qu'il avait signé?

5. Pourquoi, entre 1996 et 2002, alors qu'il était de nouveau au cabinet, Guy Chevrette n'a-t-il rien fait pour améliorer les conditions de travail des salariés de la construction puisqu'il en avait l'opportunité? Sans doute avait-il oublié qu'il avait signé le rapport d'une commission dont il était le commissaire!

6. Pourquoi, malgré le mandat clair de la commission Picard-Sexton, le gouvernement libéral de Robert Bourassa, alors au pouvoir, n'a-t-il pas donné suite aux recommandations?

7. Pour s'assurer de la faisabilité et de la viabilité du régime de sécurité d'emploi et du revenu, en vue des audiences de la commission Picard-Sexton, la FTQ-Construction avait retenu les services d'un expert de qualité en la personne de Bernard Landry, ex-ministre des Finances du Québec, qui deviendrait par la suite vice-premier ministre sous le règne de Lucien Bouchard, puis premier ministre du Québec. Pourquoi Bernard Landry n'a-t-il pas donné suite aux recommandations du rapport de la commission Picard-Sexton? Il était pourtant au fait du dossier, puisqu'il avait produit une étude économique démontrant la faisabilité et la viabilité du régime.

8. Lors de la ronde de négociations pour le renouvellement des conventions collectives du début des années 1990, la FTQ-Construction réussit à obtenir la mise en place d'un fonds permettant d'offrir des incitatifs aux travailleurs qui suivaient des cours de perfectionnement et de recyclage (fonds de formation). Ces incitatifs étaient versés sous forme d'allocation. Avec ce mécanisme, la FTQ-Construction posait le premier jalon d'un régime de

sécurité du revenu proposé par les commissaires de la commission Cliche. Une fois mis en place, ce régime aurait pu être bonifié avec le temps en permettant de sécuriser le revenu des travailleurs en formation. Pourquoi les employeurs s'y sont-ils objectés ?

9. En 2012, la ministre du Travail Lise Thériault fit main basse sur ce fonds de formation qui valait 190 millions de dollars et le transféra à la Commission de la construction du Québec. Pourquoi une ministre du Travail vint-elle une fois de plus annihiler les efforts visant à réaliser l'une des recommandations de la commission Cliche : l'obtention d'un complément de revenu pour les travailleurs de la construction ?

10. Pourquoi Diane Lemieux, ancienne ministre du Travail péquiste, reçut-elle sans mot dire les 190 millions de dollars, à titre de présidente et directrice générale de la Commission de la construction du Québec ?

11. Pourquoi, au moment où elle occupait le poste de ministre du Travail, Diane Lemieux est-elle demeurée aussi inactive que ses prédécesseurs et n'a-t-elle proposé aucune mesure pour la sécurité d'emploi et la sécurité du revenu ?

12. Pourquoi Agnès Maltais, ministre du Travail depuis le 19 septembre 2012, poursuit-elle la même politique que celle des libéraux, en contrevenant aux recommandations des rapports de la commission Cliche et de la commission Picard-Sexton ?

13. Pourquoi Agnès Maltais, ministre déléguée à l'Emploi du début de l'année 2001 à janvier 2002, n'a-t-elle rien tenté pour mener à bien l'adoption de mesures favorisant les travailleurs durant cette période ?

14. Pourquoi Pauline Marois, ministre du Travail en 1983, n'a-t-elle démontré aucun semblant de souci en regard de ces questions ?

Force est de conclure que toutes les recommandations apparaissant au rapport de la commission Cliche et à celui de la commission Picard-Sexton sont restées lettre morte, grâce à tous les gouvernements qui se sont succédé au Québec. Bouchard, Chevrette, Landry, Marois, Lemieux, Mulroney: que firent ces intervenants durant les années où ils occupèrent un rôle déterminant pour les travailleurs? Rien, rien de rien.

LA CCQ EN CHARGE DU PLACEMENT : UN PROJET MAL FICELÉ

Qu'est-ce donc que la Commission de la construction du Québec (CCQ)? La CCQ est responsable de l'application de la Loi sur les relations de travail, la formation professionnelle et la gestion de la main-d'œuvre dans l'industrie de la construction, qui encadre l'industrie de la construction. Un prélèvement sur la masse salariale de la main-d'œuvre et des employeurs de l'industrie de la construction assure son financement.

En 2007, la CCQ décida de s'approprier le placement. Quelles étaient ses véritables intentions? La proposition était-elle une commande ferme du ministre du Travail de l'époque, Laurent Lessard, ou une lubie d'André Ménard, président et directeur général de la CCQ? Ménard avait-il demandé au ministre de lui intimer l'ordre de faire aboutir le projet, ou serait-ce plutôt le ministre Lessard qui lui en confia véritablement le mandat?

Difficile de savoir de qui l'idée de départ émane, quand les deux personnes concernées affirment ne pas être à son origine et que l'on se trouve pourtant en présence d'un projet assez avancé. Conclusion: l'une des deux personnes ment. Ce qui n'exclut pas que les deux puissent mentir aussi…

Ce projet, concocté en catimini par un service obscur de la CCQ, fut présenté au conseil d'administration sans qu'une demande formelle n'ait émané de ce dernier. La CCQ étant entièrement financée par les travailleurs et les employeurs, comment un service de la Commission pouvait-il mettre en branle un tel projet sans autorisation? Voilà qui prête à caution. Quelle surprise tout de même cela dut être pour les administrateurs, de constater que la Commission comptait s'approprier le placement sur un horizon de quelques années…

Dans la forme proposée, le projet fut aussitôt jugé inapplicable par la FTQ-Construction, suivie bientôt en ce sens du CPQMC-I. Les principaux reproches adressés au programme de la Commission et du gouvernement furent les suivants:

1. Selon le scénario proposé, la Commission recevait le mandat du placement, mais aucun budget pour le réaliser. Or, nous parlons ici d'établir le profil professionnel de 175 000 salariés, de mettre en place un service informatisé et d'embaucher ou de muter du personnel. Une immense tâche à accomplir, et pas de budget pour la réaliser: était-ce bien réaliste?

2. Si la Commission ne recevait pas de budget d'exploitation, où prendrait-elle l'argent pour faire fonctionner le service? Quels autres services aux travailleurs devrait-elle couper pour se conformer aux exigences de son nouveau mandat?

   Quand, par exemple, le gouvernement transféra du ministère du Travail à la CCQ les pouvoirs d'enquête portant sur les associations constituant son conseil d'administration, il ne transféra pas pour autant le budget dont disposait le ministère du Travail pour exécuter ce même mandat. Lorsque le gouvernement transféra les amendes obtenues devant les tribunaux en raison de contravention à la Loi de la Construction au Fonds consolidé de la province, il ne remplaça pas cette perte financière. Une telle façon de faire paralyse un appareil.

Dans le cas de la CCQ, les conséquences étaient prévisibles : limitation des ressources et du nombre d'inspecteurs sur le chantier, perte du contrôle de la lutte au travail au noir, plages horaires se retrouvant sans surveillance (fin de semaine, soir et nuit), dossiers de récupération de salaires impayés dormant dans les classeurs, manque de ressources aux services d'assurance et de retraite, etc.

3. Pour constituer la liste des salariés à placer et pour maintenir à jour ses bassins de disponibilité, la CCQ souhaitait recourir aux données nominatives provenant du service d'assurance et de retraite. Il est pourtant de notoriété publique que les informations détenues par l'assurance ou le service de retraite sont confidentielles et ne peuvent être transférées au service de placement. Visiblement, à la CCQ, la moralité et l'éthique n'avaient pas beaucoup d'importance. « La vie privée des travailleurs n'interviendra pas dans le placement », assura l'administration.

4. Pour un poste à combler, la CCQ avait l'intention de faire parvenir à un employeur une liste de plusieurs personnes compétentes. L'employeur aurait ainsi le loisir de sélectionner la personne de son choix parmi les travailleurs réunis sur cette liste.

Si cette façon de faire semble équitable en apparence, elle instaure dans les faits un régime discriminatoire. Notre expérience en placement a démontré que les employeurs sélectionnent la main-d'œuvre comme au siècle passé. Par exemple, il arrive qu'un employeur ne désire pas employer un « vieux », et que sa définition personnelle de « vieux » englobe toute personne âgée de plus de 39 ans. Dans un tel cas, la CCQ déposerait-elle une plainte pour discrimination ? On était en droit d'en douter. Certains employeurs nous ont peut-être parfois perçus comme des syndicalistes violents et méchants quand on leur expliquait qu'à 39 ans, on a encore le droit de travailler, et que leur choix devait s'appuyer sur la compétence du candidat, et non sur son âge. En ce qui me concerne, c'est une forme de violence que j'assume sans hésiter.

5. Selon la version du projet soumise, la commission n'était pas en mesure de répondre à d'importantes interrogations provenant de la FTQ-Construction. Comment seraient gérés les cas où un travailleur doit laisser ses enfants à la garderie le matin ou les reprendre le soir à une heure déterminée? Ferait-elle la promotion de la conciliation travail-famille? L'agent expliquerait-il à l'employeur que les travailleurs ne peuvent pas être disponibles 7 jours par semaine, 24 heures par jour?

6. Qui s'occuperait, à la CCQ, de réintégrer au travail les travailleurs aptes à reprendre leurs activités à la suite d'un accident de travail, d'un accident hors travail, et ceux qui seraient aptes à revenir au travail, mais à mi-temps? Ces travailleurs feraient-ils partie de la liste envoyée aux employeurs? Uniquement en 2011, on dénombrait 8000 de ces travailleurs.

7. Les problèmes de coordination, d'horaire de travail, de compétence de métier, de moyen de transport seraient-ils tous à charge de la CCQ? Organiserait-elle comme les syndicats le covoiturage? Tiendrait-elle compte du niveau de «pauvreté» du candidat dans ses critères de placement?

Rappelons que depuis 1978, la CCQ peut faire du placement dans l'industrie de la construction. Ni les ministres du Travail, ni la direction de la Commission n'en ont jamais fait mention au moment des débats sur le placement qui perdurent depuis. Pendant toutes ces années, la Commission n'a jamais été en mesure de mettre en place un service adéquat. Sollicitée par un employeur, la CCQ se borne à fournir une longue liste de noms. L'employeur peut en disposer comme bon lui semble. Aucune mesure d'analyse individuelle de la main-d'œuvre n'a été ébauchée.

De même, la CCQ avait le mandat spécifique de maintenir à jour les bassins de main-d'œuvre, mais ne l'a jamais fait. Les employeurs avaient l'obligation de déclarer à la CCQ toute embauche et toute mise à pied afin que l'on sache qui, parmi les travailleurs de la construction, était disponible et qui ne l'était pas. Jamais la CCQ n'a vu à faire appliquer ces dispositions pourtant obligatoires ; jamais n'a-t-elle entrepris de procédures contre les employeurs délinquants qui privaient l'industrie de la connaissance essentielle lui permettant de remplir son mandat.

UN MÉCONTENTEMENT PALPABLE : OCCUPATION DES LOCAUX DE LA CCQ

Ayant pris connaissance du projet de placement préparé par la CCQ, 3000 travailleurs membres de la FTQ-Construction investirent simultanément le 28 mars 2007, à 8 h 15 précisément, le siège social de la CCQ situé à Montréal ainsi que l'ensemble des bureaux régionaux répartis à travers le Québec : Baie-Comeau, Gatineau, Montréal, Québec, Rimouski, Saguenay, Sept-Îles, Sherbrooke, Trois-Rivières et Val-d'Or. La direction crut à une offensive de la part de la FTQ-Construction dans le but d'appuyer les employés de la Commission, qui étaient sans convention collective depuis plusieurs mois. Elle tomba des nues lorsqu'elle réalisa que nous désirions plutôt l'entretenir au sujet de son projet de placement.

Toujours partisans de la théorie de la démocratie directe, Jocelyn et moi étions accompagnés par un grand nombre des principaux intéressés qui s'exprimèrent courtoisement, mais dans un langage qui ne laissait place à aucune équivoque. La mobilisation des travailleurs s'était faite sans trop d'effort ; on pourrait même qualifier l'opération d'automobilisation. Le projet mis de l'avant par la CCQ était inachevé, bâclé, intrusif dans la vie privée, et il ne répondait pas au besoin de sécurité et de stabilité d'emploi des travailleurs de la construction.

D'entrée de jeu, notre déclaration fut empreinte de fermeté : «Nous occuperons le siège social de la CCQ aussi longtemps que cela se révélera nécessaire.» (Nous avions préalablement convenu de libérer les bureaux régionaux au plus tard en fin de journée de manière à ne pas priver la clientèle des services auxquels elle avait droit.) Tôt dans l'avant-midi, la direction de la CCQ avait retourné les employés du siège social. Une conférence de presse se tint en matinée pour informer l'ensemble de nos membres à travers le Québec de l'état de la situation.

Si les négociations avec la haute direction de la CCQ échouaient, il était prévu que d'autres mesures se mettent en branle sur l'ensemble du territoire du Québec. Dès que notre action fut rendue publique, nous reçûmes l'appui de nombreux syndicats affiliés au Conseil provincial (international) qui partageaient nos préoccupations. Le Conseil provincial fit par la suite une déclaration publique, nous accordant son appui.

Les discussions avec la direction de la CCQ débutèrent vers 9 h. Le comité de négociation de la FTQ-Construction se composait de Jocelyn Dupuis, Jean Lavallée et moi. Du côté de la Commission, nos vis-à-vis étaient André Ménard, Audrey Murray, qui agissait à l'époque à titre de conseillère du président, et Michel McLaughlin, secrétaire général de la Commission. La direction se préoccupait de la présence des travailleurs dans ses bureaux, mais fut rapidement rassurée par la discipline et le professionnalisme dont faisaient montre ceux qui participaient à l'occupation. Après tout, c'étaient eux qui finançaient plus de 50 % des biens meubles et immeubles et des services offerts par la Commission ! De plus, les travailleurs de la construction côtoyaient quotidiennement sur les chantiers le personnel de celle-ci et savaient que c'était ce même personnel qui s'occupait de leurs réclamations d'assurance et de leurs prestations de retraite.

La FTQ-Construction publia un premier communiqué de presse le matin afin d'aviser ses membres qu'un projet de placement aussi mal ficelé était inacceptable. Nous devions aussi donner un avis ferme au ministre du Travail qui, selon nous, se cachait derrière la direction de la CCQ. Dans l'heure qui suivit, les représentants des médias envahirent eux aussi les locaux de la Commission.

Les négociations furent suspendues au milieu de l'avant-midi afin que soit tenu un point de presse. Les journalistes profitèrent aussi de l'occasion qui leur était donnée pour échanger avec les travailleurs de la construction présents sur les lieux. Les négociations se poursuivirent jusqu'en fin de journée. Durant tout ce temps, Maude Messier, alors responsable du service des communications de la FTQ-Construction, faisait la navette entre le comité de négociation, nos directions syndicales et les représentants des médias. À la table de négociations, nous réussîmes à démontrer que le projet sur le placement tel que proposé par la Commission était irréaliste. Vers la fin de l'après-midi, la direction de la CCQ se déclara prête à refaire ses devoirs.

La FTQ-Construction publia un second communiqué dans lequel on pouvait lire ce qui suit:

« Ainsi, la Commission de la construction du Québec, devant l'évidence même de la situation, reconnaît la position de la FTQ-Construction comme justifiée. La direction de la Commission s'est donc engagée à revoir et à réécrire son projet de système de référence de la main-d'œuvre et à le soumettre au conseil d'administration.

« [...] La FTQ-Construction est satisfaite de l'entente survenue cet après-midi. Mais à ce stade-ci, il apparaît évident que la FTQ-Construction ne permettra pas à la Commission de se substituer aux engagements qu'elle a contractés. Comme nous l'avons dit plusieurs fois aujourd'hui, la FTQ-Construction ne lâchera pas le morceau et s'il s'avérait que la Commission ne respectait pas sa parole, nous serons là pour la lui rappeler », d'exprimer Jocelyn Dupuis, directeur général de la FTQ-Construction, en fin de journée.

« Richard Goyette, directeur général adjoint, rappelle que ce dossier pourrait avoir des répercussions tellement importantes et significatives pour les travailleurs et les travailleuses de la construction qu'ils se sont facilement mobilisés aujourd'hui pour exprimer, à travers la voix de la FTQ-Construction, leur mécontentement à la direction de la CCQ. Rappelons qu'ils étaient près de 3000 à occuper les bureaux de la Commission sur tout le territoire de la province. Pour un premier avis à la direction de la Commission, il semble bien qu'ils aient lancé un message clair.

« [...] Responsables, bien informés et toujours prêts à assumer leurs responsabilités afin d'améliorer collectivement leurs conditions de vie et celles de leurs confrères, les travailleurs de la FTQ-Construction auront fait montre d'une solidarité que plusieurs leur envient[50]. »

Nous avions réussi à faire reculer la Commission et son ministre du Travail sur la question du placement. Notre argument le plus convaincant demeurait l'incapacité de la commission à remplir les conditions nécessaires à la mise en œuvre d'un système de placement informatisé. L'administration et le politique ne semblaient pas avoir l'entendement ou l'intelligence de comprendre que le placement, c'est d'abord et avant tout une tâche profondément humaine. Lors de ce face-à-face avec l'administration, les médias, principalement ceux en région, appuyèrent la position de la FTQ-Construction, qui leur semblait beaucoup plus près des préoccupations des travailleurs que ne l'était celle de l'administration. Nous avions remporté une première manche.

---

50. Texte de Maude Messier, alors responsable du service des communications de la FTQ-Construction.

UNE PREMIÈRE MANCHE, MAIS PAS LA GUERRE...

Rétrospectivement, je suis convaincu que le gouvernement, son ministre du Travail et la CCQ tirèrent deux leçons de cette épreuve de force et de la précédente survenue en décembre 2004[51]. Pour arriver à leurs fins, ils devaient d'abord en finir avec la FTQ-Construction et ses militants, qui étaient le fer de lance de la FTQ dans l'ensemble de ses luttes. En second lieu, il devenait impératif que Jocelyn et moi quittions la direction. Après, ils pourraient mettre à mal la réputation de la FTQ-Construction et en paralyser l'action. Dans les mois qui suivirent, tout serait mis en œuvre pour atteindre ce deuxième objectif.

Moins d'un an plus tard, en 2008, éclata à la FTQ-Construction l'une des pires crises de son existence. En 2011, profitant de la faiblesse de la FTQ-Construction, le gouvernement du Québec déposa en chambre le projet de loi 33 visant entre autres l'abolition du placement syndical, projet que nous avions contrecarré en 2007.

On peut croire qu'il s'agit de prétention de la part de Jocelyn et de la mienne, mais si nous avions toujours été à la tête de la FTQ-Construction au moment où la ministre Lise Thériault a déposé son projet de loi sur le placement, les choses se seraient déroulées autrement. Jamais la ministre du Travail n'aurait procédé à sa réforme, qui visait spécifiquement à satisfaire ses bons amis de la CSN-Construction, du Conseil du patronat et des associations patronales de la construction. Dès le dépôt du rapport du groupe de travail sur le fonctionnement de l'industrie de la construction en août 2011, nous aurions mobilisé nos troupes et n'aurions jamais prêté foi à ses propos soporifiques.

Les membres du groupe de travail nommé par la ministre Thériault nous renseignaient déjà sur le contenu du rapport avant même qu'une seule ligne n'en ait été écrite. Ce comité se composait

---

51. Voir chapitre 8, « Le jour où l'on ferma le Québec. »

de Michel Gauthier, ancien secrétaire général de la CSN qui a assumé la tutelle de la CSN-Construction, et Fernand Matteau, ancien permanent de la centrale. On y trouvait aussi Jacques Lamarre, président de SNC-Lavalin jusqu'en 2009. M. Lamarre siégeait au conseil d'administration de la Banque Royale du Canada et de Suncor Canada, qui a acheté Pétro-Canada. La FTQ-Construction entretient de sérieux différends avec le secteur des pétrolières, en raison de la définition de la machinerie de production.

On y retrouvait aussi Mme Monique Lefebvre, alors présidente de Québecor Média, qui siégeait aussi au conseil d'administration de Desjardins Sécurité financière et de Transcontinental. N'oublions pas Me Maureen Flynn, qui avait occupé le poste de directrice des relations du travail pour l'Association provinciale des constructeurs d'habitations du Québec, association patronale représentant les entrepreneurs en construction du secteur résidentiel.

Pour conseiller ces personnes, on retrouvait Michel Nadeau, ancien du journal *Le Devoir* ayant aussi exercé des fonctions à la Caisse de dépôt et placement du Québec. Les travailleurs de la construction oublient difficilement que leur fonds de retraite, administré par la Caisse, a perdu près de trois milliards de dollars. Même s'il n'était pas directement responsable de cette perte, M. Nadeau la rappelait par sa seule présence. Il avait aussi été président de CDP Capital, entreprise dont les actifs s'élevaient à plus de 100 milliards de dollars.

Des banquiers, des représentants du milieu financier, du monde de l'ingénierie ou des médias, d'autres ayant des intérêts dans l'industrie pétrolière, des patrons de la construction résidentielle et d'ex-représentants ou officiers de la CSN… Pas tout à fait le genre de travailleurs que l'on croise au quotidien sur les chantiers, qui sollicitent un emploi à nos bureaux de placement ou encore qui se préoccupent de savoir s'ils auront un emploi la semaine suivante! Était-il légitime d'entretenir, dès le départ, un doute sur les travaux entrepris par cette élite ? Sans rancœur aucune contre les membres de ce comité, je pose une question toute simple : Qui représentait les intérêts des travailleurs dans ce groupe de nantis, durant leurs délibérations ?

En quoi le projet de loi 33, visant entre autres l'abolition du placement syndical, allait-il à l'encontre des intérêts des travailleurs ? Il permettait notamment au gouvernement de s'approprier le fonds de formation de 190 millions de dollars. De plus, il changeait les règles de la représentativité. Dans tout régime démocratique, la victoire va à celui qui obtient 50 % des votes, plus un vote. Or, voilà que selon le projet de loi de Lise Thériault, les règles démocratiques ne tenaient plus. Pour signer une convention collective, il faudrait désormais 50 % du vote, plus un vote, mais provenant de trois associations représentatives. En pratique, il fallait minimalement 60 % du vote pour signer une convention.

Rappelons-le, Lise Thériault était ministre dans un gouvernement qui n'avait obtenu qu'un maigre 42 % du suffrage universel lors de la prise du pouvoir des libéraux. Sur le total des électeurs inscrits sur la liste électorale, le PLQ n'avait obtenu que 24 % des votes, et dans 34 comtés où ils avaient un député, ce dernier n'avait pas obtenu 50 % des suffrages exprimés. Les libéraux gouvernaient le Québec avec l'appui d'un électeur sur quatre…

Au moment où il était question de réforme parlementaire, quand les tiers partis demandèrent d'être reconnus, les libéraux répondirent par un non catégorique. C'est pourtant une telle réforme que Lise Thériault imposa à l'industrie de la construction. Si les libéraux se pliaient eux-mêmes aux principes qu'ils imposaient aux autres, il faudrait, pour qu'un projet de loi soit adopté, que non seulement plus de 50 % des députés votent en sa faveur, mais que trois partis de l'Assemblée nationale l'endossent.

Scénario semblable pour le vote au conseil d'administration de la CCQ. Désormais, les votes ne se feraient plus selon la représentativité, mais selon le principe « un membre, un vote ». Ainsi, la FTQ-Construction, qui représentait près de 44 % des travailleurs et payait environ 50 % des sommes qui faisaient vivre la CCQ, n'avait pas plus de poids que la CSN, qui représentait 8 % des travailleurs. Ainsi la CSN-Construction, la CSD-Construction et le Syndicat québécois de la construction (SQC), qui représentent 30 % des travailleurs, peuvent emporter un vote majoritaire au conseil d'administration.

Ce projet de loi fut adopté dans un véritable vent de folie au cours duquel les graves accusations dont il a été question en début de chapitre furent lancées, notamment par Lise Thériault : femme violentée par un représentant de la FTQ-Construction sur le chantier de la Romaine, femmes de Sept-Îles frappées par des membres de la FTQ-Construction… Chaque fois, et ce fut prouvé, l'incident ne concernait nullement la FTQ-Construction. La ministre démentit-elle ses propos ? S'excusa-t-elle ? Jamais, pas plus que les médias ne rétablirent les faits, une fois ceux-ci connus.

Les choses allèrent même plus loin. Le samedi 12 novembre 2011, le Québec apprit par la voie des médias que Michele Motta, entrepreneur en construction, aurait été menacé par des « gros bras de la FTQ-Construction ». Après des appels de menaces répétés, souvent faits la nuit, voilà que son automobile avait été incendiée et que sa famille devait trouver refuge à l'hôtel de manière à être protégée. Motta identifia une des personnes qui l'avaient intimidé. Il affirma aussi qu'il avait remis une enveloppe brune contenant 20 000 $ à des représentants syndicaux de la FTQ-Construction. Enfin la ministre du Travail détenait du concret, puisque toutes les autres accusations s'étaient révélées fausses !

Lise Thériault dut bientôt déchanter. Le 17 novembre, on découvrit que Motta, un homme au passé criminel, n'était ni employeur, ni travailleur de la construction. Au même titre que les histoires des femmes de la Côte-Nord et de la Romaine, l'histoire de Motta avait été fabriquée de toutes pièces. On ne sait pourquoi ni en faveur de qui il avait fait une telle déclaration. Mais elle avait porté fruit puisque tous y avaient cru. Même la chef de cabinet de la ministre Thériault prétendit s'être laissé berner. Pourtant, une simple vérification sur le site de la Régie du bâtiment ou un coup de fil à la CCQ aurait permis de découvrir que Motta n'était pas un travailleur de la construction. Paresse, incompétence ou complaisance? La ministre Thériault continuait à répandre des faussetés pour en arriver à livrer la commande qu'on lui avait imposée.

Aurions-nous dû, Jocelyn et moi, être incarcérés pour désobéissance civile, jamais le projet de loi 33 n'aurait passé si nous avions encore été en poste. Ç'aurait été une lutte à finir: l'*establishment* libéral et péquiste contre les chômeurs et les sans-le-sou.

Il est temps que la classe politique enlève ses œillères et reconnaisse que des crève-la-faim, ça existe encore au Québec. Il est inéluctable qu'un jour, l'aveuglement et le mépris entretenus à l'endroit des travailleurs engendrent une irrépressible révolte qui se tournera contre ceux qui usent véritablement de violence.

CHAPITRE 5

La Gaspésia,
une enquête bâclée

Comment un homme apprend-il donc
à reconnaître l'état de son savoir ?
LUDWIG WITTGENSTEIN

En octobre 1999, l'Abitibi-Consolidated, usine de pâtes et papiers installée à Chandler, dans le sud de la Gaspésie, ferma ses portes. On remercia 500 employés, ce qui entraîna des conséquences économiques désastreuses pour la population locale. Dans un projet qui se voulait socioéconomique, le Parti Québécois prit l'initiative de relancer la papeterie.

Les premières discussions portant sur la modernisation et la reconstruction de l'usine de la Gaspésia datent de décembre 2000. En mai 2002, les travaux s'amorcèrent sur le chantier. La fin des travaux survint en janvier 2004. Le chantier fut en activité pendant environ dix-neuf mois.

Le projet de relance se solda par l'un des fiascos financiers les plus importants de l'histoire du Québec. L'évaluation du projet passa de 465 millions de dollars en 2001 à 675 millions de dollars à son échéance. Les coûts du projet de modernisation de l'usine avaient dépassé les prévisions budgétaires par plus de 200 millions de dollars.

L'onde de choc engendrée par l'arrêt des travaux et la publication dans les médias des sommes astronomiques déjà consenties pour la construction de cette usine balaya le Québec. Il devenait impératif pour le gouvernement libéral, nouvellement élu à la suite de la défaite du Parti Québécois aux élections de 2003, de trouver des coupables et de retirer le bénéfice politique gratuit qui découle d'un tel exercice. Le 7 août 2004, le gouvernement de Jean Charest mit sur pied l'institution la plus rentable politiquement : une commission d'enquête. Le mandat de celle-ci portait sur sept aspects, dont l'estimation des coûts, la gestion du chantier, l'utilisation des fonds publics, la production et l'interaction des intervenants du chantier.

Au nom de la FTQ-Construction, Jocelyn et moi n'avons cessé de dénoncer les pratiques de cette commission, tout comme le contenu du rapport d'enquête produit en mai 2005 par les commissaires Robert Lesage, Jean Barussaud, Eugène Bouchard et Jean Sexton. Avions-nous raison[52] ?

LA GASPÉSIA, RENTABLE ? OUI, POUR TEMBEC !

Dès la présentation du projet de la Gaspésia, Jocelyn avait évalué que ce dernier souffrait d'un sous-financement d'approximativement 300 millions de dollars. « Il ne fallait pas être devin pour en arriver à cette conclusion, affirme Jocelyn. Il n'est pas rare qu'un maître d'œuvre sous-évalue volontairement les coûts de son projet afin de le rendre "vendable" à la population. C'est une pratique établie, non seulement au Québec, mais dans le monde entier. »

« L'analyse de Flyvbjerg et associés, qui fut déposée en preuve à la commission, me donna entièrement raison. Son contenu démontre, à la suite d'un examen minutieux des 600 mégaprojets réalisés à travers le monde depuis 1927, que 9 projets sur 10 ont subi un dépassement de coût de l'ordre de 50 % à 100 %. Cette tendance s'est maintenue durant les cinquante dernières années. Fallait vraiment pas être un génie pour voir venir. D'ailleurs, une première analyse produite par SNC-Lavalin datant de

---

52. Je tiens à remercier Me Robert Laurin pour l'aide qu'il m'a apportée dans la rédaction de cette section. Me Laurin a représenté la FTQ-Construction tout au long des audiences de la Commission d'enquête sur la Gaspésia.

décembre 2000 évaluait les coûts du projet à 650 millions de dollars[53] », de conclure Jocelyn.

Pour financer le projet de la Gaspésia, le gouvernement, formé à l'époque par le Parti Québécois dirigé par Bernard Landry, approcha le Fonds de solidarité de la FTQ et le convainquit d'investir 35 millions de dollars. La mission du Fonds de solidarité de la FTQ est de rendre disponible un capital à risque pour permettre le développement économique du Québec, tout en créant de nouveaux emplois ou en maintenant les emplois existants. L'opposition officielle, alors dirigée par Jean Charest, avait exercé des pressions sur le gouvernement pour que ce dernier accélère la mise en œuvre d'un plan de sauvetage pour la Gaspésia[54].

Le gouvernement et le Fonds de solidarité n'étant pas des entreprises papetières, il leur fallait une expertise en ce domaine. La compagnie forestière Tembec fut approchée. Dans cette perspective, le gouvernement consentit à faire disparaître la dette de 35 millions de dollars que cette dernière avait contractée envers lui. Il lui accorda par la même occasion des droits de coupe de bois dans la région de Matane, où elle possédait déjà des installations. Le droit de coupe représentait 16 millions de dollars par année à l'époque. Si le gouvernement accordait à Tembec les droits de coupe pour trois ans, la papetière empochait 48 millions de dollars, en plus de voir sa dette effacée. Tembec, qui avait ainsi tout intérêt à se joindre au projet de la Gaspésia, accepta.

Étant donné le peu d'énergie qu'investit Tembec dans la réalisation du projet par la suite, on pourrait croire que les droits de coupe étaient la seule chose qui intéressait vraiment cette compagnie. L'entreprise n'avait pas besoin d'une deuxième usine dans la région, alors que le secteur de la papeterie connaissait une forte

---

53. Le *Rapport d'enquête sur les dépassements de coûts et de délais du chantier de la Société Papiers Gaspésia de Chandler* (Publications du Québec, 2005) traite de cette étude à la page 256.
54. http://www.ledevoir.com/non-classe/81354/gaspesia-landry-riposte

décroissance. Principal fournisseur d'expertise, Tembec se désintéressa néanmoins bien vite des travaux et catapulta un certain Emilio Rigato à la direction du projet.

UN VÉHICULE SANS PILOTE

Emilio Rigato était un Américain réputé pour détenir une solide expérience dans la construction de papeteries. Son expérience avait, semblait-il, été acquise essentiellement sur des chantiers non syndiqués en Ontario et aux États-Unis. Il ne connaissait donc ni les conditions de travail applicables au Québec, ni les juridictions de métiers. Il ne possédait aucune notion du régime de relations du travail en vigueur chez nous.

Au cours des audiences de la commission d'enquête, nombre de représentants d'entreprises vinrent témoigner de l'incohérence et de la mauvaise administration qu'ils avaient pu observer. Certaines pratiques navrantes et coûteuses furent soumises à l'attention des commissaires.

Par exemple, des matériaux devant être installés durant la phase finale de la construction étaient réceptionnés parmi les premiers arrivages. Des équipes de travail étaient affectées à la recherche de matériel dont on avait perdu la trace, faute d'une politique d'entreposage rationnelle. Il n'était pas rare que l'on retrouve les matériaux pêle-mêle, ensevelis sous la neige, dans un état de dégradation. L'absence d'aires d'entreposage sur le chantier compliqua grandement le démarrage de la construction.

Un entrepreneur, qui avait soumissionné pour l'installation de machinerie, expliqua que sa soumission avait été faite à fort prix vu que le travail devait s'effectuer tandis que le plancher de l'usine n'était pas encore en place. Cette lacune l'obligea à installer la machinerie… à partir du plafond !

Une entreprise s'engagea à démolir une dalle de béton servant à soutenir l'ancien équipement, et à reconstruire les assises devant soutenir une nouvelle machinerie. Les responsables du projet n'avaient pas prévu que, sous le plancher, le sol était constitué de roc. Il fallut excaver 1300 m³ de roc sur une profondeur de 2 à 3 mètres.

De tels exemples se multiplièrent pendant plusieurs journées d'audience. Ainsi les témoins, sans le vouloir, ridiculisaient Emilio Rigato simplement en décrivant la progression des travaux.

Seul maître à bord, Rigato laissa aussi se détériorer l'organisation physique du chantier. Les installations sanitaires étaient déficientes, les chantiers n'étaient ni délimités, ni clôturés, permettant l'accès à tout un chacun. Bref, tout était totalement désordonné. Un véritable fouillis. Ces lacunes firent l'objet de multiples plaintes de la part du service des relations du travail auprès de Rigato, qui n'en eut cure.

Le rapport de la commission d'enquête précise qu'Emilio Rigato était « non seulement le chef d'orchestre, mais jou[ait] aussi de tous les instruments[55] ». Rigato, qui avait mis sur la touche les responsables du service des relations du travail, fut l'instigateur de plusieurs conflits. Il jouait un métier contre l'autre et entretenait des différends entre les travailleurs de l'usine et les travailleurs de la construction. Depuis l'octroi du premier contrat (celui de la démolition et du désamiantage), les travailleurs avaient toujours vu Rigato intervenir de façon cavalière à leur endroit. Unilingue anglophone, il ne se souciait nullement de pouvoir communiquer adéquatement avec les salariés.

Le 6 août 2003, 200 à 300 travailleurs du chantier encerclèrent la roulotte où se trouvait Emilio Rigato et exigèrent son départ. La tension était palpable. Vers la fin de l'avant-midi, le représentant de l'AMI, Roger Martin, apparut sur le chantier. Il revenait à ce moment de Chandler où il avait assisté aux obsèques de Didier Mercier, manœuvre au chantier. Pour calmer le jeu, Roger invita la foule à observer une minute de silence à la mémoire d'un confrère décédé.

---

55. *Rapport d'enquête sur les dépassements de coûts et de délais du chantier de la Société Papiers Gaspésia de Chandler, op. cit.*, page 119.

C'est à ce moment, dans un silence total et en présence d'une foule recueillie, que Rigato quitta le chantier. Il n'y eut aucun cri, et aucun mot ne fut prononcé. Rigato fut escorté par des policiers jusqu'à la barrière du chantier. Une fois sorti, il ne revint plus.

Il s'agit d'un événement « sans précédent dans les annales récentes des conflits de travail au Québec », nous dirent les commissaires. Ce départ honteux, qui parut important aux commissaires, n'occupe cependant que quatre courts paragraphes dans l'ensemble de leur rapport[56].

Le 11 juin, soit deux mois avant qu'il abandonne le navire, Emilio Rigato affirma aux administrateurs qu'aucun dépassement de coût n'était prévu[57]. Il répéta le même discours le 8 juillet[58]. Rigato soumettait ses rapports au comité de contrôle mis sur pied par les investisseurs, dont le Fonds de solidarité, pour vérifier l'avancement du travail. Le contenu des rapports confirmait que les coûts de construction étaient respectés, de même que les échéanciers. Des rumeurs affirmant le contraire s'étant mises à circuler, le comité de surveillance fit appel à des experts afin d'évaluer la progression des travaux. Le résultat de l'expertise démontra que le chantier était sens dessus dessous. Il apparut que les échéanciers n'étaient manifestement pas suivis et que les coûts de construction explosaient.

En octobre 2003, la Gaspésia eut subitement besoin d'un apport supplémentaire de 50 millions de dollars pour équilibrer son budget. En janvier 2004, ce manque à gagner passa à 200 millions de dollars. On apprit que le système de gestion du contrôle des coûts, sous la responsabilité de Rigato, n'avait été mis en place qu'en août 2003, soit quinze mois après le début des travaux.

Expulsé du chantier au moment même où les coûts explosaient, Emilio Rigato n'entreprit aucune poursuite contre qui que ce soit. Tembec non plus. Surprenant, ou suspect ?

---

56. *Ibid.*, page 244.
57. *Ibid.*, page 40.
58. *Ibid.*, page 41.

DESIGN-CONSTRUCTION ET FAST TRACK : DES CONCEPTS PLUS QUE DISCUTABLES

Pour réaliser le projet de la Gaspésia, nous indique le rapport des commissaires, on avait choisi d'adopter les concepts de travail qu'on appelle le *design-construction* et le *fast track*[59].

Le concept *design-construction* prescrit que l'on construise sans avoir les plans définitifs. Éric Tremblay, ingénieur et directeur de projet pour l'entreprise Cegerco, témoigne des difficultés que ce mode de construction a entraînées pour lui sur le chantier de la Gaspésia :

- « Quatorze révisions de plans ou changements de plans par semaine ;
- nombre de plans en soumission : 150, plus 125 plans ;
- nombre total de révisions de plans, de changements aux plans ou de nouveaux plans : 488 ;
- nombre de questions techniques par semaine : 5, au total 122 ;
- nombre de jours supplémentaires sur le chemin critique : 108 (21 semaines) ;
- nombre de démobilisations-remobilisations d'équipe : 62 ;
- nombre d'heures additionnelles : 2,5 fois plus que prévu en soumission[60]. »

Le *fast track* constitue un casse-tête pour les employeurs et les travailleurs. Il s'agit tout simplement de produire en un temps record. Travaux superposés, équipes de travail qui se marchent sur les pieds, manque de cohérence dans la séquence des travaux... Ce mode de construction a entraîné à de nombreuses occasions la reprise des travaux et la démolition d'installations déjà terminées.

---

59. *Ibid.*, pages 123-124.
60. *Ibid.*, page 162.

Les conséquences immédiates sont des erreurs de construction et un accroissement significatif des lésions professionnelles[61].

Lorsque les commissaires en arrivent à la conclusion que «le chantier n'a donc pu bénéficier des avantages que lui aurait procurés le respect des exigences liées à ces deux concepts[62]», ils font preuve d'un évident mépris à l'égard des travailleurs et des employeurs de la construction. Le *design-construction* et le *fast track* sont constamment décriés par les principaux intéressés parce qu'ils desservent les intérêts véritables de l'industrie et, au final, du client. Outre les inconvénients mentionnés précédemment, on n'en finit plus de reprendre des travaux et de faire face à des vices de construction. Ces deux concepts sont les principales causes de l'explosion des coûts de la construction des installations olympiques qu'a retenues la Commission d'enquête sur le coût de la 21e Olympiade.

Emilio Rigato, *design-construction* et *fast track*: le chantier de la Gaspésia accumula des ratés d'une ampleur colossale, comme le signalèrent plusieurs personnes appelées à témoigner. Quelles conclusions la commission d'enquête tira-t-elle de l'information recueillie au fil des audiences?

UN RAPPORT BIAISÉ ET PARTISAN

Le rapport de la Commission d'enquête de la Gaspésia apporta son lot de surprises. Encore une fois, il s'agissait d'un rapport issu des travaux d'une commission d'enquête essentiellement politique. Même si Emilio Rigato y était largement blâmé, les reproches ne s'adressaient pas à Tembec, son employeur, ni aux méthodes de travail auxquelles on avait eu recours. Bernard Landry, premier

---

61. Blessure ou maladie qui survient par le fait ou à l'occasion d'un accident du travail, ou d'une maladie professionnelle, y compris la récidive, la rechute ou l'aggravation. (Loi sur les accidents du travail et les maladies professionnelles.)
62. *Rapport d'enquête sur les dépassements de coûts et de délais du chantier de la Société Papiers Gaspésia de Chandler, op. cit.,* page 125.

ministre du Québec à l'époque du chantier, y était pour sa part spécifiquement visé.

Dans sa charge antisyndicale, la commission d'enquête focalisa sur la FTQ-Construction et n'adressa pas de reproches aux membres du CPQMC-I, pourtant présents en nombre important sur le chantier. Comment l'expliquer? Tentons la réponse la plus probable: À la différence de la FTQ-Construction, qui était perçue comme une alliée du Parti Québécois, le CPQMC-I se déclarait, pour sa part, un allié des libéraux, voire même un syndicat d'affaires[63].

Le rapport fut déposé le 6 mais 2005. La réaction gouvernementale fut présentée par Claude Béchard, ministre du Développement économique, de l'Innovation et de l'Exportation. Finies, pour le moment, les dénonciations contre la FTQ, la FTQ-Construction et le Fonds de solidarité. Le gouvernement libéral tenait son scoop: « Bernard Landry est le premier responsable du gâchis de la Gaspésia, tonna le ministre Béchard. Bernard Landry doit cesser de tromper la population de la Gaspésie et du Québec au sujet du gâchis de la Gaspésia. Monsieur Landry doit accepter la responsabilité du fiasco de la Gaspésia[64]. » Les enjeux de la Gaspésia et ceux du développement économique régional furent passés sous silence au profit d'un lynchage politique. Durant les jours qui suivirent, on assista à un combat épique entre les deux formations politiques.

Sur les 27 recommandations contenues dans le rapport, toutes celles portant sur les relations du travail dans l'industrie de la construction firent l'objet de dispositions législatives. Quant aux recommandations en matière d'économie et de contrôle des coûts, elles dorment encore sur les tablettes.

---

63. www.cyberpresse.ca/apps/pbcs.dll/article?AID=/20060425/CPOPINIONS/604250 84/5034&template=printart&print=1http://www.cyberpresse.ca/apps/pbcs.dll/ article?AID=/20060425/CPOPINIONS/60425084/5034&template=printart&pr int=1

64. http://www.economie.gouv.qc.ca/ministere/salle-de-presse/communiques-de-presse/ communique-de-presse/?tx_ttnews%5Btt_news%5D=3565&cHash=8d0eadd5bb14 69c33ecb4b8bf13f4318

Une fois de plus, une commission d'enquête avait livré le spectacle qu'on attendait et la justice avait été servie avec une absence totale de rigueur : interdiction de faire une preuve complète, droit de parole limité, spectacle préétabli entre les procureurs et les commissaires, absence de sens critique, cible verrouillée, scénario limité, mission préétablie, preuve partiale et orientée en fonction d'intérêts politiques. Et, en fin de course, un rapport pavé d'erreurs, sans concordance avec la preuve soumise.

Pour le constater, revenons sur certains témoignages, ainsi que sur certains reproches formulés à l'endroit de la FTQ-Construction.

UN ÉCONOMISTE EXPERT PAS TRÈS EXPERT

On invita des économistes à venir témoigner à la commission d'enquête. Ceux-ci prétendirent que la FTQ-Construction était en grande partie responsable du débordement des coûts. Pourtant, le Fonds de solidarité avait débloqué des sommes importantes en vue de la réalisation du projet, et il était contraire aux intérêts de l'investisseur de le faire échouer. Tout au long des travaux de construction, Jocelyn n'avait cessé de répéter : « Emilio Rigato semble tout faire en son pouvoir afin que la FTQ-Construction se "mouille" dans la gestion du chantier, alors que la gestion ne relève pas de notre compétence. »

Le 15 février 2005, la commission eut droit au témoignage de Pierre Fortin, économiste connu et témoin expert. Jocelyn et moi étions dans la salle d'audience et avons pu y assister.

Lorsque l'on fait témoigner un expert, il importe, en tout premier lieu, de lui faire établir son mandat. C'est la règle d'usage en droit. Une telle façon de faire permet d'éclairer les parties et les commissaires sur la rigueur qui a guidé la production du rapport d'expertise, et sur la crédibilité qu'on doit lui accorder. Bien sûr, la « commande » d'un mandat politique est subtile. On peut omettre de remettre à l'expert des pièces essentielles à l'objet de l'étude, ou encore amener ce dernier à produire une analyse économique portant sur des réalités subjectives plutôt qu'objectives. C'est ce dernier exemple qui fut illustré lors des témoignages. Pierre Fortin avait calculé les coûts de main-d'œuvre selon des estimations totalement fausses ou erronées.

Le procureur de la commission n'interrogea pas le témoin sur son mandat d'expert, bien sûr. Il revenait à Me Laurin, procureur de la FTQ-Construction, de le faire. Lorsqu'il eut demandé cette précision, le juge Lesage s'opposa à ce que le témoin réponde. Pourquoi refuser de laisser Pierre Fortin établir son mandat, tel que commandé par la commission, puisqu'il s'agissait d'un exercice public? Son mandat était-il plutôt politique? Ceux qui prétendent que les règles de justice naturelle s'appliquent lors d'une commission d'enquête devraient réfléchir avant de faire de telles affirmations.

Faute de pouvoir établir le mandat de l'économiste, le procureur de la FTQ-Construction passa aux questions d'usage. Pierre Fortin exprima l'opinion qu'à cause de la FTQ-Construction, le projet avait vu ses coûts de construction augmenter significativement. Sommé de démontrer la justesse de son propos, Fortin expliqua que le paiement à temps double qui s'appliquait aux heures travaillées la nuit était en partie responsable de l'augmentation des coûts. On l'informa que pas un dollar n'avait été payé en temps double la nuit sur le chantier, puisque le temps double ne s'appliquait pas la nuit. Le témoin spécialiste en économie perdit de la crédibilité. Mais quelle importance? Il appartenait à l'équipe des « bons » : toutes les fabulations étaient permises.

Autre facteur responsable de l'augmentation des coûts, selon Fortin : la demi-heure consacrée par les travailleurs au dîner. Fortin affirma considérer le temps qu'il fallait aux travailleurs pour se rendre manger aux roulottes et pour en revenir comme un coût dont la main-d'œuvre ou le syndicat était responsable. Rappelons que la superficie du chantier était équivalente à celle de trois terrains de football. Le maître d'œuvre avait déterminé que les roulottes de chantier seraient installées à une extrémité du chantier. Fortin expliqua que, selon lui, sur la demi-heure allouée au dîner, les travailleurs auraient dû prendre dix minutes pour se rendre à la roulotte, dix minutes pour manger et enfin dix minutes pour revenir au travail. Quant aux périodes de repos, elles devaient aussi être facturées aux syndicats.

Dans la salle d'audience, Jocelyn et moi étions consternés. Mais nous devions l'être encore plus au moment de la parution du rapport : si les facteurs présentés par Fortin n'y apparaissaient pas, les coûts imputés aux travailleurs, eux, y figuraient en toutes lettres !

DISCRIMINATION SUR LE CHANTIER, VRAIMENT ?

Durant les audiences de la commission d'enquête, la CSN-Construction tenta de démontrer que ses membres avaient subi des mesures de discrimination au profit des membres de la FTQ-Construction.

Pour mieux comprendre les questions relevant de la main-d'œuvre, penchons-nous sur le sujet. À l'époque de la construction de la Gaspésia, la FTQ-Construction et le CPQMC-I s'étaient réunis pour créer le Conseil conjoint de la construction[65]. À l'intérieur de ce conseil, la FTQ-Construction conservait ses affiliés et le CPQMC-I, les siens. Il s'agissait de deux associations autonomes au sein d'une même association. Le CPQMC-I ne fut en aucun temps affilié à la FTQ.

En 2002 et 2003, les associations représentaient les travailleurs de la construction selon le pourcentage indiqué au tableau suivant.

---

65. Son nom légal était Conseil conjoint de la FTQ-Construction et du Conseil provincial du Québec des métiers de la construction (international). Le Conseil conjoint fut fondé le 17 novembre 1998 et dissout le 13 décembre 2005.

Représentativité de chaque association syndicale

Association représentative	Représentativité préliminaire 2003 (%)
Conseil conjoint de la Fédération des travailleurs du Québec (FTQ-Construction) et du Conseil provincial du Québec des métiers de la construction (international)	72,1
Centrale des syndicats démocratiques (CSD-Construction)	13,8
Syndicat québécois de la construction (SQC)	3,7
Confédération des syndicats nationaux (CSN-Construction)	10,6

Dans la région de Chandler, le Conseil conjoint représentait 94,9 % de l'ensemble des travailleurs, dont 100 % des électriciens, 100 % des tuyauteurs, 100 % des soudeurs haute pression, 100 % des chaudronniers, 100 % des grutiers, 100 % des monteurs d'acier de structure, 100 % des mécaniciens industriels, 100 % des travailleurs de protection incendie, 100 % des frigoristes, 100 % des calorifugeurs et 100 % des ferblantiers. C'était majoritairement des salariés exerçant ces métiers qui étaient affectés à la construction d'une usine. De plus, dans la région immédiate du chantier, le Conseil conjoint représentait 96,42 % des opérateurs de pelle, 90 % des opérateurs d'équipements lourds, 98 % des charpentiers-menuisiers et 91 % des manœuvres.

Si le fait que la CSN-Construction ait crié à la discrimination dans l'embauche a de quoi surprendre, il est encore plus étonnant que les commissaires aient reconnu cette théorie, vu la preuve soumise.

Lors des audiences du 9 décembre 2004, André Bédard de la CSN-Construction clamait que sa centrale comptait 703 membres dans la région. Pourtant, il dut admettre en contre-interrogatoire que la CSN-Construction ne représentait que 23 manœuvres et

27 charpentiers-menuisiers dans une zone de 120 kilomètres avoisinant le chantier. Il fut même mis en preuve que la CSN-Construction avait déclaré à certains employeurs, dont Construction Omega, qu'elle ne pouvait fournir de travailleurs, aucun des siens n'étant disponible dans la région. Me Robert Laurin fit même la preuve que la CSN avait référé un membre de la FTQ-Construction à une entreprise. Voilà que la CSN-Construction référait à un employeur un travailleur membre de la FTQ-Construction, elle qui ne cessait de dénoncer le placement ! Il s'agissait là d'une pratique douteuse, voire illégale, mais les commissaires étaient peu sensibles aux actes discutables d'une association syndicale autre que la FTQ-Construction.

Le 3 décembre 2004, lors de son témoignage, Emilio Rigato dut admettre à son tour que la CSN-Construction n'était pas en mesure de fournir la main-d'œuvre nécessaire et reconnaissait l'exactitude des chiffres que la FTQ-Construction avait soumis. En aucun cas le rapport de la commission ne reprend cette démonstration.

Cette commission qui prétendait se préoccuper du gonflement des coûts du projet omettait de tenir compte des frais engendrés par l'éloignement de la main-d'œuvre. En effet, l'employeur qui embauche un travailleur ayant à parcourir une distance de plus de 120 kilomètres pour se rendre au chantier, comme le voulait la CSN-Construction, doit l'héberger et le nourrir. En fournissant de la main-d'œuvre locale, la FTQ-Construction et le CPQMC-I répondaient à un besoin des entreprises tout en favorisant la rationalisation des dépenses que les employeurs qualifient de « coûts non productifs ». Chandler et les environs immédiats regorgeaient de travailleurs de la construction disponibles pour occuper un emploi. Importer de la main-d'œuvre en provenance d'une autre région aurait occasionné du mécontentement au sein de la population locale. Mais les commissaires se prononcèrent contre les conclusions d'une autre commission d'enquête, la commission Cliche, qui favorisaient l'embauche régionale.

Autre difficulté : les travailleurs de l'usine en rénovation étaient en chômage et il fallait leur venir en aide. Chandler était devenue une région sinistrée. Comme le rappelait Roger Martin, représentant de l'AMI pour la région de la Gaspésie : « Pour nous, représentants syndicaux, se rendre à Chandler nous arrachait le cœur. On surestime souvent la grosseur du chantier de la Gaspésia. Même quand les travaux eurent atteint la pointe en importance, j'avais encore 350 prestataires de l'assurance-emploi en attente d'être placés. La mine de Murdochville venait de cesser ses activités en 2002, et lors d'un référendum les citoyens avaient majoritairement voté en faveur de la fermeture de la ville. Pour la population de Chandler, il n'y aurait pas un deuxième Murdochville. Pour une fois qu'un chantier se faisait chez eux, il n'était pas question de laisser passer leur chance. Ce n'était pas juste les travailleurs de la construction qui voulaient en faire un chantier local, mais toute la population, y compris les commerçants et les marchands. J'ai toujours cru qu'ils avaient raison. C'est simple, les gouvernements laissent mourir la Gaspésie, le monde se bat pour avoir une job. Quand on compte un emploi pour trois personnes disponibles, ça donne exactement ça[66]. »

Dans le cadre d'une entente avec le gouvernement et après avoir consulté les syndicats affiliés, Jocelyn acceptait au nom de la FTQ-Construction de permettre l'exécution de certains travaux sur le chantier par des travailleurs de l'usine. Permettre cet empiétement privait d'autres travailleurs de la construction de l'accès au chantier. Mais certains travaux relevaient de la compétence des travailleurs de l'usine. Il fallut composer, ce qui n'est pas facile en période de sous-emploi.

L'AMI entreprit des démarches et fit même émettre des certificats de compétence-occupation (document qui atteste de la compétence d'une personne à exercer une activité de construction sur

---

66. Déclaration de Roger Martin, représentant de l'AMI (FTQ-Construction) à l'époque de la Gaspésia.

les chantiers) pour ceux qui connaissaient de sérieuses difficultés financières. Bien sûr, tout n'alla pas comme sur des roulettes. Il y eut des accrochages et de nombreux défis à relever.

Pourquoi alors la commission blâma-t-elle tant la FTQ-Construction pour sa gestion du placement et pour des actes de discrimination ? Cette commission avait-elle un mandat politique ? Sinon, comment expliquer qu'en date du 10 décembre 2004[67], la commission, qui devait se pencher sur l'analyse des dépassements de coûts du projet, avait consacré près de deux tiers du temps alloué à ses travaux à la discrimination dans l'emploi, et seulement un tiers au dépassement des coûts ?

Autre interrogation d'importance : la Commission sur la Gaspésia blâma la FTQ-Construction d'avoir donné priorité aux travailleurs de la région immédiate. En agissant de la sorte, nous nous pliions pourtant aux recommandations du rapport de la commission Cliche, selon lesquelles le travail devait être partagé plus équitablement entre les villes-centres et les régions. D'une commission à l'autre, vers qui se tourner ? Il serait bon de nous l'indiquer. Cela permettrait de savoir à quoi s'en tenir, à la fin.

Enfin, et nous terminerons sur ce fait qui mérite d'être écrit dans le ciel en lettres de feu : sous réserve de deux cas, tous les autres cas allégués de discrimination sur le chantier de la Gaspésia n'ont pu être démontrés.

DES CONFLITS SUR LE CHANTIER

Selon les commissaires, de nombreux conflits de juridiction (attribution des tâches) ont retardé les travaux sur le chantier de la Gaspésia et occasionné des coûts supplémentaires. Dans le rapport de la commission, on trouve le passage suivant :

---

67. Les audiences ont débuté le 19 octobre 2004.

« En somme, il y eut des conflits de juridiction de métiers ou d'occupations sur le chantier Papiers Gaspésia, conflits gérés de façon inadéquate, qui ont amené des arrêts de travail dont la solution n'a pas été aidée par les gestionnaires manifestement ignorants de la problématique alors soulevée[68]. »

Ce ne furent pas les travailleurs, ni leurs syndicats qui choisirent les gestionnaires de la Gaspésia. Comment peut-on alors leur faire porter le blâme pour ces conflits ? Dès le mois de mai 2002, les procès-verbaux des assemblées des directeurs et représentants du Conseil conjoint font état des mises en garde de Jocelyn au sujet de la Gaspésia. En avril 2003, Jocelyn informa les syndicats affiliés au Conseil conjoint qu'il y aurait sous peu une conférence d'assignation des travaux ; cet exercice visait à éviter les conflits pouvant survenir entre les différents métiers et occupations dans l'affectation des tâches durant la phase des travaux. Une bonne organisation préalable d'un chantier permet en effet de structurer l'avancement des travaux et d'éviter les retards.

Durant la ronde de négociations de 2001, Jocelyn Dupuis avait fait introduire dans la convention collective du secteur industriel une disposition visant à solutionner tout conflit de compétence en cinq jours ouvrables[69]. Cette disposition est à ce point efficace qu'en décembre 2005, la Loi de la construction fut modifiée pour que les décisions rendues par le comité soient prises en considération lors de conflits similaires.

En 2002 et 2003, années durant lesquelles s'exécutèrent les travaux de la Gaspésia, l'industrie comptait approximativement 118 000 travailleurs et 20 000 employeurs. Pendant ces deux années, il y eut exactement 45 conflits de compétences sur l'ensemble du territoire du Québec, pour tous les employeurs et tous les sala-

---

68. *Rapport d'enquête sur les dépassements de coûts et de délais du chantier de la Société Papiers Gaspésia de Chandler, op. cit.*, page 226.
69. Convention collective du secteur industriel, section V, Conflits de compétence.

riés. De ces 45 conflits, 30 se sont réglés en 5 jours ou moins, et 15 ont été déférés au tribunal. Durant l'attente d'une décision finale du tribunal, les travaux doivent se poursuivre sur le chantier. Si on établit un ratio conflit/employeur, on arrive à un conflit pour 1000 employeurs. On en conclut inévitablement que la paix règne dans l'industrie de la construction. Que se passait-il donc à la Gaspésia pour que l'on se retrouve avec un si grand nombre de conflits ?

Les commissaires nous parlent de conflits entre les travailleurs de l'usine et ceux de la construction. Pourtant, dans l'ensemble du Québec, les salariés de la construction travaillent quotidiennement avec les travailleurs du secteur des pétrolières, des papetières, de la métallurgie, des alumineries, de l'avionnerie, et ce type de conflit ne survient que rarement. Encore une fois, que se passait-il à la Gaspésia ? Ne s'agissait-il pas, purement et simplement, d'un pharaonique problème de gestion ? Si le chantier qui dérape a pour seule particularité son directeur des travaux, on peut en déduire que celui-ci est en grande partie responsable de ce qui va mal sur le terrain.

Tout au long de ce chantier, il fallut pallier l'incompétence du directeur des travaux. Alors qu'il n'était pas du rôle du syndicat de gérer au quotidien ce type de problème, et surtout pas à la FTQ-Construction, Jocelyn ne cessait d'être sollicité par l'administration Gaspésia. On dénombre annuellement de 500 à 600 chantiers d'importance en activité au Québec depuis la reprise économique de la fin des années 1990. Ce regain d'activité engendre l'octroi d'environ 400 000 à 500 000 contrats de construction par année. Comment Jocelyn aurait-il pu accorder tout son temps à un seul chantier ?

Mais de bonne grâce, et afin de satisfaire les exigences de l'administration déficiente, Jocelyn participa à plusieurs rencontres afin de solutionner les difficultés dès qu'elles se présentaient. Le 29 avril 2003, il alla à Chandler pour collaborer à la conception de mesures visant l'étalement des travaux et l'organisation du chantier. En août 2003, il fit établir des horaires de travail favorisant l'emploi de la main-d'œuvre locale, pour répondre aux besoins de la population résidant dans la région immédiate du chantier.

Durant la même période, des réunions similaires eurent lieu avec la direction de l'aluminerie Alouette située sur la Côte-Nord. Étrangement, sur ce chantier, avec les mêmes acteurs syndicaux, tout allait pour le mieux. Plus encore, les installations d'Alouette furent livrées avant la fin de l'échéancier et à moindre coût que ceux prévus dans le devis initial. L'usine Alouette a occupé au total plus de 8000 travailleurs, alors que seulement 700 travailleurs de la construction ont franchi les portes du chantier de la Gaspésia. La même firme professionnelle en relations du travail gérait les deux chantiers. Mais à la Gaspésia, Emilio Rigato poursuivait son règne de domination en écartant la firme de relations du travail, sans pour autant prendre de décisions.

Avec une seule pièce défectueuse sur l'échiquier, tout s'écroule : on peut faire l'enquête que l'on veut et en arriver à toutes sortes de conclusions oiseuses, ça ne changera rien aux faits. Un chantier bien géré et bien organisé fait face à peu ou pas de problèmes importants. Mais la commission ne semblait pas se préoccuper de faire la lumière sur les causes réelles de l'échec de la Gaspésia.

PLUSIEURS ASSOCIATIONS SYNDICALES, UNE SEULE COUPABLE

On a vu que la totalité des travailleurs du secteur industriel à œuvrer sur le chantier de la Gaspésia n'étaient pas membres de la FTQ-Construction. Pourquoi, dans leur rapport, les commissaires ne traitent-ils jamais des métiers représentés par le CPQMC-I ? Pourquoi aucun des commissaires n'a-t-il remarqué cette erreur notable qui revient dans chacun des chapitres du rapport, d'autant plus que, dans la majorité des cas, les conflits de compétences concernaient des métiers représentés par le CPQMC-I et non par la FTQ-Construction ?

En parlant de la conférence préparatoire du 7 mai 2003, le rapport des commissaires indique que :

> « Les différents corps de métiers affiliés à la FTQ-Construction y ont été invités et sont présents. Aucun entrepreneur ni aucun autre groupe syndical n'ont été invités ou ne se sont présentés à la réunion[70]. »

Erreur. Comment les membres de la commission pouvaient-ils ignorer que tous les corps de métiers du CPQMC-I étaient présents à cette rencontre ? Quant à l'absence des employeurs, elle s'expliquait par le simple fait que les contrats n'avaient pas encore été attribués. Pour satisfaire les membres de la commission, l'équipe des relations du travail aurait-elle dû convier les 20 000 employeurs de la construction à cette conférence ?!

Il semble que les commissaires n'aient jamais réussi à comprendre que le Conseil conjoint de la Fédération des travailleurs du Québec (FTQ-Construction) et du Conseil provincial du Québec des métiers de la construction (international) réunissait provisoirement deux associations syndicales distinctes. À la lecture du rapport, il ressort clairement que les commissaires confondent :

- la FTQ-Construction et le CPQMC-I[71] ;
- le Conseil conjoint de la construction et la FTQ-Construction[72, 73, 74, 75] ;
- le rôle de la FTQ et celui du Conseil conjoint de la construction, principalement le rôle détenu par le CPQMC-I eu égard aux métiers mécaniques[76].

---

70. *Rapport d'enquête sur les dépassements de coûts et de délais du chantier de la Société Papiers Gaspésia de Chandler, op. cit.*, 2005, page 40.
71. *Ibid.*, pages 242, 248.
72. *Ibid.*, page 248.
73. *Ibid.*, page 40.
74. *Ibid.*, page 261.
75. *Ibid.*, pages 48, 49.
76. *Ibid.*, page 40.

Ils ont aussi agi de manière à laisser sous-entendre que :

- les syndicats membres du Conseil conjoint étaient tous affiliés à la FTQ-Construction, alors que les syndicats affiliés au CPQMC-I appartenaient aussi au Conseil conjoint[77] ;
- les travailleurs des métiers mécaniques étaient membres de la FTQ-Construction, alors qu'ils étaient membres du CPQMC-I[78] ;
- la FTQ-Construction était impliquée dans de nombreux conflits de compétences, alors que ces conflits concernaient principalement les syndicats des monteurs d'acier de structure, les mécaniciens de chantier ou les tuyauteurs, qui ne sont pas membres de la FTQ-Construction[79].

Selon le rapport, un représentant aurait déclaré : « C'est un chantier FTQ icitte [sic][80] », déclaration qui laissait croire que tous les corps de métiers présents sur le chantier étaient représentés par la FTQ-Construction. Malheureusement pour les pauvres commissaires, la réalité était plus complexe. Tous les tuyauteurs, les monteurs d'acier, les chaudronniers, les mécaniciens industriels et bien d'autres provenaient exclusivement des rangs du CPQMC-I.

Pour les diverses considérations précitées et en raison de la preuve mal administrée, il devenait essentiel pour la FTQ-Construction de faire entendre son point de vue à la commission. On ne cessait de citer la FTQ-Construction et son directeur général ; à croire que ce dernier œuvrait à plein temps sur le chantier. Il apparaissait impératif de contrecarrer ceux qui semblaient avoir

---

77. *Ibid.*, page 248.
78. *Ibid.*, page 248.
79. Les auteurs ne commentent ni ne portent de jugement sur le bien-fondé de ces conflits.
80. *Ibid.*, page 211.

pour mission de torpiller notre association. Mais nous sommes en démocratie, et en démocratie, le tribunal d'enquête décide qui il doit ou ne doit pas entendre. Les commissaires prirent la décision de ne pas entendre Jocelyn, malgré les requêtes répétées de Me Robert Laurin. Certains peuvent se réjouir d'un tel procédé, mais tôt ou tard la démocratie en paiera le prix.

POUR OU CONTRE LES COMMISSIONS D'ENQUÊTE ? POUR !

J'avais dans un premier temps attiré l'attention sur les possibles interventions politiques qui peuvent interférer dans le cadre des travaux d'une commission d'enquête. Appelé à commenter mes déclarations, je fus invité le 28 novembre 2009 à l'émission de Michel Lacombe, dans les studios de Radio-Canada. Michel Lacombe avait aussi invité Me Sylvain Lussier, avocat notoirement connu, qui participa notamment à la commission Gomery. Sur la question spécifique d'une possible intervention du milieu politique dans les travaux d'une commission d'enquête, Me Lussier signala qu'il n'était pas déraisonnable d'entretenir un tel doute. Plus précisément, il cita en exemple les travaux de la Commission d'enquête sur la Somalie. Le gouvernement fédéral avait refusé de renouveler le mandat de cette commission et de lui permettre d'approfondir davantage son enquête, pour d'évidentes questions d'ordre politique. Les procureurs de la commission avaient fait connaître leur profond désaccord à l'endroit de la position gouvernementale.

Dans sa chronique du 25 novembre 2009, M. Yves Boisvert du journal *La Presse*, faisait les commentaires suivants à mon endroit, en rapport avec les commissions d'enquête en général et celle de la Gaspésia en particulier :

« L'argument de la FTQ-Construction, celui du spectacle et de la menace de grave injustice, ne tient pas. M. Richard Goyette, directeur général de ce syndicat, a lancé plusieurs balivernes à ce sujet, hier.

« On le comprend de ne pas avoir aimé l'enquête sur la Gaspésia, puisque la FTQ y a très mal paru. Le syndicat avait pris le contrôle du chantier, retardé les travaux, refusé des ouvriers gaspésiens parce qu'ils n'étaient pas dans la bonne église syndicale, etc. Mais M. Goyette en rajoute : "Dans une commission d'enquête, on ne peut pas faire entendre les témoins qu'on veut… On ne peut pas déposer la preuve et les expertises qu'on veut. C'est un cirque."

« Faux. Toute personne visée ou "intéressée" par une enquête publique (et nul doute que la FTQ-Construction le serait) a droit d'être représentée par un avocat, elle reçoit à l'avance toute la preuve. Souvent, l'angle des interrogatoires est divulgué, les questions en litige annoncées d'avance et la liste des témoins aussi. Avant d'adresser le moindre blâme, la commission envoie un avis détaillé à chaque personne avec l'occasion de s'expliquer une dernière fois.

« Cela, évidemment, après avoir été entendu comme témoin. Les parties intéressées ont le droit de contre-interroger chaque témoin. Elles ont le droit d'en suggérer d'autres et de proposer des expertises. »

L'article de M. Boisvert a été choisi à titre d'exemple, puisque ses propos sont semblables à ceux d'autres journalistes, parus à la suite de ma déclaration. Il permet de tirer quelques conclusions sur le sérieux et la rigueur des commissions d'enquête en général, et de la Gaspésia en particulier.

1. M. Boisvert avance que, lors d'une commission d'enquête, une partie peut faire entendre les témoins qu'elle désire et

déposer à loisir sa preuve. Pourquoi alors le juge Robert Lesage a-t-il refusé d'entendre le témoignage de Jocelyn Dupuis et celui d'un autre témoin, Gérard Cyr? Avant de faire de telles affirmations, il aurait été prudent de prendre connaissance des règles de procédure de la commission sur la Gaspésia, et en particulier de l'article 19: «Les avocats de la commission ont toute latitude pour refuser de convoquer un témoin ou de présenter la preuve suggérée.»

2. M. Boisvert confond la notion de témoin, de participant et d'intervenant. Les notions d'intéressé et de personne visée n'existent d'ailleurs pas ni dans les règles de la Commission d'enquête de la Gaspésia ni dans la Loi sur les commissions d'enquête[81]. Les règles de procédures de la Commission de la Gaspésia ne sont pas univoques sur les droits des personnes pouvant avoir à se présenter devant la Commission. Dans le cas que je soumettais, je faisais spécifiquement référence au «témoin». Les règles sont pourtant limpides à ce sujet: ce sont les avocats de la Commission qui convoquent les témoins[82]. Les avocats de la Commission ont toute latitude pour refuser de convoquer un témoin ou de présenter une preuve suggérée. C'est uniquement dans le cas où les avocats de la Commission jugent utile de faire entendre un témoin qu'il sera convoqué. Ce n'est aussi qu'avec l'autorisation du Commissaire président que l'avocat d'un témoin pourra contre-interroger un témoin[83].

3. M. Boisvert prétend qu'une commission d'enquête annonce à l'avance la liste des témoins. Encore une fois, il pèche par ignorance. La commission Charbonneau divulgue le nom des témoins qu'elle compte faire entendre la semaine

---

81. Loi sur les Commissions d'enquête, L.R.Q., c. C-37.
82. Article 16 Règles de procédures, *Rapport d'enquête sur les dépassements de coûts et de délais du chantier de la Société Papiers Gaspésia de Chandler*, Québec, Publications du Québec, 2005, page 295.
83. *Op. cit.* articles 19 et 20.4.

précédant l'audience, parfois la veille ou le matin même de l'audience. Les procureurs des parties se sont d'ailleurs plaints d'une telle pratique auprès des autorités de la commission dès le début des travaux. Malgré cette plainte, les mêmes pratiques persistent à ce jour.

4. L'expertise économique a été déposée par la commission le jeudi 10 février 2005, et le témoin Pierre Fortin fut entendu le 15 février, cinq jours plus tard. Dans quelle mesure peut-on produire une contre-expertise sur un sujet aussi pointu en quatre jours? Il faut exclure la journée du dépôt et celui du témoignage, obtenir la disponibilité d'un expert à un jour d'avis, souvent durant la fin de semaine. Une telle façon de faire ne respecte pas les règles de justice naturelle.

Laissons la parole au juge Albert Malouf, qui a présidé la Commission d'enquête sur le coût de la 21e Olympiade. Tout comme celle de la Gaspésia, cette enquête portait sur les dépassements de coûts d'un projet de construction. Dans son rapport, le juge écrit:

« Il est très important de garantir aux personnes touchées par l'enquête un traitement juste et équitable, qui respecte les règles de la justice naturelle et les droits fondamentaux des témoins. Ces droits doivent permettre à chaque participant à une enquête de se faire entendre, d'être représenté par avocat, de faire entendre des témoins, de produire des documents, de contre-interroger les témoins et de prendre connaissance des pièces produites et des dépositions recueillies. Bien consciente de cette nécessité, la Commission a adopté des règles de pratique et de procédure en ce sens... Cependant elle considère que ces droits sont tellement importants qu'ils devraient être consignés dans la Loi[84]. »

---

84. *Rapport de la Commission d'enquête sur le coût de la 21e Olympiade, op. cit.*, page 78.

C'est donc dire que, contrairement à ce que postule M. Boisvert, les règles juridiques dont il fait l'énumération ne s'appliquent pas aux commissions d'enquête. On peut facilement prendre connaissance de la Loi sur les commissions d'enquête pour s'en assurer.

Récemment Me Jean-Claude Hébert, professeur associé au Département des sciences juridiques de l'UQAM, abondait dans le même sens en écrivant :

« […] après consultation avec leurs procureurs, les commissaires ont infléchi l'équité procédurale. Selon eux, "dans le cadre d'une enquête publique, le contre-interrogatoire traditionnel n'existe pas". Résultat : les commissaires n'ont donc, en vertu du principe de l'équité procédurale, aucune obligation de permettre l'interrogatoire par un tiers d'un témoin qu'elle entend[85]. »

Le juge Malouf eut le courage, dans sa recherche de la vérité, de formuler de sa propre initiative les règles de pratique devant administrer la preuve dans le cadre de la commission qu'il présidait. Magistralement, avec les règles de preuves qu'il s'était imposées, le juge Malouf atteignit son objectif en faisant la démonstration d'implantation de pratiques douteuses dans le monde politique. Tout en accordant aux témoins la protection dont bénéficie tout citoyen dans une société de droit, le juge Malouf réussit à faire plus que ne firent le juge Cliche et ses procureurs Lucien Bouchard et Paul-Arthur Gendreau, qui disposaient pourtant d'une extraordinaire batterie de moyens.

Alors, si le juge Albert Malouf, Me Jean-Claude Hébert et Me Sylvain Lussier professent les mêmes « balivernes » que moi, mieux vaut avoir tort avec eux que raison avec M. Boisvert.

---

85. Hébert, Jean-Claude. « Commission d'enquête, équité procédurale, réputation et libre choix de l'avocat », *Le Journal du Barreau*, juillet 2013, vol. 45, no 7, page 9.

CHAPITRE 6

Permis de tuer : cinquante ans de carnage dans la construction

J'étais ben étonné du grand intérêt porté à ma santé
T'as ben l'air fatigué, oublie ça pour demain,
on va te payer le médecin.
J'ai soufflé des balounes, j'ai serré des poignées
Le graphique est sorti, la machine a m'a dit
C'que l'boss avait compris
T'es pas réparable, t'es fini.
PAUL PICHÉ

Ma vie professionnelle fut un long réquisitoire afin que les travailleurs en général, et ceux de la construction en particulier, puissent simplement terminer leur journée de travail sains et saufs. J'ai fait d'innombrables conférences de presse, points de presse et entrevues sur le sujet; j'ai également écrit de nombreux textes, articles, éditoriaux et mémoires. Enseignement, conférences, allocutions: j'ai tenté par tous les moyens de faire évoluer les conditions liées à la santé et à la sécurité dans les milieux de travail.

Le présent chapitre porte sur ce sujet qui occupe une place prédominante dans mon parcours professionnel, mais aussi dans ma vie tout court. Vous y découvrirez la face du monde du travail qui, à mon avis, est la plus terrible: celle qui tue et violente en toute impunité.

LA SANTÉ ET LA SÉCURITÉ AU TRAVAIL :
UN CRIME DE SOCIÉTÉ

Si on fait froidement le décompte, depuis le jour où j'ai débuté sur les chantiers en 1973 jusqu'à mon retrait à titre de représentant en décembre 2012, l'industrie de la construction a tué au Québec 1388 personnes, soit une moyenne de 37 travailleurs par année. La situation ne s'améliore pas avec le temps : l'année 2012 se signale comme particulièrement meurtrière, enregistrant le troisième pire résultat depuis 1973 avec 64 décès. Les meilleures années pour la Faucheuse demeurent 1973 (89 morts), 1975 (63 morts), les années 1974 et 2007 (54 morts), et enfin les années 1976 et 2010 (53 morts)[86].

Au moment où j'accédai à mon poste de représentant syndical responsable du dossier santé et sécurité en 1977, je constatai que l'industrie de la construction avait handicapé 5871 travailleurs pendant les quatre années où j'avais œuvré sur les chantiers, de 1973 à 1976.

Nous sommes malheureusement en mesure de constater que rien n'a changé en quarante ans.

Durant l'année 2011 au Québec, on aura vu deux fois plus de personnes décéder en raison du travail (204)[87] qu'à la suite d'un homicide (105)[88]. Le travail fait donc deux fois plus de victimes que les meurtriers, les assassins, les tueurs.

La CSST et les employeurs prétendent que le nombre de décès occasionnés par le travail est en baisse, ce que les statistiques ne confirment pas. Pourquoi ? Parce qu'aujourd'hui, la Commission indemnise les proches des personnes qui décèdent d'une maladie professionnelle, ce qu'elle ne faisait pas auparavant. C'est donc dire qu'avant, on tuait ces personnes, et ensuite on les volait.

---

86. Rapports annuels et annexes statistiques de la CSST; voir bibliographie.
87. Analyse des statistiques de la CSST, 2011.
88. Voir Statistique Canada : http://www.statcan.gc.ca/pub/85-002-x/2012001/article/11692-fra.htm

Il y a longtemps que les milieux scientifique et patronal savent que de dangereux produits présents dans les milieux de travail mettent en danger la santé des travailleurs. Mais ni les employeurs, ni la CSST ne se pressent pour agir. On nous explique plutôt que mourir d'une maladie professionnelle, ce n'est pas aussi grave que de mourir d'un accident du travail. Nous nous trouvons bel et bien face à un crime de société. La littérature, tant scientifique que sociale, en matière de santé et de sécurité au travail est d'une violence extrême et fait la démonstration que la vie et l'intégrité physique et psychique d'une personne pèsent peu dans la balance, face aux profits et au rendement des entreprises.

UNE ENQUÊTE PUBLIQUE SUR LA VIOLENCE AU TRAVAIL ? JAMAIS DE LA VIE !

Inutile de préciser qu'aucune enquête publique ne se penchera jamais sur la santé et la sécurité au travail. La violence présente un visage normal, voire affable, quand des profits sont en jeu. « Un accident est si vite arrivé ! » ou « Ce sont des choses qui arrivent ! » soupirera-t-on. Et dire que quand on parle de violence dans la construction, en omet systématiquement la violence institution-nelle, qui se révèle pourtant le pire fléau. L'industrie tue et mutile les ouvriers avec la régularité d'une mécanique bien rodée.

En 2006, j'ai convoqué les journalistes à un point de presse conjointement avec Henri Massé, président de la FTQ (j'occupais alors le poste de président du comité de santé et sécurité FTQ). Nous avons déclaré que « selon l'ACNOR (Association canadienne de normalisation), en septembre 2006, le Canada se classe parmi les pires pays du monde industrialisé au chapitre de la santé-sécurité, avec un taux de 7 morts par tranche de 100 000 travail-leurs. Il se classe au 5e rang des taux les plus élevés de l'OCDE, devancé seulement par la Corée, le Mexique, le Portugal et la Turquie. »

Pour ne pas être en reste, l'industrie de la construction possède le bilan le plus noir de l'ensemble de l'activité économique en SST. Avec seulement 5 % de la main-d'œuvre active, elle accuse 26 % des décès qui surviennent annuellement en raison du travail.

UNE HISTOIRE À MOURIR... MAIS PAS DE RIRE

Plus tôt durant cette même année, soit le 13 mars 2006, Henri Massé et moi avions déjà donné une conférence de presse sur le sujet, à l'hôtel Lord Berri, situé au centre-ville de Montréal. L'année 2005 avait été particulièrement meurtrière. La FTQ et la FTQ-Construction désiraient attirer l'attention des médias sur la question. Curieux des faits que j'avais dénoncés publiquement, Jean Sawyer, alors journaliste à Télévision Quatre Saisons (TQS), m'a contacté deux jours plus tard, le 15 mars, afin de me demander s'il était possible d'effectuer une visite de chantier. Ayant donné mon accord, j'ai demandé à François Patry, directeur du service de SST de la FTQ-Construction, de nous dénicher quelques chantiers. Le nombre de chantiers en infraction étant plus grand que le nombre de chantiers conformes, sa tâche ne fut pas très difficile.

François avait ciblé un immeuble dans lequel on exécutait des travaux majeurs de réfection. Il ne s'agissait pas d'un chantier camouflé ou situé au fond d'une impasse et dont l'accès était laborieux, bien au contraire. Pourvue de tout le matériel de sécurité nécessaire, dont des masques respiratoires, notre petite équipe, accompagnée de Jean Sawyer et d'un caméraman, partit donc à l'aventure le 22 mars.

Les travaux étaient effectués sur plusieurs étages et, sur chaque palier, on pouvait voir des piles de matériaux prêtes à s'écrouler, des voies de circulation encombrées et un nuage de poussière constant. Jean Sawyer s'informa auprès de François sur la nature de cette poussière. «Des particules d'amiante», lui répondit-il. Le journaliste fut étonné de constater une telle quantité de poussière d'amiante en suspension dans l'air, sachant qu'il s'agit d'un matériau toxique susceptible de causer des maladies mortelles.

Sur place, nous avons croisé des contremaîtres et d'autres représentants de l'employeur. Personne ne se préoccupait de la qualité de l'air. Un peu plus loin, Sawyer demanda à un travailleur qui ne portait pas de masque respiratoire si la poussière d'amiante et la tenue des lieux ne lui causaient pas d'inconvénients. Le travailleur lui répondit que ce qui l'entourait était représentatif d'un chantier standard. Quant à l'amiante, il ne savait même pas qu'il y en avait dans l'immeuble.

Le reste de l'avant-midi se poursuivit sur d'autres chantiers, mais l'état de délabrement dans lequel œuvraient les travailleurs demeura le même.

TQS mit le reportage en ondes dans l'après-midi. La CSST intervint dès la diffusion et ordonna la fermeture du chantier sous prétexte qu'il n'était pas sécuritaire. Pourtant, les images retransmises par TQS ne fournissaient aucun indice quant au lieu où s'effectuaient les travaux de réfection. La CSST avait-elle pu identifier celui-ci en se fondant uniquement sur le visionnement de prises de vues intérieures? Peut-être en connaissait-elle déjà l'existence…

L'inspecteur de la CSST installa des scellés sur les portes afin d'interdire l'accès à l'immeuble contaminé. Ce soir-là, je devais me rendre à une rencontre syndicale; je demandai à Robert Paul et à François Patry de retourner sur les lieux afin de s'assurer que l'employeur ne profitait pas du couvert de la nuit pour s'introduire illégalement sur le chantier. J'avais vu juste. Sur les lieux, Robert et François furent à même de constater que les scellés avaient été coupés et que l'employeur avait fait entrer des travailleurs sur le site, sans protection aucune.

Une discussion s'engagea entre le représentant patronal et les représentants syndicaux. À ce moment, une autopatrouille passa par là. Deux policiers vinrent s'enquérir des faits. Triste constat :

même si la Loi[89] reconnaît le rôle des représentants syndicaux, même si les conventions collectives[90] autorisent en tout temps à un représentant syndical l'accès à tout chantier de construction, même si l'employeur enfreignait la Loi sur la santé et la sécurité du travail et le Code de sécurité[91], contrevenait à plusieurs dispositions du Règlement sur la santé et la sécurité[92], transgressait diverses autres législations, dont le Code civil du Québec, la Charte des droits et libertés de la personne et le Code criminel, les gardiens de l'ordre prirent sa part. Contre toute attente, ils laissèrent les travailleurs accomplir les tâches que l'employeur leur intimait d'exécuter, malgré la présence de poussières d'amiante. Rappelons-le : l'immeuble était sous scellés. Un policier ne peut lever un scellé apposé par la CSST.

L'employeur contrevenait à six lois et à deux règlements, sans compter la convention collective. Mais en définitive, selon les forces de l'ordre, c'est lui qui avait raison. Pourtant, depuis 2004[93], le Code criminel prévoit que :

> « Il incombe à quiconque dirige l'accomplissement d'un travail ou l'exécution d'une tâche, ou est habilité à le faire, de prendre les mesures voulues pour éviter qu'il n'en résulte de blessure corporelle pour autrui[94]. »

Mais ça, on ne l'enseigne ni à l'école de police, ni dans les facultés de droit. Quant à la médecine du travail, une vraie médecine du travail, cela n'existe pas. Ce texte est à ce point mal connu et volontairement ignoré que l'Université d'Ottawa tenait en 2013

---

89. Loi sur les relations du travail, la formation professionnelle et la gestion de la main-d'œuvre dans l'industrie de la construction (L.R.Q., c. R-20).
90. En l'occurrence, la convention collective du secteur institutionnel et commercial. La Loi prévoit que le dépôt de la convention rend obligatoires toutes les clauses de la convention (art. 53).
91. Code de sécurité pour les travaux de construction (S 2.1, r. 4).
92. Règlement sur la santé et la sécurité au travail (S 2.1, r. 13).
93. Modification au Code criminel introduite par le projet de loi C-45.
94. Article 217.1 du Code criminel.

un colloque afin d'informer les forces policières et les procureurs de la Couronne sur son contenu.

« Au cours des huit années qui se sont écoulées depuis que l'adoption de la loi C-45 a amendé le Code criminel, des accusations n'ont été portées que six fois. Dans deux des cas, les accusations criminelles ont été retirées par la suite et remplacées par des accusations en vertu de la règlementation sur la SST. Un cas s'est terminé par une réponse à l'accusation, un autre a comporté une condamnation à l'instruction, on a sursis aux accusations dans un autre cas et le dernier est encore en suspens. Aucune jurisprudence n'a encore été établie[95]. »

Et pourtant, en 8 ans, il s'est produit au Québec 880 439 événements susceptibles de donner lieu à une enquête policière[96]. Plutôt que de courir après des casseroles, ne vaudrait-il pas mieux pénaliser les « chaudrons[97] » ?

MORT EN DIRECT : LES DÉBUTS

La tâche de représenter les travailleurs en SST fut celle que je trouvai la plus difficile, et qui entraîna le plus de stress chez moi. Les années pendant lesquelles je fus affecté à ce dossier m'auront donné l'occasion de voir l'inimaginable : des travailleurs écrasés, brûlés, heurtés, irradiés, frappés, électrocutés, happés, ensevelis, broyés, asphyxiés, noyés, contaminés, écrasés, empoisonnés, et j'en oublie.

---

95. *Les décès et accidents au travail. Un guide pour faire enquête sur la négligence criminelle par les entreprises lors de blessures sérieuses et de décès au travail*, Congrès du travail du Canada, 2012.
96. Cumul des accidents survenus en huit ans selon les annexes statistiques annuelles de la CSST; voir bibliographie.
97. Chaudron : Entreprise de construction totalement désorganisée qui ne respecte aucune règle.

J'ai vu des gens que je représentais se suicider par désespoir. D'autres ont été abandonnés par leur famille et leurs amis parce qu'ils étaient incapables de se sortir du cercle infernal dans lequel le sort les avait enfermés. D'autres encore ont perdu toute autonomie et sont devenus incapables de gérer leur vie, comme si brusquement ils se décomposaient de l'intérieur, comme si la coquille se vidait lentement de la volonté de vivre. J'aurai vu une multitude de vies détruites par le travail, des gens brisés, des existences anéanties sans que cela suscite autre chose que le plus grand mépris de la part des pouvoirs politiques.

Mes premières expériences ne furent pas des plus réjouissantes. Outre les représentations habituelles que je faisais auprès de la Commission des accidents du travail[98] (CAT) afin que soient indemnisés les travailleurs accidentés, je devais aussi procéder devant les coroners. À l'époque, les coroners étaient une véritable institution. Aujourd'hui, on ne sait plus trop à quoi rime leur tâche. Ils sont soit absents, soit omniscients, du moins en ce qui a trait aux décès occasionnés par une lésion professionnelle. Depuis que la loi a été modifiée[99] en 1983 de manière à ce que les coroners ne tiennent plus d'enquête publique, je n'ai jamais reçu un seul appel de l'un d'eux. Sans doute sont-ils devenus des spécialistes de la construction… On prétend qu'afin de produire leurs rapports, ils «copient» le rapport d'enquête de la CSST rédigé pour le même événement, ou encore s'en «inspirent largement».

Quoi qu'il en soit, le 25 janvier et les 1er, 2 et 16 février 1978, je procédais pour la première fois devant Stanislas Déry, coroner.

Les faits se résumaient ainsi : les travailleurs Ilidio Parente et Alcino Manso devaient descendre dans un puits d'une profondeur de 38 mètres. De là, il leur fallait ramper sur le dessus d'un

---

98. La Commission des accidents du travail est créée par le chapitre 80 des lois de 1928. Elle sera remplacée par la Commission de la santé et de la sécurité du travail avec l'adoption de la Loi sur la santé et la sécurité du travail (1979 c. 63 – L.R.Q. c. S-2.1).

99. Initialement, la Loi sur les coroners (L.R.Q., c. C-68), remplacée en 1983 par la Loi sur la recherche des causes et des circonstances des décès (L.R.Q., c. R-0.2).

coffrage d'une longueur d'environ 46 mètres afin d'effectuer une coulée de béton. L'espace disponible entre le coffrage sur lequel ils rampaient et la paroi du tunnel était d'environ 40 centimètres. Durant l'opération, Ilidio Parente fut écrasé par le tuyau de béton pesant environ 55 livres au pied linéaire, soit approximativement quatre tonnes. Le tuyau n'était pourvu d'aucun ancrage. Il fallut 45 minutes à 12 hommes équipés de palans pour extraire Parente du tunnel. À la fin de l'opération de sauvetage, on constata son décès.

L'enquête démontra que des tiges de métal étaient intégrées le long du coffrage afin de maintenir le tuyau de quatre tonnes en place. Mais l'installation des tiges retardant la production, les responsables de l'entreprise avaient pris la décision de cesser d'appliquer les mesures de sécurité. Les travailleurs n'avaient pas été informés que le dispositif existait à cette fin. Appelé à témoigner, l'ingénieur responsable de l'organisation du chantier devait finir par l'admettre.

Le verdict du coroner tomba le 9 mars 1978. « Notre verdict est donc que Ilidio Parente est décédé de mort violente accidentelle dont la responsabilité criminelle est imputable à la société Beaver Fondation Ltd. En conséquence, nous recommandons aux autorités du ministère du Procureur général d'intenter les procédures appropriées en pareil cas », conclut Me Déry[100].

Fort d'une recommandation de poursuites au criminel, le 20 mars 1978 je saisis Pierre Marc Johnson, alors ministre du Travail, ainsi que Marc-André Bédard, ministre de la Justice. Je reçus un accusé de réception du chef de cabinet adjoint de Johnson, Jacques Depatie. Il m'informait que le ministre du Travail était à l'extérieur du Québec « [...] et que dès son retour je porterai cette lettre à son attention, et je suis assuré qu'il lui accordera tout l'intérêt requis ». Du côté du ministre de la Justice, la réponse vint de

---

100. Rapport du coroner au procureur général à la suite d'une enquête tenue sur les circonstances entourant le décès d'Ilidio Parente survenu le 1er décembre 1976 à Montréal, Stanislas Déry, district de Montréal, 9 mars 1978.

Jean-Claude Dallaire, secrétaire particulier adjoint : « Monsieur Bédard a pris bonne note de votre requête. Nous communiquerons avec vous prochainement, dès que nous aurons reçu les informations pertinentes. »

Je m'interroge encore aujourd'hui : Pierre Marc Johnson est-il rentré de vacances ? Marc-André Bédard a-t-il reçu les informations pertinentes ? En effet, à ce jour, je n'ai toujours pas reçu de réponse dans ce dossier. La recommandation du coroner et ma requête sombrèrent dans l'oubli. Quelle surprise ! Depuis, à l'exception de Pierre Marois, aucun ministre du Travail ou de la Justice ne s'est intéressé au sort des travailleurs de la construction.

LAPIDÉ ! IL A ÉTÉ... LAPIDÉ !

Le second cas qui me fut soumis pour enquête se révéla, somme toute, assez simple. L'employeur avait affecté des travailleurs à la démolition d'un four de briques réfractaires, servant à produire le coke utilisé par la suite dans des hauts fourneaux pour la métallurgie. Il ne s'agissait pas d'un petit four, mais bien d'un assemblage pouvant mesurer plusieurs dizaines de mètres de hauteur. Dans le haut des fours étaient installés des rails sur lesquels circulaient des convoyeurs qui approvisionnaient les fours en matériaux.

L'entreprise et le maître d'œuvre n'avaient pas cru nécessaire, durant la démolition, de cesser temporairement les opérations des autres fours, tout comme on n'avait pas procédé à l'étaiement des murs. (L'étaiement sert à soutenir une structure ou un sol qui présente un risque d'effondrement.) Pire encore, défiant toute logique, l'employeur avait fait commencer les travaux de démolition au bas de la structure du four.

Sans surprise, les vibrations engendrées par la circulation des convoyeurs sur la structure d'un four déjà affaibli par la démolition allaient entraîner l'effondrement du four. Des tonnes de briques mirent fin ce jour-là à la vie d'un travailleur. Tout au long de l'enquête, je ne pus croire que l'on ait agi de manière aussi irresponsable, causant ainsi la mort d'un homme. Ne lui avait-on pas dit que la structure était d'une telle solidité qu'elle le mettait à l'abri d'un accident ?

Avant même que l'enquête débute, je conclus que ce n'était pas un accident. Un accident, c'est imprévisible, ça se produit quand tous les moyens ont été mis en œuvre pour l'éviter, quand nul n'a pu voir venir le coups. Mais dans ce cas précis, on avait voulu économiser encore une fois ce sale argent. Ce n'était pas un accident, oh non ! C'était une mise à mort. On avait lapidé ce pauvre homme à coups de briques réfractaires.

L'enquête fut de courte durée. Rendu en mai 1978, le verdict concluait une fois encore à une mort par négligence criminelle. Mais, il fallait s'y attendre, le procureur général ne donna pas suite au verdict du coroner.

« NON CONTENTS DE VOLER LES TRAVAILLEURS, ILS LES TUENT »

Le matin du 30 août 1978, je reçus un appel m'informant qu'un grave accident venait de se produire sur un chantier de construction. Je me rendis sur les lieux afin de procéder à l'enquête. L'entreprise concernée construisait des immeubles à logements. Les attaches servant à soulever le balcon, d'une masse évaluée à 3175 kilogrammes, au moyen d'une grue étaient faites de... broche. L'entreprise économisait ainsi sur le coût des élingues et sur le temps nécessaire à la manutention des charges : une simple question d'argent. Tandis que le balcon était hissé, l'attache lâcha. Le balcon retomba au sol, et M. Arténio Trevisan, un travailleur, fut écrasé dessous.

À mon arrivée, j'aperçus la pièce de béton et imaginai sans peine la condition dans laquelle se trouvait le corps de la personne qui était dessous. Alors que je descendais l'escalier qui devait me mener sur les lieux de l'accident, je posai ma main sur la rampe et sentis de l'humidité. Je regardai ma paume et vis une matière gélatineuse parcourue de fins filaments rouges. Je compris que sous le choc, le crâne de M. Trevisan avait éclaté, projetant à la ronde des morceaux de son cerveau. « C'est de la matière cérébrale appartenant à un humain que j'ai au creux de ma main », me dis-je.

Avec le temps, on se remet de bien des choses. Mais pas d'une telle expérience.

Je procédai à l'enquête comme il se doit. Mais ce jour-là, je compris que la mort d'un travailleur se résume, dans notre société, à une ligne comptable dans le rapport financier des entreprises, et à une ligne informatique dans les archives de la CSST. Les blessures, les maladies et la mort sont à inscrire dans la colonne du passif, et ne constituent en fin de compte qu'un coût de production parmi tant d'autres.

Le matin du 31 août, j'adressai une nouvelle correspondance au ministre du Travail, Pierre Marc Johnson :

> « Chaque semaine, il y a 317 travailleurs qui sont blessés, perdent un bras, une jambe, ou meurent. Comment peut-on laisser mutiler une grande partie de notre population sans agir ?
>
> « Nous pourrions longuement parler de certains chantiers que l'on appelle parcs à bestiaux, de certains meurtres que l'on qualifie d'accidents et de certains crimes que l'on nomme incidents fortuits, mais nous ne croyons pas opportun de le faire, les chiffres parlent d'eux-mêmes et vous ne pouvez quand même pas plaider l'ignorance. »

En après-midi, Normand Tousignant, Louis Laberge, président de la FTQ, et moi affirmâmes devant les médias : « Non contents de voler les travailleurs, ils les tuent. » Ce « ils » désignait l'entreprise de construction Gallinard. En moins de vingt-quatre heures, il nous fut possible de tracer un portrait de cette entreprise. Normand démontra que Gallinard était le produit d'une suite d'opérations douteuses : une première entreprise en difficulté à partir de laquelle les administrateurs, pour continuer leurs opérations, avaient créé une seconde entreprise qui s'était bientôt retrouvée elle aussi en difficulté, d'où la création d'une troisième entreprise, qui s'avouait à son tour en difficulté...

Gallinard avait cumulé une dette de 327 499,26 $ envers ses salariés, l'équivalent de 1 100 612,27 en dollars d'aujourd'hui. Elle ne versait ni paies de vacances, ni cotisations d'assurance et au fonds de retraite, etc. Lorsque nous avons demandé au gouvernement de limiter de telles pratiques en contrôlant l'émission des licences à la Régie du bâtiment, on nous a répondu qu'une telle limitation allait contre la liberté de commerce.

Les médias couvrirent largement la conférence de presse. Le lendemain, on pouvait lire dans le *Montréal Matin* :

> « À partir de ce cas, les dirigeants du Local n'ont pas craint d'affirmer que certaines compagnies se comportent comme de véritables petites mafias dans leur façon d'opérer au mépris des lois, aussi bien sur le plan de la sécurité de leurs employés que sur celui des avantages sociaux qui leur sont consentis par le décret de la construction[101]. »

La même journée, Pierre Vennat du journal *La Presse* écrivait :

> « Quant à l'accident de mercredi, qui a fait l'objet d'une enquête du syndicaliste Richard Goyette, lequel est en voie de devenir l'expert de la FTQ-Construction dans le domaine des avantages sociaux, il a été établi que la masse de

---

101. Lapierre, Vallier. « Bloc de béton retenu par de simples broches », *Montréal-Matin*, 1er septembre 1978, page 10.

7000 livres qui a causé la mort du travailleur était retenue par de vulgaires attaches de broche "n° 9", comme on en trouve dans les quincailleries.

« La FTQ-Construction tâchera d'obtenir un verdict de responsabilité criminelle contre la compagnie, mais sans trop d'illusion. En mars 1978, la compagnie Beaver a été tenue criminellement responsable de la mort d'un travailleur de la construction par un coroner ; en mai 1978, la compagnie Plibriko connaissait le même sort. Mais, à ce jour, ni l'une ni l'autre des compagnies n'a toutefois été accusée en vertu du Code pénal, à la suite de ces verdicts de responsabilité criminelle[102]. »

Encore une fois, aucune poursuite ne fut entreprise contre l'employeur.

Le 7 septembre de cette même année, le ministre du Travail nous informa de ce que le gouvernement du Québec présenterait bientôt un livre blanc sur la SST. « […] les problèmes soulevés dans votre lettre ont été étudiés par les responsables de la rédaction du livre blanc et nous sommes assurés que la législation qui pourra découler des recommandations du livre blanc améliorera grandement la situation et protégera la santé et la sécurité des travailleurs », pouvions-nous lire. Il y eut effectivement dépôt du livre blanc sur la santé et la sécurité du travail, suivi en 1979 d'un projet de loi piloté par le ministre Pierre Marois qui fut adopté en fin d'année.

Seul problème, mais de taille : depuis l'entrée en vigueur de la Loi en 1980, les dispositions s'appliquant spécifiquement à l'industrie de la construction ne sont jamais entrées en vigueur. Et quelle est la principale raison invoquée par les gouvernements et les employeurs pour refuser d'aller de l'avant dans la lutte contre les blessures, les maladies et la mort sur les chantiers ? L'argent. Trente-trois ans après la réforme législative qui devait mettre fin à

---

102. Vennat, Pierre. *La Presse*, 1er septembre 1972, page D-12.

de multiples drames susceptibles de survenir en raison du travail, les travailleurs de la construction vivent sous un régime de SST très similaire à celui qui existait en 1979. Ce n'est pas moi qui le dis, mais le rapport annuel de la CSST, déposé à l'Assemblée nationale du Québec chaque printemps.

« MON MARI VEUT VOUS TUER... »

Il existe de multiples façons de faire preuve de violence envers les autres. Rendre quelqu'un invalide et le priver de revenu en est un formidable, qui se pratique allègrement dans notre société. On oublie toujours de signaler que la personne qui réclame un bénéfice de la CSST est de fait un créancier de droit. Avant que la Loi sur les accidents du travail n'existe, si un accident se produisait, il y avait ouverture pour poursuivre l'employeur. Ce n'est pas grâce à la générosité de l'État-providence que le régime existe. Il provient d'une théorie juridique qui prétend que dans le cas où un travailleur subit une lésion professionnelle, il renoncera à poursuivre l'employeur pour la totalité des dommages subis en échange d'une indemnité. Ainsi, il ne s'agit pas uniquement d'une protection pour le salarié, mais aussi pour l'entreprise.

À ce propos, je reçus un jour un appel de l'épouse du travailleur accidenté que je représentais conjointement avec Me Michel Cyr. Le travailleur n'avait aucun revenu depuis des mois en raison d'une contestation dans son dossier. Sa cause avait été entendue en appel, mais le tribunal n'avait toujours pas rendu sa décision. Le temps faisant son effet, l'accidenté avait vu sa colère prendre le pas sur le bon sens. Sa conjointe me prévint donc que son mari, désespéré, entretenait le projet de tuer tous ceux qui étaient, selon lui, liés à son dossier. Elle avait prévenu les policiers qui s'empressèrent de saisir les fusils de chasse de monsieur. Mais madame avait omis de leur préciser que monsieur possédait aussi une arme de poing… C'est avec cette arme qu'il projetait de faire table rase.

Commissaire, avocats, employeurs : il fallut aviser tout ce beau monde que leur tête était mise à prix, y compris la mienne et celle de Michel. De multiples démarches furent entreprises afin d'informer toutes les personnes ayant un lien avec le dossier. Lorsque le commissaire fut joint par Michel à cet effet, il l'informa qu'il avait rendu sa décision et qu'elle se trouvait déjà à la poste. L'accidenté fut informé à son tour, et nous fûmes fort heureux du dénouement. Aucune plainte ne fut déposée. On ne procède pas contre la détresse psychologique.

Dans son rapport de 1990-1991, environ à la même époque où se déroula cette triste histoire, le Protecteur du citoyen écrivait : « Dans de nombreux cas, on serait tenté de dire que seul le travailleur accidenté qui pourrait attendre sereinement la décision de la commission concernant ses indemnités est celui qui, prudent, aurait mis de côté… deux à trois ans de salaire[103]. »

Si la situation a pu s'améliorer quant aux délais d'attente, il n'en reste pas moins que trop de gens sont encore aux prises avec les aléas de l'administration. Chaque jour, on me fait part de nouveaux drames.

CHRONIQUE D'UNE MORT ANNONCÉE

Vers 10 h 40, le 18 mars 2007, se produisit un terrible accident sur un des chantiers où Infrabec agissait à titre d'employeur et de maître d'œuvre : la construction du nouveau pont Préfontaine-Prévost sur la rivière des Prairies. Un jeune opérateur de pelle hydraulique, Frédéric Jean, vit le sol céder sous sa machine et fut entraîné dans la rivière où il mourut noyé. À la lecture du rapport d'accident, il ne faisait aucun doute que ce décès était imputable à l'employeur. On notait principalement une méthode de travail

---

103. Le Protecteur du citoyen, *21ᵉ Rapport annuel 1990-1991*, Bibliothèque nationale du Québec, 1991, page 94.

dangereuse, et une tâche effectuée dans des conditions non sécuritaires. Preuve, encore une fois, que l'on ne procédait pas préalablement à l'analyse sécuritaire des tâches, qui constitue un préalable en gestion de la SST.

Dès juin 2006, bien avant cet accident mortel, la CSST avait avisé Infrabec, lui enjoignant de prévoir des mesures de sécurité particulières en raison du danger spécifique lié à ce type de travaux. Pis encore, malgré le décès de Frédéric Jean au mois de mars, la CSST constata, les 4 et 5 juin de la même année, qu'il n'y avait toujours pas d'agent de sécurité sur le chantier d'Infrabec et ordonna une nouvelle fermeture. On constata par la même occasion que les opérateurs n'avaient pas reçu la formation requise pour travailler au-dessus des plans d'eau (cette formation finit par être dispensée à l'été 2007). Le 9 juillet, même constat : il n'y avait toujours pas d'agent de sécurité sur le chantier en contravention des normes de sécurité. C'était quatre mois après l'accident mortel.

Infrabec a été poursuivie par la CSST en vertu de la Loi sur la santé et la sécurité du travail. Le tribunal en arriva à la conclusion que « la poursuite a démontré hors de tout doute raisonnable un acte (une méthode de travail dangereuse) et des omissions (pas d'efforts raisonnables pour déterminer une méthode sécuritaire, pas de formation adéquate, pas de suivi adéquat) qui ont directement contribué à l'accident qui a causé la mort de M. Jean[104] ».

Mais le procureur général n'a pas cru bon de poursuivre en vertu du Code criminel la corporation et les personnes responsables. Lors de la présentation publique du rapport d'enquête d'accident par la CSST, François Patry et moi sommes intervenus afin que de telles accusations soient portées. Toujours pas de nouvelles à ce jour. Pas de nouvelles, bonnes nouvelles, dit-on. C'est vrai, mais uniquement pour les délinquants. Au cours des années qui ont suivi, la CSST cessa brusquement de nous inviter, François

---

104. Mme la juge Nathaly Roy, CSST c. Les Constructions Infrabec inc., Cour du Québec 700-63-000530-082, 17 novembre 2009.

Patry et moi, à la présentation des rapports d'enquête. Nous posions trop de questions, et l'*establishment* de la CSST en avait assez de tenter d'expliquer l'inexplicable devant les amis des victimes, devant les membres de leur famille.

Si une entreprise truque des contrats, paie des primes ou verse des pots-de-vin, l'État agira et des commissions d'enquête seront instituées afin de faire toute la lumière sur... ce que l'on sait depuis des années. Ne vivons-nous pas dans une société de droit ? Le spectacle pour le citoyen respectable fera la manchette durant des mois. Mais si on blesse, si on mutile ou si on tue, il n'y aura pas d'enquête publique. La délinquance est la norme en matière de santé et de sécurité au travail. L'État en fait la promotion tous les jours.

INFRABEC ET LINO ZAMBITO

Lino Zambito, propriétaire de la compagnie de construction Infrabec poursuivie par la CSST pour le décès de Frédéric Jean, n'a plus besoin de présentation. Il fut l'un des témoins vedettes de la commission Charbonneau. Invité à la populaire émission *Tout le monde en parle*, il défraya la chronique durant des semaines. Les membres de la commission offrent à ceux qui «témoignent volontairement» de bien les faire paraître devant les caméras. En échange, le témoin sera bien préparé et il admettra de bon gré tout ce dont la commission a besoin pour faire avancer ses travaux. Je connais le procédé, j'en ai été témoin au moment où j'accompagnais, à titre d'avocat, une personne à qui un enquêteur remettait un avis de comparution. Et on informe tous ceux qui refusent de se plier à ce «juri-spectacle» qu'ils s'apprêtent à sauter sans parachute. La justice dans toute sa splendeur: on fait bien paraître les délateurs, si criminels soient-ils.

Mais revenons à Infrabec. Je serais tenté d'affirmer qu'il s'agit d'une entreprise délinquante non seulement en regard des contrats acquis de manière irrégulière, avec ristourne à la clé ou pour d'autres faveurs obtenues, mais aussi dans le domaine de la santé et de la sécurité. Le nombre d'arrêts de travail ordonnés à cette entreprise par la CSST est impressionnant.

Au dossier d'Infrabec, on retrouve de multiples avis de dérogation aux règlements applicables en matière de santé et de sécurité du travail : des parois d'excavation taillées à la verticale pouvant ensevelir des travailleurs, des opérations dans des zones à risque d'électrocution, des lacunes concernant la formation et l'information des travailleurs, un manque de supervision, des alarmes de recul absentes sur des véhicules lourds, des installations inadéquates d'appareils de levage pouvant engendrer un renversement, pas d'agent de sécurité pour la surveillance des travaux, pas d'endroit où les travailleurs peuvent prendre leurs repas, pas d'eau, pas de toilettes, pas de toilettes chauffées l'hiver... Cette entreprise de construction est l'exemple qu'il ne faut pas suivre : une encyclopédie de la délinquance.

DE L'ENSEIGNEMENT À LA FATTA

En quelques années, je me fis connaître dans le milieu syndical et communautaire en tant que spécialiste en SST. Au début des années 1980, peu de gens pouvaient revendiquer ce titre, car la santé et la sécurité du travail constituaient une nouvelle discipline. Grâce à Serge Cadieux[105], jeune représentant syndical à l'époque, j'eus l'occasion d'obtenir une charge d'enseignement au certificat de SST de l'Université de Montréal. Cette expérience, qui dura quatorze ans, me permit d'aller encore plus avant dans le domaine, puisque je devais consacrer un grand nombre d'heures

---

105. Serge Cadieux était alors délégué en santé et sécurité au Syndicat des travailleurs canadiens de l'automobile (TCA). Aujourd'hui, il est directeur du Syndicat des employées et employés professionnel(le)s et de bureau (SEPB-Québec), président du Syndicat canadien des employés de bureau et vice-président de la FTQ.

à ma formation théorique, outre l'expérience acquise au quotidien en raison de mes interventions sur les chantiers ou devant les tribunaux.

Mais on ne devient pas spécialiste ou expert dans un domaine en œuvrant en vase clos. Durant toutes ces années, j'ai reçu un appui indéfectible des militants du réseau de SST. Bien sûr, nous étions considérés comme des fauteurs de troubles, et il est probable que nous le soyons encore. Nous n'étions pas des tendres. Je crois qu'on ne peut faire ce travail sans finir par ressentir colère et révolte. François Patry, Roger Genest, qui fut responsable de l'éducation syndicale en SST à la FTQ, Daniel Mercier et Claude Gagné du syndicat des métallos (FTQ) et du Conseil régional Montréal métropolitain (FTQ), Céline Giguère du SCFP et Josée Detroz du SEPB-Québec ont travaillé en étroite collaboration avec moi. Sans eux, je n'aurais pu accomplir ma tâche.

J'ai connu Claude Pétel, responsable santé et sécurité pour le Syndicat des travailleurs canadiens de l'automobile (TCA), à la défunte usine de General Motors de Sainte-Thérèse. C'est lui qui m'a présenté Michel Chartrand, après que ce dernier eut créé la Fondation d'aide aux travailleurs et travailleuses accidentés (FATTA). Michel Chartrand et Claude Pétel m'ont souvent demandé de quitter la FTQ-Construction pour me joindre à l'équipe de la Fondation. Je ne trouvais pas opportun d'abandonner mon poste dans le but d'exercer des fonctions identiques. Plus tard, j'acceptai cependant d'occuper un poste au conseil d'administration de la FATTA.

Pendant toutes les années durant lesquelles j'ai côtoyé Michel Chartrand, il ne m'a jamais appelé par mon nom ou mon prénom. Il m'appelait simplement «Gamin» ou, encore plus souvent, «le Journalier». Me revient en mémoire un jour où je me présentai à la Commission des affaires sociales (CAS), tribunal d'adjudication, pour entendre et décider des contestations provenant de différents organismes administratifs, dont les dossiers d'accidents du travail et les maladies professionnelles. Dès la porte d'entrée franchie, j'entendis Chartrand s'entretenir avec un accidenté de sa voix tonitruante. Il se trouvait dans la salle, en compagnie d'une centaine d'autres personnes attendant d'être appelées par le tribunal. Au moment où il m'aperçut, Chartrand s'écria : « Le v'là, celui qui va répondre à notre question. Viens icitte, le Journalier, j'ai une question pour toé. »

Il faut connaître Michel Chartrand pour savoir que c'est un grand séducteur. Il ne lui en coûtait rien de me faire bien paraître si je pouvais, en échange, répondre à sa question. Mais j'avoue qu'être abordé de la sorte par Chartrand ne m'avait pas déplu. Je fus enchanté de pouvoir répondre adéquatement à son interrogation... avec 200 yeux fixés sur moi. J'imagine le mauvais quart d'heure que j'aurais passé si, après qu'il m'avait ainsi présenté, je n'avais pu lui fournir une réponse satisfaisante. Le moins qu'on puisse dire, par ailleurs, c'est qu'il avait un humour décapant.

Les décès de Claude Pétel, âgé d'à peine 55 ans, en 1994, et de Michel Chartrand, en 2010, pèsent lourdement dans la balance de la défense du dossier de la SST. Même si Michel était absent de l'avant-plan depuis quelques années au moment de son décès, il demeurait d'un soutien précieux. Sans l'engagement de ces deux personnes, la face de la SST au Québec ne serait pas la même.

Pendant toutes ces années, notre réseau a investi tous les milieux de travail. Au Conseil provincial (international), Jacques St-Amour, qui a travaillé avec Michel Chartrand à la FATTA, aura permis à la structure syndicale de l'époque de faire un grand bond en avant dans la sauvegarde des droits des travailleurs, avantage que le Conseil n'a pu conserver ; Jacques n'a pas été remplacé après son départ, et ce dossier a été laissé à l'abandon.

LA SST À LA FTQ-CONSTRUCTION

Dès mon entrée à la FTQ-Construction à titre de directeur général adjoint, il était évident que j'hériterais du dossier SST, mais cette fois avec le rapport de force provenant de l'association représentative. Plutôt que de représenter 6000 travailleurs, j'en représentais 70 000. Je disposais de ressources importantes, je pouvais mettre sur pied un comité d'orientation et proposer des énoncés de politique. Par la même occasion, je devenais le principal porte-parole de la FTQ-Construction dans le domaine de la SST.

Depuis longtemps, j'espérais donner un coup de barre dans cette facette déterminante du monde du travail. Désormais, j'en avais l'occasion. C'est ce que j'ai toujours trouvé intéressant dans le fait de travailler avec Jocelyn Dupuis : une fois qu'il confie un dossier à quelqu'un, il y joint les pouvoirs et l'autorité nécessaires pour que les objectifs soient atteints. Il n'y a rien de plus désagréable que d'hériter de responsabilités sans pour autant avoir les coudées franches. À de nombreuses reprises, j'ai pu constater que la capacité à déléguer véritablement est une qualité très rare chez les gens de pouvoir.

Grâce à la mise en place d'une permanence et à l'aide d'une équipe de collaborateurs, j'ai pu établir la position de la FTQ-Construction en SST. Nous avons axé notre politique sur l'implantation de mécanismes de prévention sur les chantiers. La loi n'offrant aucune protection aux travailleurs de la construction, c'est par la négociation des programmes de prévention[106] avec le maître d'œuvre[107] que nous avons réussi à rendre certains chantiers plus civilisés.

En 2004, la FTQ-Construction procéda à une restructuration. Jocelyn, à cette occasion, me demanda de proposer une structure de service. C'est dans le cadre de cette restructuration que la FTQ-Construction ouvrit un service de SST et embaucha François Patry, que je considère comme le représentant syndical le plus efficace et le plus compétent dans le domaine, tous syndicats ou

---

106. Un programme de prévention doit contenir les mécanismes qui seront mis en œuvre sur un chantier afin d'éliminer à la source les dangers pour la santé, la sécurité ou l'intégrité physique des travailleurs.
107. Le maître d'œuvre est le propriétaire ou la personne qui a la responsabilité de l'exécution de l'ensemble des travaux.

centrales syndicales confondus. Ensemble, nous avons réussi à obtenir des plus gros maîtres d'œuvre ce que les législateurs refusent toujours de nous accorder depuis quarante ans : des comités de SST efficaces et des représentants à la prévention sur les chantiers d'importance.

Nous n'aurions jamais pu faire aboutir ce projet sans l'appui politique que nous fournissait Jocelyn. Souvent, l'employeur ou le maître d'œuvre ne respectait pas la hiérarchie et tentait de régler avec la plus haute autorité au sein de la FTQ-Construction : le directeur général. Durant les années où François Patry et moi avons été responsables du dossier de santé et sécurité, de telles tentatives se sont toujours soldées par un échec cuisant. Seul l'un de nous pouvait donner ou non son aval sur un dossier SST. À ce jour, je n'ai pas connu une seule direction syndicale qui ait autant décentralisé sa structure de pouvoir que celle que nous avions bâtie à la FTQ-Construction.

INTERMÈDE : LE CERCLE DE L'ABSURDITÉ

Le vendredi 8 juillet 2005, je reçus un appel de Mme Carmel Dumas, de la Première Chaîne de Radio-Canada, dans le cadre de la série *L'été au large*. Elle m'informa qu'une émission à venir porterait sur la Gaspésie. Avec ses invités, elle entretiendrait les auditeurs sur divers volets de cette région. Au programme : histoire, politique et culture. Pour ce dernier volet, Daniel Boucher, auteur-compositeur-interprète bien connu, serait l'invité. L'animatrice profiterait de l'occasion pour aborder le décès de Gaétan Boucher, le père de Daniel, avec l'accord de ce dernier.

Je demeurai bouche bée. Je ne m'attendais pas à ce brusque retour en arrière, qui me ramenait à une époque bien antérieure à mon implication à la FTQ-Construction.

Gaétan Boucher, le père de Daniel, était un des représentants de la nouvelle section locale regroupant les mécaniciens industriels de la FTQ-Construction. À cette époque, j'étais au syndicat des manœuvres. Le syndicat de Gaétan éprouvait des difficultés financières, puisqu'il naissait dans une période trouble, à l'orée d'une crise économique. Lors d'une assemblée syndicale, Gaétan m'avait abordé, désirant savoir si je pouvais lui venir en aide dans le traitement des dossiers de ses membres qui éprouvaient des difficultés avec la CSST. J'avais accepté.

Après mes heures de travail, je retrouvais Gaétan au syndicat des mécaniciens industriels. Au début, faute d'ameublement, nous nous installions par terre et des boîtes de carton nous tenaient lieu de tables de travail. Durant des heures, je faisais avec lui le tour des dossiers, en soulignant les points forts et les points faibles. Analyses et commentaires nous occupaient des heures durant. C'est dans ce cadre que nous avons tissé des liens.

Puis nos chemins se sont séparés. Gaétan est décédé le 22 février 1988, dans l'écrasement de l'avion qui l'amenait en Gaspésie pour le travail. La tragédie emporta trois autres représentants syndicaux[108] et les deux pilotes. Bêtement, la boucle venait de se refermer sur la relation que j'avais entretenue avec cet homme : il était mort des suites d'un accident du travail, sujet qui nous avait rapprochés. Quelle absurdité !

SNC-LAVALIN EXPORTERAIT-ELLE NOS MAUVAISES HABITUDES ?

Il devait être 18 h 30, le 17 août 2005, lorsque je reçus un appel téléphonique de Jocelyn Dupuis, m'invitant à venir le rejoindre au Fairmont The Queen Elizabeth, au centre-ville de Montréal, pour participer à une rencontre. « Apporte le programme de prévention d'Hydro-Québec pour le projet d'Eastmain », ajouta Jocelyn.

---

108. Guy Perreault, directeur général de la FTQ-Construction, Jean-Claude Surreault, directeur de la section locale 618 des tuyauteurs, et Claude Proteau, directeur général adjoint du syndicat des électriciens (FIPOE).

Arrivé sur place, je me présentai dans une immense salle où des gens étaient attablés. Je reconnus immédiatement, parmi les personnes présentes, des membres du personnel de SNC-Lavalin et d'autres de la CSST. Je remarquai aussi des visages qui m'étaient totalement inconnus. Jocelyn vint m'accueillir et me présenta M. Alain Song, membre du gouvernement responsable de la formation professionnelle, de l'emploi et de la fonction publique pour la Nouvelle-Calédonie. Il était accompagné de Michael Bersoufle, collaborateur, et de Pierre Garcia. Ce dernier était directeur du travail, équivalent du ministre du Travail pour nous.

La Nouvelle-Calédonie, archipel français situé en Océanie, est une contrée riche en minerai, notamment en nickel. Afin de mettre en valeur ses sous-sols, la Nouvelle-Calédonie était à la recherche de partenaires. Les représentants gouvernementaux étaient en visite au Québec pour observer de quelle manière un grand chantier s'organise et se gère. On m'expliqua que deux gigantesques mines seraient exploitées dans un futur prochain, l'une au nord du pays et l'autre au sud. Après que ces quelques mots m'ont été adressés, j'ai remarqué un grand mécontentement sur le visage de plusieurs des personnes présentes. J'ai compris que les représentants de SNC-Lavalin souhaitaient présenter leurs façons de faire sur les chantiers : c'étaient des «pros en SST», prétendaient-ils. Ils savaient que je ne partageais absolument pas cette perception surfaite qu'ils avaient d'eux-mêmes.

Une tournée des chantiers de grande importance était en préparation pour les visiteurs d'outre-mer. L'exemple qu'offrait comme une panacée SNC-Lavalin aux représentants de Nouvelle-Calédonie, c'était le programme de prévention du projet hydro-électrique de la rivière Eastmain. Voilà pourquoi Jocelyn désirait que j'apporte une copie du programme, et pourquoi les visages de certains membres du personnel de SNC-Lavalin tenaient plus du masque mortuaire que des sourires festifs !

Je n'ai fait que quelques commentaires d'ordre général sur la question de santé et sécurité pour les chantiers de construction.

Pierre Garcia a requis une rencontre à huis clos avec Jocelyn et moi. Derrière les portes closes, Garcia nous fit part des difficultés auxquelles le territoire[109] devait faire face.

« Le Nord a connu un plus grand développement que le Sud. Le gouvernement a pallié cette situation par des programmes publics dans le Sud, mais désire obtenir des investissements du secteur privé afin de procéder à un rééquilibrage de l'économie », nous expliqua le ministre.

« Nous sommes aux prises avec des problèmes propres à un régime colonial. La législation du travail a dû être revue à la baisse afin d'attirer les investisseurs. Sur le projet de construction, les travailleurs devront exécuter 60 heures de travail par semaine, sans incitatif, et seront logés trois par chambre. De plus, le projet doit se faire avec 20 % de travailleurs appartenant à la population locale et 80 % de travailleurs venant de différents pays. Cette façon de procéder va à l'encontre d'une politique de réduction des inégalités spatiales et sociales », ajouta Garcia.

Quelle coïncidence : nous nous trouvions dans la même situation qu'eux. En décembre 2003, pour satisfaire aux exigences des « nouvelles lois du marché », le gouvernement du Québec avait déjà modifié le Code du travail en facilitant la désyndicalisation lors de vente ou de cession d'entreprise. Il s'agissait du premier jalon d'une politique favorisant, à sa façon, l'ouverture du Québec sur un marché global, et le mettant à la merci d'un capitalisme sauvage. En réponse, la FTQ et la FTQ-Construction avaient fermé les installations portuaires du Québec et les principaux axes routiers pour faire reculer le gouvernement, et avaient en partie obtenu satisfaction[110]. Et le gouvernement de Nouvelle-Calédonie venait chercher de l'aide pour gérer ses grands chantiers auprès de ceux qui faisaient la promotion de cette idéologie néolibérale…

---

109. La Nouvelle-Calédonie est une de ces anciennes colonies françaises qu'on appelle maintenant territoires d'outre-mer (TOM).
110. Voir chapitre 8, « Le jour où l'on ferma le Québec ».

La firme SNC-Lavalin pouvait-elle gérer efficacement un chantier, aussi immense soit-il? La réponse était oui, bien sûr. Mais SNC-Lavalin était-elle en mesure de faire preuve d'autant d'efficacité dans le domaine de la SST? Je confiai à Garcia que ce n'étaient certes pas les gens présents dans l'autre salle qui seraient en mesure de lui venir en aide. Je l'ai mis au défi de trouver du côté patronal ou de l'ingénierie au Québec une seule personne apte à élaborer un programme de prévention de qualité. Pour qu'un programme de prévention reçoive l'aval de la CSST, il devait faire l'objet d'une présentation où étaient invitées les associations syndicales. Or, aucun maître d'œuvre (Hydro-Québec, Rio Tinto, SNC-Lavalin, Ultramar, Alcan, Shell, autres entreprises de construction, firmes d'ingénieurs, etc.) n'avait pu soumettre un programme comportant les mécanismes nécessaires à la prévention des lésions professionnelles.

Chaque fois qu'un programme était présenté, François Patry ou moi démontrions qu'il s'agissait d'un copier-coller des programmes précédents et qu'il ne respectait pas les normes requises. D'un programme à l'autre, rien ne changeait... J'ai dit à Pierre Garcia que j'étais prêt à confronter les personnes présentes et à les mettre au défi de soumettre un programme adéquat. Car si, pour obtenir un contrat, SNC-Lavalin présentait un programme de prévention de qualité, la firme de génie-conseil admettrait par la même occasion qu'elle avait produit des programmes de prévention bâclés pour les chantiers du Québec.

J'étais consterné. La tournée des chantiers de grande importance qui allait débuter se ferait sur le modèle d'une visite guidée: il n'y avait rien à tirer d'une telle expérience. «On va vous montrer la face dorée des projets en omettant d'ouvrir la porte qui donne accès à la vraie vie», lui dis-je. Voilà que le Québec désirait exporter ses lacunes, ses carences et son manque d'expertise en SST.

La conversation s'est poursuivie et nous avons abordé la question autochtone au Québec et les conditions coloniales ou semi-coloniales toujours existantes. À la FTQ-Construction, nous avions acquis une certaine expérience lors de la construction de nombreux barrages. J'avais été chargé, notamment, de l'émission de certificats de compétence permanents pour les autochtones de la réserve de Mani-Utenam, à 14 kilomètres de Sept-Îles, lors de la construction du barrage de SM-3. J'étais aussi intervenu à quelques reprises dans le passé pour que les autochtones obtiennent les mêmes droits que les Blancs sur les grands chantiers du nord du Québec.

Au moment de quitter la réunion, nous avons dû conclure qu'il y avait beaucoup de parallèles à tracer entre le régime d'exploitation propre à nos deux pays et aux diverses nations qui les habitent. Pourrions-nous affirmer que les sous-sols, les territoires, les torrents et les rivières attirent les mêmes exploiteurs tous azimuts ? À des milliers de kilomètres de distance, la vie et la mort constituaient toutes deux les enjeux dans le dossier de la SST.

Si nos gouvernements tentent de nous faire croire qu'ils se préoccupent du modèle éthique dont se dotent les corporations dans les relations qu'elles entretiennent avec les gouvernements étrangers, ce n'est que pure hypocrisie. Les dénonciations de ces pratiques sont connues à travers le monde et l'information est disponible pour qui veut en prendre connaissance. Jean Ziegler avait raison d'écrire en 2002 : « La réalité du monde mondialisé consiste en une succession d'îlots de prospérité et de richesses, flottant dans un océan de peuples à l'agonie[111]. »

UNE JUSTICE DE CLASSE

Dans l'affaire du décès de trois électriciens, gazés au sulfure d'hydrogène dans un trou d'homme, dans l'est de Montréal, le coroner Maurice Laniel avait conclu à une responsabilité criminelle de

---

111. Ziegler, Jean. *Les nouveaux maîtres du monde et ceux qui leur résistent*, Paris, Librairie Arthème Fayard, 2002, page 38.

l'entreprise et recommandé que des poursuites soient instruites contre Chagnon ltée. Le juge Duranleau, qui instruisit le procès, fit quelques remarques préliminaires lors du rendu de son jugement :

> « Ce préambule entraîne une autre remarque. En effet, à l'occasion d'une décision rendue en juillet 1979 dans une affaire similaire entraînant la mort d'un ouvrier de chantier, on a pu lire dans un quotidien montréalais des propos tendancieux critiquant la décision d'un collègue. Je crains que son auteur n'ait pas été familier avec l'état du Droit sur le sujet et, s'il en avait été autrement, sûrement, il se serait expliqué en d'autres termes.
>
> « Il m'est apparu utile et même nécessaire de faire ces remarques avant de répéter le Droit et de résumer les faits, le tout afin de rappeler aux profanes qui auraient tendance à ne garder en mémoire que les tristes décès pour exiger que soit quasi automatiquement accablé leur employeur, au lieu de s'imprégner des principes émis par une jurisprudence abondante et d'en discuter l'à-propos, sans dénoncer une "justice de classe"[112]. »

Si Duranleau a raison en droit, ce qui reste à voir, son indignation sur le fait que l'on puisse croire qu'il existe une justice de classe est pour le moins surprenante. Avant même de dire le « droit » et les « faits », Duranleau se dit outré par l'ignorance des « profanes », pour reprendre ses termes. S'il adresse des reproches aux profanes, il ne leur explique rien, sinon qu'ils ne devraient pas avoir d'opinion sur le sujet. Quel excellent pédagogue…

Pourtant ce même droit ne prétend-il pas que « nul n'est censé ignorer la loi » ? Dans ce cas, comment expliquer qu'un profane

---

112. R. c. Chagnon (1975) limitée, C.S.P. Montréal, 01-0752-797, 17 novembre 1980, André Duranleau, page 4 et suiv.

qui ne connaît pas la loi puisse être condamné malgré son ignorance d'une règle juridique qu'il enfreint? Si les «profanes» sont
scandalisés par le grand nombre de décès survenus sans raison et
sans conséquence sur les chantiers, ne devrait-on pas tendre
l'oreille vers cette sagesse populaire? Plutôt que de faire porter le
blâme à ceux qui s'insurgent contre un tel constat, Duranleau ne
devrait-il pas nous entretenir sur ce que nous prétendons, sans
raison, être injuste?

Ceux qui meurent sur les chantiers de construction, ceux qui
ne comprennent pas la mécanique intellectuelle de la «justice» et
du «droit» font rarement partie de ceux qui «font le droit» et
«disent le droit». Ils ne sont ni juges ni parlementaires, mais travailleurs. On les consulte d'ailleurs très peu sur le droit. À vrai
dire, on ne les consulte pas du tout. Et ceux qui «font le droit» et
«disent le droit», les juges et les politiciens, meurent plutôt rarement au travail.

À croire que même la mort qui frappe ne serait pas aussi
aveugle qu'on le suppose. Quoi, y aurait-il une «mort de classe»
sur les chantiers de construction? Imaginez que, comme cela se
produit dans la construction, 10% des membres de l'Assemblée
nationale du Québec ou de la magistrature subissent une lésion
professionnelle chaque année. Si on enregistrait dans ces milieux
un taux de décès proportionnel à celui qui a cours dans la
construction, il y a longtemps que les choses auraient bougé au
Québec.

Dans les faits, de tels raisonnements sophistiques nous
mènent à conclure qu'il ne s'agit nullement d'une «justice de
classe», mais bien plutôt d'une «gouvernance de classe», puisque
ce n'est pas notre régime juridique qui est à la solde de l'économie, mais notre régime politique. Le régime juridique n'en est que
l'accessoire. Ce que le juge nous indique plus précisément, c'est
que les carences du droit ne reposent pas sur l'administration de
la justice, mais sur nos valeurs sociales, en vertu desquelles il est
permis de tuer au nom de la production et des profits.

LE CYNISME DE NOS ÉLUS

Le 25 avril 2013, comme ses prédécesseurs, Mme Agnès Maltais, ministre du Travail, se leva en chambre pour prononcer une courte allocution afin d'honorer la mémoire de tous les Québécois et de toutes les Québécoises qui ont perdu la vie ou qui ont été blessés au travail. Elle fut suivie de Guy Ouellette, porte-parole de l'opposition officielle en matière de travail, qui ajouta :

> « Je profite de cette occasion pour rappeler à cette Chambre qu'en tant que législateurs, notre devoir de commémoration s'accompagne d'une lourde responsabilité, qui est celle de mettre en œuvre des lois, des règlements et des programmes dont le but premier est d'offrir à nos travailleurs et travailleuses un environnement de travail sain et sécuritaire. »

Pour sa part, Christian Dubé, porte-parole de la CAQ en matière de travail, tout aussi préoccupé que ses collègues par la question de la SST, tint des propos aussi incohérents qu'inutiles :

> « Il est important de sensibiliser l'ensemble de la population québécoise au problème de soutenir nos efforts pour assurer la prévention, la formation et la supervision pour que ces accidents puissent s'éviter[113] [*sic*]. »

Précisons que M. Dubé veut aussi que l'on donne de la formation. Vu l'immobilisme de l'Assemblée nationale du Québec, la formation pourrait fort bien se résumer à ceci : « Nous allons vous informer de quoi vous allez mourir, mais nous ne ferons rien pour empêcher votre mort ! »

---

113. http://www.assnat.qc.ca/fr/travaux-parlementaires/assemblee-nationale/40-1/journal-debats/20130425/80769.html#_Toc354748106

Au lieu de promulguer les dispositions législatives pouvant sauver la vie des travailleurs, on fait des allocutions. L'opposition reconnaît que la Chambre a une lourde responsabilité en tant que législateur, mais il n'en demeure pas moins que, depuis trente-trois ans, elle n'a fait aucun geste concret dans le dossier de la SST. Il faut une bonne dose de cynisme pour agir de la sorte.

HÉCATOMBE EN PLEINE LUMIÈRE

Malgré certaines avancées en matière de santé et de sécurité au travail ces dernières années, le bilan demeure lourd. Cela m'attriste. Souvent, je suis habité par un doute. Quand on vous confie un dossier à l'âge de 23 ans et qu'au seuil de la soixantaine presque tout reste à faire, on a envie d'élever la voix, de parler haut et clair, surtout quand on connaît la cause de l'hécatombe. Jonchés de morts et de blessés, grands producteurs de cancéreux, de mutilés de toutes sortes, de sourds et d'autres handicapés, les chantiers se voilent d'une allure funèbre. Cette désolation laisse un goût amer dans la bouche. On a beau vouloir oublier, on demeure habité, voire obsédé, par des visages qui envahissent l'esprit. Bientôt, nos pensées se portent sur des scènes de corps brisés, de vies détruites. Au final, on en arrive au pire : les conjoints et les enfants meurtris par l'absence inexcusable de l'autre. Cet autre qui ne cesse de remettre son retour chimérique. « Il ne reviendra pas », de dire la mère à son enfant.

Tout cela ressemble à une marée humaine qui vient frapper à votre porte. Autant vous hébergez d'éclopés, autant il en reste sur le seuil. Dans l'indifférence la plus totale, en plein soleil, au vu et au su de tous, sans camouflage ni fard, le macabre processus se poursuit. Année après année, encore et encore.

LE 28 AVRIL, HOMMAGE AUX DISPARUS

Depuis plusieurs années, le 28 avril a été décrété Journée commé-
morative des personnes décédées ou blessées en raison du travail.
Le 8 juin 2010, l'Assemblée nationale du Québec adoptait le projet de loi 97, à l'instar de 70 pays à travers le monde, soulignant
l'événement. Au Québec, la FTQ-Construction décida de souligner cette journée de manière originale, et la FTQ prit la relève
par la suite.

En 2006, une nuit de veille fut organisée devant le siège social
de la CSST. En 2007, une visite du Biodôme de Montréal fut ins-
crite à l'horaire de la journée, car les animaux qui y vivent sont
parfois mieux traités que les humains, du fait qu'ils habitent dans
un environnement contrôlé où il n'y a ni accident ni décès comme
ceux qui surviennent sur les lieux de travail. En 2008, nous avons
remis au Conseil du patronat des sacs de sang, fluide humain
dont leurs membres semblent si friands. En 2009, nous avons installé sur les parterres de l'Assemblée nationale du Québec autant
de croix qu'il y avait eu de décès en raison du travail durant
l'année.

Le 29 avril 2005, dans le hall du Complexe FTQ, avait lieu
l'inauguration d'une plaque commémorant la Journée des personnes décédées ou blessées en raison du travail. J'ai rédigé le
texte qui apparaît sur cette plaque fixée au mur de l'immeuble à
perpétuelle demeure. Il se lit comme suit :

À toutes ces femmes et tous ces hommes
À tous ces enfants, car il y en eut
Sur qui le travail apposa sa marque, sa signature
Meurtrissant leur chair
Brisant leur âme
Volant leur vie
À tous ceux-là qui
Encore et encore
Année après année
Affirment et témoignent
En signant de leur sang
Qu'il nous reste tant à faire
À tous ceux-là nous disons :
Nous ne vous oublions pas !

CHAPITRE 7

Duplicité et manipulation : l'affaire de l'assurance-emploi

Tu dis que si les élections
Ça changeait vraiment la vie
Y'a un bout de temps, mon colon,
Qu'voter ça s'rait interdit
RENAUD

Avec un taux de chômage frisant les 50%, un gouvernement désireux de mettre un terme aux instabilités de l'industrie de la
construction serait passé à l'action depuis bien longtemps. Mais,
tant au fédéral qu'au provincial, on ne dénote aucune volonté réelle
de mettre en place des mesures concrètes pour stabiliser cette industrie. Pourquoi les dirigeants politiques s'engageraient-ils dans cette
voie? Mentir, duper, manipuler pour parvenir à ses fins: tel semble
plutôt être le désir de bon nombre de personnalités politiques. Le
présent chapitre s'attache à démontrer cette triste réalité.

Les remarques préliminaires suivantes, qui traitent du régime
d'assurance-emploi, permettront de mieux comprendre la problématique à laquelle font face les travailleurs de la construction.

UNE LOI SERVANT À ÉVITER
DES RÉVOLTES POPULAIRES

Notre régime d'assurance-emploi provient d'un copier-coller de la
Loi britannique de 1911. L'avènement de cette législation ne
découle pas de la générosité ou des largesses de nos gouverne-

ments, bien au contraire. C'est par crainte d'être débordé sur sa gauche, plus particulièrement par les ouvriers regroupés au sein de mouvements socialistes et de syndicats, que le pouvoir politique consent à des mesures législatives pour venir en aide à la population démunie. Le professeur Campeau de la faculté de science politique et de droit de l'Univôrsité du Québec à Montréal s'exprime ainsi à ce sujet :

> « Comment désamorcer le mécontentement populaire et contrer la menace socialiste ? L'assurance sociale sera l'une des réponses du libéralisme à ces problèmes. Les différents aléas de l'existence sont désormais perçus sous l'angle du risque, qui se substitue alors au paradigme de la responsabilité individuelle. Ainsi le chômage devient un "risque social" devant être assumé par l'ensemble de la société et du coup, la question de la responsabilité du système capitaliste dans sa survenance se trouve évacuée[114]. »

Pour sa part, le professeur d'économie à l'Université de Harvard et conseiller économique de plusieurs présidents des États-Unis, dont John F. Kennedy, John Kenneth Galbraith résume ainsi la situation :

> « On aurait du mal, en fait, à trouver une décision qui ait davantage aidé à assurer l'avenir du capitalisme. D'un côté, la sécurité sociale adoucit les deux traits les plus cruels du système industriel – l'appauvrissement dû au chômage et l'appauvrissement dû à l'âge –, et apaise ainsi la colère qu'ils suscitent. De l'autre côté, elle crée un flux de revenu et de demande agrégée (ou pouvoir d'achat) fiable, totalement imperméable à la récession, et qui augmente quand

---

114. Cité dans Campeau, Georges. *De l'assurance-chômage à l'assurance-emploi. L'histoire du régime canadien et de son détournement*, Montréal, Les Éditions du Boréal, 2000, page 22.

les choses vont moins bien, ce qui rend l'économie au moins marginalement stable[115]. »

En clair, le régime de sécurité sociale a été institué dans tous les pays industrialisés pour protéger le régime capitaliste contre la révolte ouvrière et permettre à l'économie de continuer à rouler quand rien ne va plus. Celui qui fait cette affirmation est un homme très sérieux, conseiller de différents présidents des États-Unis. Rien à voir avec un dangereux révolutionnaire...

L'INDUSTRIE DE LA CONSTRUCTION : UN ÉTAT PERMANENT D'INSTABILITÉ

Nous avons colligé, pour les cinquante-cinq dernières années, le nombre d'heures travaillées ainsi que le nombre de travailleurs actifs dans l'industrie de la construction. Pour les années 1957 à 1971, les données utilisées ont été estimées en raison des travaux, de leur valeur et de certaines autres données statistiques. Pour la période allant de 1972 à aujourd'hui, les données ont été obtenues à même les rapports annuels de la Commission de la construction du Québec.

Voici quelques-uns des éléments que l'on peut tirer de cette analyse.

- Au cours des cinquante-cinq dernières années, l'industrie de la construction a connu cinq pointes de production, comme l'indique le tableau suivant[116].

---

115. Galbraith, John Kenneth. *Voyage dans le temps économique. Témoignage de première main*, Paris, Éditions du Seuil, 1995, page 116.
116. Le nombre d'heures travaillées est encore en progression en 2012 et 2013, mais les statistiques officielles de la CCQ ne sont pas disponibles au moment d'écrire ces lignes.

Pointes de production dans l'industrie de la construction au Québec

Année	Heures travaillées (millions)	Salariés actifs
1957	132,5	138 843
1966	176,3	187 161
1975	155,8	155 467
1989	116,7	114 259
2012	156	159 166

- La moyenne d'heures travaillées annuellement par salarié varie entre 710 et 950, ce qui correspond à une demi-année de travail.
- Si l'on compare les résultats des années 1966 et 1969, on constate que 60 000 emplois furent perdus. De même, il se perdit près de 12 000 emplois entre 1982 et 1983. Enfin, de 1989 à 1994, l'industrie perdit encore 60 000 emplois. À l'inverse, d'une année à l'autre, des milliers d'emplois pouvaient être créés.

Ces données, ainsi que le graphique en dents de scie qui présente le nombre d'heures travaillées chaque année dans l'industrie de la construction, traduisent clairement la caractéristique la plus criante de cette sphère d'activité : l'instabilité. Bien que, depuis quelques années, l'industrie ait connu un certain redressement et une importante croissance, on constate que la main-d'œuvre déserte les chantiers. Sur les 14 000 à 15 000 nouvelles candidatures annuelles, plus de 30 % auront quitté l'industrie cinq ans plus tard. Ce n'est pas un problème d'attrait que connaît l'industrie auprès de la relève et de ses salariés permanents, mais de rétention de la main-d'œuvre. On intègre le milieu de la construction, mais on n'y demeure pas.

Selon les chiffres officiels, le salaire annuel moyen d'un travailleur est de 35 220 $ pour l'année 2011. Le salaire horaire moyen étant de 35,92 $, les travailleurs sont donc actifs sur les chantiers l'équivalent d'une demi-année de travail. L'histoire des cinquante dernières années nous enseigne que le revenu des travailleurs n'augmente pas malgré la croissance du nombre d'heures travaillées. Pourquoi ?

La réponse à cette question se trouve en grande partie dans l'absence d'une véritable politique de la main-d'œuvre. Le seul élément qui semble compter aux yeux du pouvoir politique est la disponibilité en permanence de la main-d'œuvre nécessaire pour répondre à la demande. Cette demande est régie par l'investissement. Pour y répondre, une partie de la main-d'œuvre demeure donc disponible à tout moment, au chômage. L'industrie de la construction s'est adaptée au sur-investissement et au sous-investissement par le sur-emploi et le sous-emploi, en oubliant ceux qui gagnent leur vie sur les chantiers.

Tant que l'industrie sera instable et précaire, elle permettra au pouvoir de s'en servir à des fins bassement politiques. La précarité est source de racket.

LE SENS DES MOTS :
QUAND L'OR SE CHANGE EN PLOMB

Six mois par année, les travailleurs de la construction sont donc invariablement condamnés à se tourner vers l'assurance-emploi.

En 1996, le législateur apporta au régime d'importantes modifications allant à l'encontre des intérêts des travailleurs. L'or se changea en plomb : on transforma le régime d'assurance-chômage en régime d'assurance-emploi. (Il est plus positif d'utiliser le mot « emploi » que le mot « chômage », semble-t-il.) Plutôt que de créer de l'emploi et d'axer l'économie sur la mise en valeur de la main-d'œuvre, le gouvernement laissa l'économie spéculative prendre le dessus et favorisa l'éclosion de bulles financières qui, lors de leur éclatement, frappèrent les petits épargnants. Dans les faits, assurance-chômage ou assurance-emploi, c'était la même chose pour ceux qui subissaient les affres de l'économie. Les travailleurs qui perdaient leurs avoirs ou le fonds de retraite accumulé à la suite du labeur de toute une vie n'avaient que faire des mots. Ils n'étaient pas philologues, mais épargnants.

Le législateur modifia à ce point les exigences de l'admissibilité qu'un an après la mise en œuvre du nouveau régime, seulement 43 % de tous les travailleurs dénombrés auparavant pouvaient se qualifier. Le taux maximum de prestations fut réduit, de même que le taux de prestations aux travailleurs « réitérants ». (Le réitérant est celui qui reçoit des prestations chaque année.) Condamnés au chômage chaque année en raison des politiques de main-d'œuvre, les travailleurs de la construction étaient directement affectés par ces modifications.

Depuis 1988, afin de se plier aux diktats de l'OCDE[117] dans le nouvel espace mondialisé, le moyen le plus efficace, mis de l'avant par le gouvernement fédéral, de lutter contre le chômage consiste à réduire non pas le chômage lui-même, mais plutôt le nombre de chômeurs. La distinction est importante : un sans-emploi non admissible aux prestations d'assurance-emploi n'apparaît pas dans les statistiques du chômage.

Au fil des ans, qu'il soit libéral ou conservateur, le gouvernement n'a cessé de rendre de plus en plus difficile l'accès aux prestations. Conclusion : le taux de chômage baissait au fur et à mesure que diminuait le nombre de personnes pouvant se qualifier pour obtenir des prestations. Cette façon de faire permettait aussi au fédéral de transférer son fardeau aux provinces, car si une personne ne peut être prestataire d'assurance-emploi, elle fait automatiquement partie du bassin des assistés sociaux.

---

117. OCDE. *L'étude de l'OCDE sur l'emploi. Faits, analyse, stratégie*, Paris, 1994, cité dans Campeau, Georges. *De l'assurance-chômage à l'assurance-emploi. L'histoire du régime canadien et de son détournement, op. cit.*

UN EXEMPLE D'INJUSTICE : LE VERGLAS DE 1998

En janvier 1998, c'est la crise du verglas. En quelques heures, Montréal et le sud du Québec et de l'Ontario reçurent les plus fortes précipitations de l'histoire connue : 100 millimètres de verglas. Les travailleurs de la construction furent immédiatement mobilisés pour empêcher que la situation ne se détériore, reconstruire le réseau de transport et de distribution d'électricité et rétablir le service aux abonnés le plus rapidement possible.

Des milliers de travailleurs du syndicat des monteurs de lignes (section locale 1676) et de la Fraternité inter-provinciale des ouvriers en électricité (FIPOE) s'affairèrent au rétablissement du réseau. Des milliers de couvreurs (section locale 2020), de charpentiers-menuisiers (section locale 9) et de manœuvres (Association des manœuvres interprovinciaux – AMI) eurent pour fonction de dégager la neige des édifices, hôpitaux, centres d'hébergement, institutions d'enseignement, centres commerciaux et habitations afin d'éviter l'effondrement des toits, et d'effectuer les travaux de réfection nécessaires à la protection des immeubles. Pour le dégagement des routes et l'entretien de la chaussée, des opérateurs (section locale 791) et des camionneurs (section locale 791 et AMI) réussirent, dans un délai record, à rendre le réseau routier du Québec et des municipalités carrossable. Les grutiers furent affectés à la reconstruction des tours servant à la transmission et à la distribution du courant.

Ces ouvriers travaillèrent 24, 36 ou 40 heures sans interruption, sans période de repos ou de sommeil. D'autres partirent en périphérie et ne revinrent à la maison que plusieurs semaines après leur départ. En raison de leur expertise, certaines équipes de travail furent détachées auprès des autorités publiques ontariennes et américaines.

Au moment de son rappel au travail, le travailleur prestataire de l'assurance-emploi doit déclarer son revenu. Ne touchant son salaire qu'une ou deux semaines après avoir repris son emploi, il estime au moment de faire sa déclaration le salaire qu'il recevra et déclare une somme approximative. Le travailleur qui effectue 80, 90 ou 100 heures par semaine déclare un salaire plus élevé que son taux de prestation, afin que l'assurance-emploi ne lui verse pas de prestations. Ainsi, l'administration fédérale ne peut lui reprocher de «voler le système».

Après la crise du verglas, quand la situation redevint normale, des travailleurs se présentèrent à mon bureau.

– Salut Richard! Je viens de recevoir un constat d'infraction de l'assurance-emploi, me dirent-ils.

– Et pourquoi?

– J'aurais fait une fausse déclaration.

– Laquelle?

– Ben, j'ai déclaré trop de salaire pour être certain que le chômage ne me verse pas de prestations durant la période du verglas.

– Et le chômage t'a versé de l'argent?

– Sûr que non, je déclarais un salaire pouvant aller jusqu'à 2000 $ pour la semaine. Non, ils disent que j'ai fait une fausse déclaration, parce que je n'ai gagné que 1500 $. Je dois payer une amende parce que j'ai fait une fausse déclaration.

Après vérification auprès des bureaux de l'assurance-emploi, je dus convenir que tel était le cas. Même si l'assurance-emploi n'avait pas versé un seul dollar en trop, même si elle comprenait que les travailleurs avaient agi de la sorte afin de ne pas «frauder» le régime, même si elle reconnaissait que les salariés avaient agi de bonne foi, elle considérait tout de même que les travailleurs avaient produit «une déclaration fausse ou trompeuse» et qu'ils devaient en subir les conséquences.

C'était indécent.

À cette époque, Jocelyn Dupuis venait d'accéder au poste de directeur général. Il arrivait souvent qu'il m'affecte à certains dossiers spécifiques: la santé, la sécurité du travail et l'assurance-emploi. Ensemble, nous avons élaboré une stratégie en deux temps.

Il nous fallait d'abord contester les décisions de l'administration et nous assurer que les travailleurs soient représentés devant les tribunaux. Ensuite, nous devions exiger du gouvernement que soient revues la législation et la réglementation en matière d'assurance-emploi. Faire revenir le gouvernement à la raison constituait un défi. Il nous fallait mobiliser notre population.

Josée Detroz de l'AMI, Luce Beaudry de la section locale 791 des opérateurs et Michel Letreize de la FIPOE se mirent à l'œuvre pour que les travailleurs ne soient pas pénalisés en raison de l'application déraisonnable des normes gouvernant le régime. Pour le reste, le travail nous revenait, à Jocelyn et à moi. Il fallait profiter de l'occasion qui nous était donnée non seulement pour solutionner ce litige, mais pour revoir l'ensemble de la législation. Avec le temps, la loi avait été détournée de son objectif véritable : accompagner dans un processus de retour au travail la personne qui avait perdu son emploi contre sa volonté.

DES MILLIARDS DE DOLLARS DISPARAISSENT DE LA CAISSE DE L'ASSURANCE-EMPLOI

Au début des années 1990, Jean Chrétien n'avait de cesse de dénoncer le gouvernement conservateur de Brian Mulroney qui s'en prenait aux chômeurs plutôt qu'aux causes du chômage. Quand les libéraux prirent le pouvoir en 1993, Chrétien s'empressa à son tour de modifier l'assurance-emploi. Avec les modifications apportées à la loi en 1996, le gouvernement prétendit vouloir équilibrer la caisse de l'assurance-emploi afin que lors de la prochaine crise économique, les chômeurs puissent recevoir leurs prestations. En versant beaucoup moins de prestations aux chômeurs, la caisse accumula de fabuleuses sommes d'argent provenant des cotisations ouvrières et patronales.

Ce que le gouvernement avait omis de dire, c'est que le contenu législatif permettait de transférer au Trésor public les cotisations et les contributions que versaient les employeurs et les salariés. Sans transferts au Trésor, la caisse d'assurance-emploi serait passée de 600 millions de dollars en 1996 à 60 milliards vers 2008. Mais l'argent des chômeurs disparut, de même que l'argent de ceux qui, bien que n'étant pas chômeurs, avaient contribué à la caisse d'assurance-emploi. Les sommes recueillies ont servi à payer le déficit. Mais le gouvernement a-t-il le droit de prendre de l'argent sur la paie d'un salarié ou réclamer une contribution à un employeur sous la rubrique « assurance-emploi » et d'affecter les sommes recueillies à un autre poste budgétaire ? Aussi incroyable qu'elle soit, la réponse est oui.

Voilà pourquoi, d'une caisse créée dans le but de faire face aux pires situations engendrées par une crise économique, on se retrouva avec une caisse vide qui ne pouvait même plus faire face à l'administration générale de son régime. Sans ce détournement, on aurait pu rétablir le régime de prestations aux conditions prévalant avant la crise des années 1990 sans augmenter les contributions.

Il n'y eut ni commission d'enquête ni flonflons au sujet de cette caisse dans laquelle on avait volé des milliards de dollars en contributions et en cotisations. Pourquoi enquêter ? Ça ne touchait ni les caisses électorales, ni les amis des amis, mais seulement ces gens que l'on qualifie d'« ordinaires ». Qui doutait alors de l'engagement des dirigeants envers la population ? Qui remettait en question la gestion des affaires de l'État ? C'était la belle époque, celle où les commandites se transformaient en boules de Noël à 500 $ pièce...

LA COLÈRE GRONDE

À la fin des années 1990, la FTQ organisa une tournée provinciale pour informer ses membres des modifications que le gouvernement comptait apporter à la Loi sur l'assurance-emploi. Dans le cadre de cette tournée, je me rendis en Abitibi en compagnie d'Henri Massé, alors président de la FTQ. Devant une salle bondée, je présentai les modifications et, en conclusion, brossai un tableau de ce à quoi allait ressembler le régime au cours des prochaines années. Les éléments de mon exposé paraissaient si démesurés que les gens ne nous croyaient tout simplement pas. Ils ne pouvaient imaginer qu'un gouvernement puisse être aussi abject.

Pourtant, tout ce que nous avions annoncé se concrétisa : baisse du taux des prestations, baisse du montant de prestations, difficulté à se qualifier en région, etc. En résumé, il fallait cumuler plus d'heures afin de se qualifier, et on recevait des prestations pour une période plus courte, à un taux réduit. Jocelyn et moi avions prévu le coup. Nous savions que plusieurs mois se révéleraient nécessaires avant que les dispositions de la nouvelle loi frappent les travailleurs. Tout ce qui bougeait et pensait au Québec s'unissait maintenant pour contrer les effets de cette loi. Voilà que la lutte contre le gouvernement fédéral transcendait les orientations politiques libérales ou conservatrices.

Organisateur hors pair, Robert Paul, directeur des opérations à la FTQ-Construction, mit en place la manifestation qui devait mener plusieurs dizaines de milliers de manifestants à Québec. C'est lui qui était responsable des mesures prises afin d'éviter les rixes inutiles avec les services policiers, et qui organisait le rapport de force quand les forces constabulaires prenaient la mauvaise décision de charger la foule. C'est à lui qu'une escouade du Service de police de la Ville de Montréal (SPVM) dut d'éviter la raclée de sa vie lorsqu'elle fut prise en tenaille par des manifestants, le 1er mai 2004. Robert Paul et les membres de son équipe, des travailleurs de la construction, tirèrent les policiers de ce mauvais pas. La manifestation organisée par les centrales syndicales avait été infiltrée par des éléments étrangers.

Bientôt, la machine se mit en branle. À l'été 2000, la loi pénalisait déjà des milliers de travailleurs, et la rancœur à l'endroit d'Ottawa se propageait à une vitesse folle. Des mouvements de masse eurent lieu. Les rangs des manifestants grossissaient à vue d'œil. En septembre, la FTQ-Construction se prépara à un affrontement majeur avec le gouvernement libéral de Jean Chrétien. Le Québec était en ébullition. Ça « sautait de partout ».

À la veille des élections fédérales, les libéraux déposèrent le projet de loi C-44 modifiant la Loi sur l'assurance-emploi. Puisqu'il était possible qu'ils reprennent le pouvoir, ils proposaient de n'apporter que des changements mineurs à la loi. Ce faisant, ils reproduisaient l'exact scénario qu'employaient les manipulateurs au siècle dernier pour abuser les électeurs et s'approprier le vote populaire.

MOBILISATION AVANT LE SCRUTIN
DE NOVEMBRE 2000

C'est dans ce contexte que les élections furent déclenchées. Le scrutin était prévu pour le 27 novembre 2000. Dès le 2 novembre, le cahier de revendications de la FTQ-Construction circula et les représentants syndicaux furent formés sur son contenu. Cette formation se révéla d'autant plus simple que les représentants étaient constamment sollicités par les chômeurs. En effet, le nouveau régime excluait de plus en plus de prestataires potentiels. Il faut ajouter qu'en région, l'étanchéité entre les salariés des différents secteurs d'activité économique est beaucoup moins forte que dans les centres urbains. Les travailleurs des secteurs du bois, des papetières, des pêcheries, des mines et de la construction sont souvent en contact direct les uns avec les autres. Tous vivaient les mêmes difficultés.

D'après les chiffres dont nous disposions, les deux tiers des sans-emploi étaient disqualifiés du régime, même s'ils y avaient cotisé. De plus, pour différentes raisons, les femmes étaient plus gravement pénalisées que les hommes. Les données statistiques démontraient noir sur blanc que 70 % des femmes et 60 % des hommes n'avaient plus droit aux prestations, sans parler des jeunes de moins de 25 ans dont le taux d'exclusion frôlait les 90 %. Quand un régime d'assurance-emploi ou un régime de sécurité sociale ne s'adresse plus qu'à une minorité, il y a un sérieux problème ! En région, les libéraux l'admettaient devant nous dans leur bureau de comté, mais refusaient de faire quoi que ce soit ou de se prononcer en public.

Le 6 novembre, Gilles Duceppe du Bloc Québécois nous invita à participer à une conférence de presse sur le chantier de la Cité du Multimédia. L'événement fut un franc succès et permit au chef du Bloc et à Jocelyn Dupuis d'échanger longuement avec les salariés de la construction. Tout au long de la campagne électorale, l'équipe de la FTQ-Construction fut omniprésente et harcela les libéraux afin qu'ils se prononcent avant le jour de l'élection sur le dossier de l'assurance-emploi.

Le 9 novembre, les travailleurs de la région des Cantons-de-l'Est rencontrèrent Jean-François Rouleau, candidat libéral dans le comté de Sherbrooke. André Bussière de la FIPOE et Gilles Vaillancourt de la section locale 9 exposèrent la situation. « La rencontre s'est effectuée de façon très cordiale, le candidat assurant les travailleurs qu'il leur répondrait par écrit probablement aujourd'hui[118]. » La réponse vint le 16 novembre : le candidat libéral dans Sherbrooke appuyait les revendications des chômeurs en affirmant qu'il « défendrait leurs intérêts dès qu'il mettrait le pied à la Chambre des communes[119] ».

Le 13 novembre, Jocelyn Dupuis, Jean Lavallée, Pierre Labelle, Henri Massé et moi avons donné une conférence de presse dans les locaux de la FTQ. Nous avons livré aux journalistes le contenu d'une lettre adressée à l'ensemble de la députation fédérale et accompagnée de notre cahier de revendications, afin que les députés se prononcent sur celles-ci avant la journée de l'élection.

---

118. Bergeron, Steve. « Rouleau a droit à une manifestation surprise », *La Tribune*, 10 novembre 2000.
119. Bergeron, Steve. « Pour un assouplissement des règles de l'assurance-emploi, Rouleau appuie les travailleurs de la construction », *La Tribune*, 17 novembre 2000.

Nous savions qu'ils ne se prononceraient pas individuellement sur l'épineuse question de l'assurance-emploi, mais, la pression augmentait de jour en jour de la pointe de la Gaspésie à la rivière des Outaouais, quelqu'un finirait bien par réagir!

Nous avons ensuite annoncé la tenue d'une grande manifestation prévue le 25 novembre 2000 dans le comté de Jean Chrétien. Des autobus avaient été nolisés dans toutes les régions du Québec afin d'acheminer les travailleurs vers Shawinigan. Chrétien s'était excusé publiquement du fiasco de l'assurance-emploi lors d'une visite électorale dans les Maritimes, quelques semaines plus tôt.

En conclusion de la conférence de presse, Jocelyn Dupuis résuma bien la situation : « S'il faut s'acharner, on va le faire, pour gagner nos points. L'assurance-emploi n'appartient pas au Parti libéral, mais aux travailleurs et employeurs qui y cotisent. » Dans les faits, les libéraux faisaient de la caisse de l'assurance-emploi une « chose politique ». Elle leur permettait d'annoncer l'équilibre budgétaire en période électorale, voire même des surplus, et de donner l'impression d'une saine gestion de l'État.

Lorsqu'il se remémore cette période, Jocelyn décrit ainsi l'atmosphère qui régnait : « Dans la semaine qui précéda l'élection, les libéraux étaient très inquiets du travail de mobilisation que la FTQ-Construction faisait au sujet de la loi. Pour moi, c'était facile de mobiliser, car dans les assemblées publiques je répétais ce que les gens nous disaient lors de rencontres syndicales partout à travers le Québec. J'ai toujours cru que mon rôle était celui d'un porte-parole. Dans un tel cas, on s'en tient à ce qui nous est dit. Il me fallut peu de temps pour être habité par le mandat qui m'était confié, pas besoin d'en ajouter. Au contraire même, il aurait été dangereux et irresponsable de trop en mettre. L'atmosphère était explosive, les gens réalisaient qu'ils avaient été trompés par les libéraux de Jean Chrétien. Ce n'étaient plus seulement les travailleurs de la construction qui se joignaient à nous, mais tous ceux qui habituellement n'ont pas droit à la parole. Avec nous, ils avaient l'opportunité de s'exprimer et de s'engager. Ils n'étaient plus des laissés-pour-compte ou des gagne-petit. La dignité, ça ne s'achète pas, du moins pas pour tout le monde. La grande erreur des gouvernements et de bien d'autres, c'est de croire que les syndicats contrôlent leurs membres. Dans les faits, c'est encore la faim et les besoins élémentaires qui sont la source de la colère et de la révolte. La rue n'appartient pas à celui qui la construit, mais à celui qui l'occupe. »

ALFONSO GAGLIANO ET DENIS CODERRE ENTRENT EN SCÈNE

« Je ne me rappelle pas la date, de dire Jocelyn, mais je me souviens de l'heure de l'appel téléphonique : minuit et demi.

– Allô !

– Salut Joce, c'est Eddy.

À l'époque, Eddy Brandone était le directeur du conseil de district 97 regroupant les vitriers, les peintres et les métiers connexes.

– Qu'est-ce qui se passe ? Quelle heure est-il ?

– Il est minuit et demi. Il faut que tu viennes me rejoindre chez Roberto.

– Au restaurant Roberto ? À minuit et demi ? Pourquoi ?

– Je suis avec Denis Coderre et Alfonso Gagliano. Ils veulent savoir comment tu peux régler le problème du chômage.

« Il ne m'a pas fallu plus d'une demi-heure pour me rendre au rendez-vous. Sur place, j'ai trouvé Eddy Brandone, Alfonso Gagliano et Denis Coderre installés à une table. C'était la première fois que je rencontrais les deux libéraux. Eddy fit les présentations. J'eus droit aux accolades et on me donna rapidement du « Jocelyn ». Brandone me fit savoir que Coderre était secrétaire d'État et que Gagliano, en plus d'être ministre des Travaux publics et des Services gouvernementaux, occupait d'importantes fonctions dans le Parti libéral relativement à la caisse électorale. Il était responsable politique du gouvernement de Jean Chrétien pour le Québec. Les noms de Gagliano et de Coderre m'étaient familiers, d'autant que Gagliano avait été ministre du Travail, mais la construction est beaucoup plus liée à l'Assemblée nationale qu'à la Chambre des communes. C'était la première fois que je rencontrais ces personnages, et c'est bien dans le but d'essayer de débloquer le dossier du chômage que j'avais accepté.

« La discussion s'engagea. Les deux représentants des libéraux, enfin c'est ce qu'ils prétendirent, avaient pour mandat d'explorer une piste de solution pour régler le sort des chômeurs. Il n'était pas dans mon intention de marchander. Je leur répétais que nos principales exigences étaient connues puisque chaque parlementaire en avait reçu copie. Il me paraissait impératif de faire comprendre aux parlementaires fédéraux qu'il ne s'agissait pas d'une position de la FTQ-Construction, mais bien d'un consensus provenant des travailleurs de l'ensemble des secteurs d'activité économique qui vivaient la précarité au quotidien.

« Après discussion, Coderre et Gagliano me confièrent qu'ils étaient eux-mêmes convaincus du bien-fondé des demandes des travailleurs. Dans les faits, les libéraux voulaient que la FTQ-Construction mette un terme aux moyens de pression et ne tienne pas de manifestation dans le comté du premier ministre le samedi précédant la tenue du scrutin. En échange, Coderre et Gagliano s'assureraient qu'une annonce officielle du Parti libéral serait faite en région, à l'effet que des modifications législatives allant dans le sens des demandes de la FTQ-Construction seraient apportées dès l'ouverture de la nouvelle session parlementaire. Ils s'engageaient à faire part à Jean Chrétien et à Paul Martin des résultats de notre rencontre.

« Pendant ce temps, explique encore Jocelyn, Gilles Duceppe du Bloc Québécois avait à nouveau communiqué avec moi et désirait s'entretenir avec les travailleurs de la construction en région. Nous avions prévu que la FTQ-Construction se présenterait au chantier de l'aluminerie à Alma. Le Saguenay–Lac-Saint-Jean était probablement la région la plus mobilisée sur l'assurance-emploi. À Alma, nos syndicats avaient un réseau de délégués efficaces. Nous pouvions entre autres compter sur Roger Valcourt, de la FIPOE, qui, tout au long de la lutte devant nous mener à l'obtention de modifications à la loi, sut garder le cap et empêcher certains débordements. Je savais que c'était exactement l'espoir qu'entretenaient ceux qui avaient pour objectif de saborder notre programme de revendications. La pire situation eût été que les travailleurs perdent leur crédibilité en raison d'un dérapage.»

ALMA, 21 NOVEMBRE 2000

Le 21 novembre 2000, pendant que Jocelyn Dupuis, à Montréal, poursuivait les négociations avec les libéraux, je me rendis au chantier d'Alma accompagné de Robert Paul et de Gino Morin. Robert Paul avait encore excellé dans son travail d'information et de mobilisation. C'est plus de 1000 travailleurs qui nous accueillirent à la fin de la journée de travail, Gilles Duceppe, René Roy, secrétaire général de la FTQ, et moi.

L'assemblée se tenait dans le stationnement, où on avait installé un fardier du haut duquel nous pouvions nous adresser aux travailleurs. Une foule possède son âme propre, et si elle est habitée d'une forte tension, elle peut se montrer favorable aux orateurs tout autant que les rejeter. Heureusement, ceux qui devaient s'adresser aux travailleurs possédaient une expérience des foules agitées. Il faut ajouter que les membres de la FTQ-Construction ont un plus grand respect de leur institution et de leurs officiers que d'autres syndicats.

Il me revenait de présenter le cahier de revendications de la FTQ-Construction et de faire le point sur l'ouverture dont les libéraux semblaient faire preuve. À défaut de s'entendre avec ces derniers, on se donnait rendez-vous à Shawinigan le samedi 25 novembre. Satisfaits des renseignements obtenus, les travailleurs se dispersèrent.

Sur le chemin du retour, le téléphone sonna. Nous traversions le parc des Laurentides; il devait être approximativement 22 h. J'entendis Jocelyn à l'autre bout du fil. À l'époque, les communications n'étaient pas très bonnes dans cette région du Québec.

– Je viens de rencontrer Coderre. Les libéraux acceptent nos demandes.

– Ça veut dire qu'il faut démobiliser avant samedi. Mais on ne peut le faire avant que les libéraux en aient fait publiquement l'annonce.

Au travers des grésillements, Jocelyn me confirma qu'il leur avait donné un délai très court pour réagir.

Robert Paul, Gino Morin et moi nous sommes aussitôt mis au téléphone afin d'aviser les organisateurs en région que nous avions une entente avec les libéraux du fédéral et que la manifestation du 25 novembre serait annulée dans les heures à venir. Après quelques appels, il nous a fallu se rendre à l'évidence: seul l'appareil téléphonique de Gino parvenait à capter les ondes dans le parc. C'est lui qui a fait 90 % des appels téléphoniques. Avec son appareil, la réception était excellente. Et il en a payé le prix, dans tous les sens du terme.

MONTRÉAL, 23 NOVEMBRE 2000

Deux jours plus tard, nous attendions encore que les libéraux fassent leur annonce. Jocelyn continuait de presser Gagliano et Coderre. Ceux-ci n'étaient pas faciles à joindre en période électorale. Puisque la consigne formelle de mettre fin à la manifestation de Shawinigan n'avait toujours pas été donnée, la pression demeurait sur les libéraux.

De cette journée du 23 novembre, je me souviens principalement de deux événements: d'abord, je reçus un appel téléphonique de Jocelyn me prévenant qu'un haut responsable de la permanence du Parti libéral communiquerait avec moi afin de fixer les détails de notre entente. Puis, confirmant les dires de Jocelyn, j'ai eu l'appel du bureau de la permanence des libéraux. On m'annonça que Denis Coderre, en visite dans les régions de la Côte-Nord et de Charlevoix, ferait l'annonce de modifications précises à la Loi de l'assurance-emploi. J'ai immédiatement communiqué avec Jocelyn pour lui apprendre la nouvelle et lui résumer le contenu de mon échange avec la permanence.

Par la suite, je communiquai avec des représentants syndicaux et des membres de la FTQ-Construction de la Côte-Nord, du Bas-Saint-Laurent et de Charlevoix afin qu'ils accueillent le secrétaire d'État Denis Coderre s'il se présentait dans leur région et qu'ils prennent bien note du contenu de sa déclaration. En fin de journée, la Gaspésie et la Côte-Nord étaient en liesse : Coderre s'était engagé au nom des libéraux à apporter des modifications substantielles à la Loi sur l'assurance-emploi. Ce dernier avait bien choisi la région pour faire son annonce. Dans sa déclaration, il traitait conjointement de la Côte-Nord et du Bas-Saint-Laurent. Ces deux régions sont toujours fortement frappées par le sous-emploi. On utilise abusivement de leurs ressources, et on les abandonne quand les perspectives semblent plus alléchantes ailleurs.

À Baie-Comeau, Coderre remercia ceux qui avaient fait des représentations, dont Mme Marjolaine Gagnon, la candidate libérale de Charlevoix. Il affirma : « Nous allons trouver des solutions. [...] Les travailleurs saisonniers, ça nous tient à cœur. C'est le Bloc qui a bloqué. » Il s'engagea à agir vite, au lendemain même de l'élection. Il souligna l'intervention d'Alfonso Gagliano dans le dossier. Quant à Mme Gagnon, elle assura que « l'assurance-emploi a[vait] été son cheval de bataille depuis le début de la campagne[120] ». Quelques heures plus tard, Coderre renouvelait son engagement à Sept-Îles en présence des travailleurs de la

120. Hovington, Raphaël. « Les Libéraux s'ouvrent aux changements », *Plein Jour*, 24 novembre 2000.

construction, de Denis Ross, représentant de la section locale 9 des charpentiers-menuisiers, et du candidat libéral Robert Labadie.

La permanence du Parti libéral me rappela durant la journée pour s'assurer que nous avions pris connaissance des déclarations de Denis Coderre. Au cours de l'échange, j'ai compris que l'organisation libérale du comté du premier ministre était en mode panique, et il m'a fallu plus d'une fois confirmer l'engagement de la FTQ-Construction de démobiliser.

Forte de l'engagement public des libéraux, la FTQ-Construction tint parole. La manifestation devant avoir lieu dans la circonscription électorale de Jean Chrétien fut annulée. Restait à ceux qui s'étaient prononcés de tenir leur engagement : les yeux de 100 000 travailleurs de la construction, peu importe leur allégeance syndicale, étaient rivés sur Denis Coderre.

UN BIEN PAUVRE PETIT HOMME

La FTQ-Construction avait pris l'engagement ferme d'obtenir des bonifications au régime universel d'assurance-emploi ; nous ne voulions laisser aucune échappatoire au gouvernement. Mais loin de nous l'intention de négocier un régime avantageux pour les travailleurs de la construction en oubliant le reste de la population. Nous avions bien l'intention de mettre le rapport de force établi au service de l'ensemble de la collectivité. À 10 h le 29 décembre 2000, Jocelyn Dupuis, Pierre Labelle et moi nous sommes présentés au bureau de comté de Denis Coderre afin que ce dernier nous précise la voie qu'entendait prendre le gouvernement nouvellement élu pour faire face à son engagement. En raison de la dissolution de la Chambre suivie de l'élection d'un nouveau gouvernement, le projet de loi devait être de nouveau introduit au feuilleton. Il ne nous restait plus qu'à attendre le dépôt.

Le projet de loi fut effectivement déposé en chambre en février 2001, cette fois sous la cote C-2. À notre grande surprise, aucune des modifications annoncées par Denis Coderre n'était intégrée au projet de loi. Tout était à refaire... Nous avions été manipulés et dupés par Coderre et Gagliano.

Jocelyn eut quelques conversations énergiques avec Coderre. Selon ce dernier, nous devions présenter un mémoire lors des audiences portant sur l'étude du projet de loi et tout serait réglé. Il en avait rajouté en disant que l'important était de faire une bonne démonstration devant le comité de la Chambre et le tour serait joué, tout serait OK.

Jouant le jeu de la pseudo-démocratie, nous avons présenté notre mémoire et chacune de nos revendications le 13 mars 2001. La démonstration dut être efficace ; les associations de construction à travers le Canada et la délégation du Nouveau-Brunswick et de Terre-Neuve, dont la population vit sensiblement les mêmes conditions précaires, s'étaient déplacées pour nous féliciter. Il ne restait donc à Coderre qu'à respecter son engagement.

Politiquement, afin d'obtenir des modifications à la loi, nous pouvions mettre de l'avant les excuses du premier ministre Chrétien dans les Maritimes, l'engagement public d'un ministre, M. Gagliano, d'un secrétaire d'État, M. Coderre, et du cabinet fédéral. Ces derniers nous avaient affirmé en privé disposer des garanties du premier ministre et du ministre des Finances. De nombreux candidats s'étaient aussi commis auprès de la population en général, surtout dans les régions où les gouvernements ne disposaient d'aucun plan de relance économique.

Il devenait clair que les amendements de 1996, qui devaient mener à une « meilleure employabilité », se révélaient un échec puisque les Canadiens continuaient, faute d'emplois disponibles, à recourir au régime de prestations. Un document émanant de la Direction de la recherche parlementaire et publié le 5 février 2001 nous donne raison.

« En présentant de nouveau la mesure législative (le projet de loi C-2, auparavant C-44), le gouvernement confirme que certaines des réformes visées en matière d'assurance-emploi n'ont pas permis d'atteindre les objectifs stratégiques énoncés en 1996. [...] les réformes de 1996 n'ont pas réussi à réduire le recours « fréquent » à l'assurance emploi[121]. »

Et plus loin :

« Pour dissuader les prestataires de recourir fréquemment au programme, le gouvernement avait décidé en 1996 de réduire les prestations de ceux qui touchent régulièrement des prestations d'assurance-emploi au lieu de prélever auprès des employeurs des cotisations qui tiennent compte de leurs habitudes en matière de licenciement (c.-à-d. que les entreprises qui licencient fréquemment auraient dû payer des cotisations plus élevées). [...] Il est intéressant de noter que la ministre [Jane Stewart] estime que certaines de ces réformes ont eu un effet punitif sur les travailleurs saisonniers et sur les femmes[122]. »

En clair, cela signifie que le gouvernement avait pleinement conscience de pénaliser les travailleurs de la construction, puisque les périodes de chômage sont caractéristiques de l'industrie. Même la ministre du Développement des ressources humaines, Jane Stewart, savait que le régime était injuste, mais choisissait de poursuivre dans la même voie.

---

121. *Projet de loi C-2 : Loi modifiant la Loi sur l'assurance emploi et le règlement sur l'assurance emploi (Pêche)*, Direction de la recherche parlementaire, Bibliothèque du Parlement, Rédaction Kevin B. Kerr. Division de l'économie, 5 février 2001, page 1.
122. *Op. cit.*, page 6.

LE MENSONGE PAIE, MAIS PAS L'ASSURANCE-EMPLOI

Le 3 avril 2001, Jocelyn et moi avons rencontré Claude Dauphin, conseiller principal pour le Québec auprès du ministre des Finances du Canada, Paul Martin, et Jane Stewart, ministre du Développement des ressources humaines. Les informations livrées par Stewart et Dauphin à cette occasion se résument à ceci : Denis Coderre et Alfonso Gagliano n'ont jamais eu le mandat de se prononcer de quelque manière que ce soit sur l'assurance-emploi. Mme Stewart a dit tout ignorer des démarches que les deux politiciens auraient pu entreprendre auprès de nous. Quant au discours de Claude Dauphin, il semblait émaner d'une personne mise en orbite avant 1999. Les deux libéraux ont traité Gagliano et Coderre de menteurs et d'autres qualificatifs plus explicites les uns que les autres.

Un ministre et un secrétaire d'État du gouvernement fédéral nous avaient donc approchés sans mandat, tout en prenant des engagements au nom de Jean Chrétien et de Paul Martin. Coderre n'avait-il pas affirmé, sur la Côte-Nord, avoir rencontré Jocelyn ? « Hier soir, avait-il dévoilé en grande primeur, le ministre Alfonso Gagliano rencontrait MM. Jocelyn Dupuis et Eddy Brandony [sic] à Montréal[123]. » Il n'avait sans doute rien à dire lors de cette rencontre ? Pourquoi avait-il fait joindre Jocelyn Dupuis au milieu de la nuit ? Quand ils font de l'insomnie, Coderre et Gagliano ont-ils l'habitude de lancer des invitations nocturnes ?

Au cours de la même période électorale, de nombreux députés ou candidats libéraux ont fait des sorties publiques, dénonçant le régime d'assurance-emploi. Se pourrait-il que personne n'en ait entendu parler au Parti libéral ? Devait-on comprendre que ces députés ou candidats s'étaient permis de faire de telles déclarations de leur propre chef, sans avoir préalablement obtenu l'aval du parti ? Ai-je rêvé les entretiens téléphoniques que j'ai eus avec

---

123. Hovington, Raphaël. « Les Libéraux s'ouvrent aux changements », *loc. cit.*

la permanence du Parti libéral, alors que je devais décider s'il fallait maintenir ou non les manifestations dans les jours précédant le scrutin ? Et l'état de panique des membres de l'équipe électorale du comté du premier ministre Jean Chrétien, c'était une mascarade ? J'avais échangé avec tout ce beau monde et maintenant, on nous affirmait que jamais la question de l'assurance-emploi ne s'était rendue aux oreilles des ministres Stewart ou Martin, ou encore du premier ministre Chrétien ? Quelle bande de faux jetons !

NOUVELLE ÉTAPE

Il nous fallait donc poursuivre le travail sans rien attendre de la part de ceux qui nous avaient menti ou de celle qui avait conscience de l'aspect punitif de son régime, mais ne bronchait pas. Le rapport de la Commission de la chambre fut rendu public en mars 2001 et son contenu fit l'unanimité. Pour les travailleurs au statut précaire et pour la population abandonnée à son sort en région, c'était une grande victoire. La justesse de nos propos et la rigueur de notre analyse avaient permis de convaincre l'ensemble de la députation, y compris l'aile allianciste et conservatrice du Parlement, du bien-fondé de nos revendications.

C'était toutefois la fin de session parlementaire, et le temps jouait en notre défaveur. Le 12 juin 2001, en compagnie d'un membre du Bloc Québécois, j'ai tenu un point de presse afin de hâter le gouvernement d'agir.

Gilles Duceppe, alors chef du Bloc, questionna en chambre la ministre :

« Monsieur le Président, ce matin en conférence de presse, M. Richard Goyette, du conseil de la FTQ-Construction, a déclaré que le secrétaire d'État au Sport amateur s'était engagé, durant la campagne électorale, à procéder à une réforme en profondeur de l'assurance-emploi qui irait bien au-delà de l'actuel projet de loi C-2.

« Est-ce que le secrétaire d'État au Sport amateur, celui qui, sur la Côte-Nord, s'est engagé devant les chômeurs au nom du gouvernement, aura le courage aujourd'hui de se lever et d'indiquer si ses promesses électorales se limitaient à faire adopter le projet de loi C-2[124] ? »

La veille, Michel Gauthier du Bloc avait fait une intervention en chambre, remémorant aux libéraux l'engagement pris par Coderre et rapporté dans les pages du *Soleil* du 9 novembre précédent :

> « […] après l'élection d'un gouvernement libéral majoritaire, nous allons rétablir le processus et nous assurer que les changements soient propices, et répondent en majeure partie aux réalités et aux besoins de la population du Saguenay–Lac-Saint-Jean. »

Pour sa part, Gilles Duceppe avait dénoncé « le vol organisé » de la caisse de l'assurance-emploi. Quant à Jane Stewart, ministre responsable, elle déclarait travailler « à mettre en place un système qui permettra de les aider quand ils se retrouvent sans travail sans que ce soit de leur faute ». Dans l'une de ses interventions, elle ajoutait « qu'il ne s'agit pas que de verser des prestations d'assurance-emploi, mais aussi de créer de vrais emplois. Quand les députés de ce parti finiront-ils par le comprendre[125] ? ».

Un point de presse s'est tenu à Ottawa. Le porte-parole du Bloc et moi y avons repris le même discours que depuis le début. Le journaliste Jules Richer de la Presse canadienne rapporte :

---

124. http://www.parl.gc.ca/37/1/parlbus/chambus/house/debates/077_2001-06-12/han077_1420-f.htm
125. *Débats des Communes*, 11 juin 2001, pages 4902 à 4905.

« M. Coderre s'est défendu en affirmant que rien n'est exclu pour le moment. "J'attends la réponse de la ministre Stewart au rapport du comité parlementaire", a-t-il expliqué en entrevue. À son avis, les promesses de la campagne électorale tiennent toujours, mais l'examen des changements proposés n'est tout simplement pas terminé. [...] Même son de cloche de M. Gagliano. "Nous avons maintenu à 100 pour cent nos engagements, a-t-il dit. Le comité vient de finir son travail et de déposer son rapport. Il faut donner le temps à la ministre pour l'étudier[126]." »

Denis Coderre, Alfonso Gagliano, Jean Chrétien, Marjolaine Gagnon, Robert Labadie et Jean-François Rouleau s'étaient affichés publiquement en faveur de modifications majeures à l'assurance-emploi. Pourquoi faire montre de tant d'insouciance dans un dossier aussi important pour des dizaines de milliers de travailleurs ? Le mensonge, la duplicité et la manipulation régnaient clairement en maîtres au cœur de ce gouvernement.

UNE DEMI-VICTOIRE

L'« affaire de l'assurance-emploi » se conclura au milieu de 2001 par des modifications législatives intégrées au projet de loi C-2. À la FTQ-Construction, Jocelyn et moi avions obtenu certains gains, dont une indexation du taux de prestations, l'abrogation de mesures pénalisant les salariés, des adaptations favorisant l'admissibilité aux prestations en faveur des prestataires des régions plus durement touchées, une augmentation de 10 % du taux de prestations pour les travailleurs de la construction aux prises avec la précarité d'emploi, etc. En dépit de tout, le bilan n'était pas si mal.

---

126. Richer, Jules (PC). « Le Bloc s'associe à la FTQ pour améliorer l'assurance-emploi », *La Tribune*, 13 juin 2001, page C-1.

Sous réserve d'une seule exception: ni Jocelyn ni moi n'avons plus jamais eu de contact avec un député ou un ministre libéral fédéral. L'exception tient encore une fois à Eddy Brandone qui, le 25 novembre 2002, passa en coup de vent au bureau de la FTQ-Construction afin de nous inviter à un dîner où nous pourrions rencontrer l'«aile gauche» du Parti libéral. Ferions-nous une dernière tentative pour les chômeurs? Pourquoi pas!

Le repas se tenait dans un restaurant situé dans la rue Saint-Laurent, dans la Petite Italie. Sur place, quelle ne fut pas notre surprise de constater que l'«aile gauche» du parti était représentée par Sheila Copps, qui, pur concours de circonstances, préparait sa course à la chefferie du parti. Encore une fois, le hasard faisait bien les choses chez les libéraux! Que pouvait bien faire Brandone avec ce parti, lui qui, tout comme nous, avait été si bien berné? À ce jour, la question demeure.

CHAPITRE 8

Le jour où l'on ferma
le Québec

*Une cage allait
à la recherche d'un oiseau.*
FRANZ KAFKA

Au cours des cinquante dernières années, notre société a préservé nombre d'aspects qui lui sont singuliers, mais a également
subi d'importantes modifications. Nous oublions facilement qu'il
n'y a pas si longtemps, il fallait payer d'importants frais médicaux
en cas d'hospitalisation, pour un accouchement par exemple. Qui
se souvient que jusqu'en 1964, la femme mariée devait obtenir la
permission de son époux pour signer un contrat, ouvrir un
compte d'épargne, être propriétaire et gérer ses propres biens ? De
même, si une femme désirait adhérer à une association ouvrière,
elle devait au préalable obtenir l'accord de son conjoint légitime.
Le cinéma, la télévision et la littérature modèlent la réalité du
passé à partir de valeurs d'aujourd'hui, et l'écoulement du temps
fausse notre perspective.

Un gouvernement a toujours le pouvoir de remettre en question les acquis d'une société. Ainsi, en 2009, le gouvernement
fédéral adoptait la Loi sur l'équité dans la rémunération du secteur public. Cette loi retirait aux travailleurs le droit de présenter
une plainte en matière d'équité salariale à la Commission des
droits de la personne. Le travailleur devait dorénavant s'adresser à
la Commission des relations du travail. Si son syndicat l'aidait ou
le représentait dans sa démarche, une amende de 50 000 $ lui
était imposée.

C'est pour protester contre l'exercice d'un tel pouvoir que nous avons décidé, le 12 novembre 2003, de fermer le Québec.

LA VISION DE L'ÉTAT DE JEAN CHAREST : UN RETOUR EN ARRIÈRE

L'État au service de ses citoyens n'a pas été instauré par le monde des affaires. Rarement avons-nous vu un collectif formé des membres de la magistrature, des corporations professionnelles, des chambres de commerce et du Conseil du patronat défiler dans les rues afin d'obtenir des autorités politiques un plus juste partage de la richesse, de s'opposer à la réduction des prestations des régimes de retraite, de se prononcer contre la privatisation des soins de santé ou de mener d'autres luttes sociales.

Non par grandeur d'âme ou par esprit de partage, mais plutôt par crainte de désordres sociaux, les gouvernements se sont vus contraints de donner du lest en créant un régime de sécurité sociale (assurance maladie, retraite, pension, assurance-emploi, accident du travail, etc.). Cela ne les empêche pas de reconsidérer leurs engagements dès qu'ils en ont la chance. Sous le couvert d'une rationalisation économique de la mission de l'État, ils entendent programmer le sabotage en règle des services aux citoyens.

En vingt ans, de 1984 à 2004, en dollars constants, le salaire moyen des Canadiens a diminué de 0,5 %, alors que les profits des corporations canadiennes ont augmenté de 100 %. En 1940, les corporations versaient 62 % des impôts nécessaires au fonctionnement de l'État québécois et les particuliers, 38 %. En 2004, les corporations ne versent plus que 12 % des impôts et les particuliers, 88 %.

Au cours de l'année qui suivit son élection, Jean Charest annonça ses couleurs en tenant son engagement électoral de réduire le taux d'imposition des corporations. Par contre, il ne donna pas suite à sa promesse de réduire l'impôt des particuliers de 25 %. Prétextant vouloir remettre le Québec sur le chemin de la prospérité, son gouvernement signifia sa nette intention de s'attaquer aux régimes sociaux et au Code du travail. Cette « réingénierie de l'État » passait par la mise en valeur des partenariat-public-privé (PPP) et par la privatisation de divers domaines relevant du secteur public, dont la santé. Un moyen comme un autre pour le gouvernement de faire profiter de ses largesses les donateurs de la caisse électorale. Un grand retour en arrière.

Pourquoi une bonne part de nos élites politiques ont-elles ce réflexe du colonisé qui consiste à reproduire la pensée politique du modèle américain de la période Reagan, ou du modèle britannique de Thatcher, qui ont pourtant mené à l'échec ? Pourquoi vendre nos acquis sociaux en matière de soins de santé et d'éducation, ou encore privatiser Hydro-Québec ? L'expérience des PPP ne s'était-elle pas révélée économiquement douloureuse, au point que l'administration qui en faisait la promotion avait dû être démantelée ? Les soins de santé représentent au Québec 20 milliards de dollars en services. Si on les privatise et que l'exploitant privé fixe sa marge de profit à 10 %, il empochera annuellement 2 milliards de dollars de profits. Qu'adviendra-t-il des personnes qui ne pourront s'offrir le « luxe » d'être soignées ou de faire soigner les membres de leur famille ? Il n'est pas étonnant qu'aux États-Unis, la principale cause des faillites personnelles soit attribuable aux coûts des soins de santé privés.

UNE AUTRE VISION DE L'ÉTAT

À la FTQ-Construction, nous avions évidemment une vision radicalement différente de celle du gouvernement Charest à propos du rôle de l'État et de ses orientations sociales. En novembre 2004, presque un an jour pour jour après que le gouvernement du Québec eut déposé le projet de loi n° 31 visant à dé-syndiquer une partie de sa population, le prof Lauzon produisait un texte sur le sujet:

> «Saviez-vous qu'en Europe du Nord, des pays comme la Finlande et la Suède ont un taux de syndicalisation beaucoup plus élevé que le Québec et que, malgré de "sérieux handicaps", la Finlande, la Suède, le Danemark et la Norvège se situent respectivement premier, troisième, quatrième et sixième au niveau de la compétitivité mondiale, selon le classement de l'organisme patronal World Economic Forum, tel que rapporté dans le journal *La Presse* du 14 octobre 2004 sous le titre "La compétitivité du Canada recule"? C'est drôle qu'avec un taux de syndicalisation d'environ 80% dans des pays comme la Suède et le Danemark, contre seulement 34% au Canada et 38% au Québec, ces pays sont nettement plus performants que le Canada, qui se classe au seizième rang mondial[127].»

Au moment d'écrire ces lignes, l'École nationale d'administration publique (ENAP) vient de produire une étude démontrant qu'il y a constance et que dix ans après les textes de Lauzon et de *La Presse*, les mêmes conclusions s'imposent. Selon Stéphane Paquin, professeur et titulaire de la Chaire de recherche en économie politique internationale et comparée qui a participé à l'étude:

> «Le langage commun, chez bien des économistes, est que les pays qui ont un haut niveau de taxation, de syndicalisation et d'intervention étatique risquent de s'en sortir dans un contexte de mondialisation. Or, sur une période de 30 ans, les pays scandinaves s'en sont mieux sortis que les États-Unis et la plupart des pays d'Europe occidentale, ce qui ferait plutôt d'eux des modèles à suivre[128].»

---

127. Lauzon, Léo-Paul. *Contes et comptes du prof Lauzon III*, Montréal, Éditions Michel Brûlé, 2007, page 98.
128. Desrosiers, Éric. «L'exception scandinave», *Le Devoir*, 8 mai 2013, pages B1-B2.

Le bilan général des pays scandinaves demeure le suivant : un produit intérieur brut (PIB) par habitant plus élevé, une productivité accrue, des surplus commerciaux, un niveau d'inégalité parmi les plus faibles des pays développés et un taux d'endettement public inférieur à 52 % de leur PIB. Pas mal pour des pays dont le taux de syndicalisation atteint 80 % ! Pour leur part, le Canada et les États-Unis font piètre figure avec des taux d'endettement respectifs de 82 % et de 91 %, et une incapacité à offrir une large panoplie de services à l'ensemble de leurs citoyens[129].

LE PROJET DE LOI N° 31 : L'AMORCE DU CONFLIT

Le 13 novembre 2003, Michel Després, ministre du Travail, fit la présentation en chambre du projet de loi n° 31 ayant pour objet de modifier le Code du travail. Ce dépôt représentait l'un des premiers jalons de « l'État minimum » inspiré par Monique Jérôme-Forget, alors présidente du Conseil du trésor. Cette exécrable théorie économique de la droite radicale s'avérera une faillite totale dont découlera la perte de 40 milliards de la Caisse de dépôt et placement.

J'avais eu l'occasion d'observer les conséquences de l'administration déficiente de Monique Jérôme-Forget alors qu'elle occupait le poste de présidente de la CSST. Sa gestion du dossier des travailleurs ayant subi une lésion professionnelle avait créé une marée de contestations. Nous savions maintenant à qui nous avions affaire, et nous devions mettre un frein au projet de Charest de démantèlement de l'État. Le dépôt du projet de loi n° 31, qui en constituait le premier jalon, nous fournit cette occasion.

129. Paquin, Stéphane, Jean-Patrick Brady, Pier-Luc Lévesque et Luc Godbout. *Indicateurs économiques et sociaux. La performance au Québec et dans les pays scandinaves*, Note de recherche, Chaire de recherche du Canada en économie politique et comparée et École nationale d'administration publique, Université de l'administration publique, mai 2013, 18 pages.

Le projet de loi n° 31 favorisait la désyndicalisation d'une partie de la population, la multiplication de la sous-traitance et la révision à la baisse du contenu des conventions collectives. Bien que les travailleurs de la construction ne soient pas touchés directement par ce projet de loi, nous savions, à la FTQ-Construction, que nous ne sortirions pas indemnes des avancées gouvernementales. Deux options s'offraient à nous : freiner l'État impitoyable, ou le laisser briser la vie de milliers de personnes. La FTQ-Construction choisit de s'engager à fond.

Dès l'appel de la FTQ à la mobilisation contre le projet de loi n° 31, la FTQ-Construction proclama l'état d'urgence et procéda à la mobilisation générale. Ce travail stratégique relevait de la compétence de Robert Paul. Le mandat spécifique que nous avions reçu de la FTQ consistait à fermer la principale porte d'entrée du port de Montréal. Les entrées des ports de Québec et Trois-Rivières le seraient également.

La fermeture d'un port international constitue une nouvelle qui se répercute aux quatre coins du globe. Les ports sont de juridiction fédérale et non provinciale, mais un gouvernement provincial n'aime pas particulièrement attirer l'attention du monde entier sur la gestion déficiente de son espace social. Cela renvoie une image négative de son administration. L'instabilité rend les investisseurs et les clients nerveux. Un grand collectif composé des centrales syndicales et des groupes communautaires s'était engagé à ne pas laisser la lutte être traitée comme un simple conflit local, mais à en faire un débat à caractère national.

RÉFLEXIONS SÉDITIEUSES AVEC LE SYNDICAT DES POLICIERS

La veille du dépôt du projet de loi n° 31, le 12 novembre, le premier syndicat à communiquer avec moi fut la Fraternité des policiers et des policières de Montréal (FPPM). J'en connaissais plusieurs dirigeants pour avoir siégé à différents comités avec certains de leurs délégués.

Ce matin-là, je reçus un appel de Pierre-David Tremblay, vice-président exécutif de la Fraternité. Il désirait obtenir le texte du projet de loi. Je ne devais entrer en possession du texte définitif que le lendemain, mais je connaissais l'essentiel des nouvelles dispositions qui devaient être introduites au Code du travail. Je me rendis au syndicat des policiers afin d'en discuter avec lui. Pierre-David devait en prendre connaissance avant de proposer une piste de réflexion lors d'une réunion que devait tenir l'Ordre des conseillers en ressources humaines et en relations industrielles agréés du Québec. Il croyait que je pouvais lui être utile dans le cadre de l'analyse qu'il devait produire.

Sachant que le projet de loi serait déposé le lendemain, j'avais demandé à un représentant de la région de Québec de passer à l'Assemblée nationale et de m'en faire parvenir une copie. Je transmis le document à de nombreux représentants de divers syndicats ainsi qu'à Pierre-David Tremblay. Par la même occasion, je lui fis parvenir le communiqué de la FTQ, Henri Massé devant faire un point de presse quelques heures plus tard. Cet envoi fut suivi d'une longue discussion téléphonique avec Tremblay sur la portée du projet de loi et sur les conséquences sociales engendrées par la politique gouvernementale visant le démantèlement de l'État.

Au fil de mes nombreuses discussions avec les représentants de la Fraternité, j'ai souvent abordé une question qui me paraissait déterminante si on ne souhaitait pas voir se rééditer les frasques survenues lors des événements d'octobre 1970. Nous discutions du point de rupture, pour un syndicat comme celui des policiers, entre les ordres que doivent suivre ses membres et les intérêts de ces mêmes membres à titre de citoyens. En cet automne 2003, dans la lutte qui s'engageait entre la population du Québec et le gouvernement, les policiers demeuraient, au-delà de leur engagement professionnel, des pères ou des mères, des conjoints, des enfants, bref, des citoyens préoccupés par le sort de ceux qui les entourent.

Pourquoi le syndicat des policiers demeurait-il indéfectiblement corporatiste et ne se prononçait-il jamais sur les grands enjeux sociaux? Les officiers syndicaux de la FPPM n'en avaient-ils pas ras-le-bol de voir leurs membres frapper les citoyens ou être frappés à leur tour lors d'affrontements? Ne remettaient-ils jamais en question les fondements sur lesquels s'appuie l'action d'un gouvernement, d'autant plus qu'à l'époque ce dernier s'était mis 70 % de la population du Québec à dos? De tels propos étaient-ils séditieux? Je ne le crois pas. Les syndicats ne sont pas nés de l'ordre et leur mission demeure de l'interroger. Le 18 novembre, je reçus le document d'analyse de Pierre-David Tremblay. Il ne représentait pas l'opinion du gouvernement.

Le 2 décembre, j'eus la même discussion avec Denis Monette, secrétaire-trésorier de la Fraternité. Denis est un spécialiste en déminage qui a fait carrière au SWAT du SPVM. Il a conscience de la valeur de la vie humaine. Au cours de sa longue carrière, il a été en présence de toute la douleur que le mal peut générer au quotidien. Avec quelques-uns de ses confrères, dont Daniel Moisan, je le classe parmi les plus lucides de ce monde trouble à la recherche d'un «envers de la médaille», comme ils le disent si bien. Certains êtres nous réconcilient avec l'absurdité de l'ordre; Denis et Daniel font partie de ceux-là.

Mon rôle n'était pas d'organiser un colloque sur la légitimité du recours à la force ou sur le droit à la résistance. Je désirais tout simplement mettre en évidence la déraison du geste du ministre Després.

MOBILISATION

Au cours des jours suivants, Robert Paul et Jocelyn maintinrent la pression sur l'équipe de mobilisation. Il fallait s'assurer d'être en nombre suffisant pour tenir le port de Montréal totalement clos durant trente heures sans interruption. Pour cela, nous devions prévoir des équipes principales, des équipes de relève, du transport, des repas et tout ce qui est nécessaire en soutien et logistique pour réussir une telle opération. Nous savions que si une opération policière devait avoir lieu, elle se ferait vraisemblablement dans le secteur de la porte principale. Jocelyn Dupuis avait pris l'engagement que ni la porte principale du port, ni les portes secondaires ne seraient enfoncées par les forces de l'ordre.

Une équipe de choc fut donc formée, dont la mission était de résister à tout assaut, quelles que soient les conséquences. Sous aucun prétexte elle ne devait abandonner «la place». Jocelyn, qui a toujours apprécié être sur le terrain, prit la direction de cette équipe dont je faisais aussi partie. Éternel optimiste peu sensible à la pression, il n'avait aucun doute sur la réussite de notre opération. Toute l'organisation, du côté de la FTQ-Construction, se fit dans le plus grand secret.

Je n'avais même pas prévenu Loulou, mon épouse, de l'endroit où je me rendais dans la nuit du 11 au 12 décembre et de ce qui devait se passer durant les heures qui allaient suivre. Elle eut bien un doute au moment où elle entendit les informations à la radio en se rendant au travail. Mais le temps jouait pour elle aussi, qui était déléguée syndicale de son unité. Elle devait par la suite être libérée et se retrouver sur une autre ligne de piquetage située à notre gauche, pour une bonne partie de la journée et de la soirée.

EMBARGO AU PORT DE MONTRÉAL : LA GRANDE PERTURBATION SYNDICALE

Le 12 décembre 2003, avant l'aube, nous étions environ 500 travailleurs membres de la FTQ-Construction à fermer l'accès principal du port de Montréal, sous la pluie et dans le froid. La rue Notre-Dame ne déversait pas encore son flot matinal intense de véhicules. Nous avions le temps de mettre en place nos installations composées principalement d'un abri temporaire, de barils, de combustible pour nous réchauffer et de tout le matériel nécessaire pour tenir un siège de trente heures.

Notre stratégie se limitait à laisser entrer les camions et leur chargement, mais à rendre impossible leur sortie par la suite. Bon nombre de camionneurs avaient déjà été prévenus de l'embargo, d'autres pas. Bientôt, les tracteurs, remorques, semi-remorques et trains routiers avaient envahi les lieux; l'espace disponible sur le port devint inexistant. À l'extérieur, les véhicules lourds faisaient le pied de grue sur la rue Notre-Dame. Puis, le passage fut fermé. Le compte à rebours était déclenché: nous devions tenir ce blocus jusqu'au lendemain matin.

Les médias diffusèrent l'information et, à son réveil, le Québec entier apprit que les ports de Montréal, Québec et Trois-Rivières étaient paralysés, de même que le transport routier. La route 173 vers Chibougamau, la route 132 desservant le Bas-Saint-Laurent, la route 138 à l'est de Port-Cartier et bien d'autres encore furent fermées par des centaines de personnes, et pas uniquement des travailleurs syndiqués, comme on eût pu le croire. Même si les services à la population n'étaient pas touchés, la direction du CHUM prit la décision d'annuler des centaines de rendez-vous et près d'une centaine d'interventions chirurgicales. Tout le personnel syndiqué des services de santé demeura cependant au travail pour desservir l'ensemble de la population à travers le Québec.

LA DÉROUTE POLICIÈRE

Un peu avant 7 h, des autopatrouilles du SPVM se stationnèrent sur le côté nord de la rue Notre-Dame, face à nous. Une vingtaine de policiers en sortirent et s'équipèrent de leurs « outils de travail »: casques blancs à visière, boucliers, matraques, etc. Constitués en formation, ils nous firent face. Les membres de notre équipe firent de même et enfilèrent leur équipement. Lors de cette opération, des membres de la section locale 301 des cols bleus regroupés de la Ville de Montréal[130] s'étaient joints à nous sur la première ligne de choc. Aucun avis ne nous fut donné de libérer les lieux. Les policiers traversèrent la rue Notre-Dame dans un ordre impeccable, frappant de leur matraque sur leur bouclier afin de nous apeurer. Mais nous avions vu à de multiples reprises cette pathétique mise en scène, tant et si bien qu'elle n'eut aucun effet sur notre troupe.

Le premier coup vint des policiers. Mal leur en prit. La mêlée fut brutale mais ne dura qu'un instant. Leurs ailes droite et gauche furent simultanément débordées et bon nombre de policiers se retrouvèrent genoux au sol. Leur centre ne pouvait tenir la pression. Jocelyn, Robert et Pierre Morin[131] occupaient le centre du premier rang, j'occupais la deuxième ligne immédiatement derrière Jocelyn. Mieux vaut savoir qui couvre ses arrières. Gérard Paquette[132] était derrière moi. Ce dernier devait avoir en banque, à lui seul, autant d'heures de manifestations que l'ensemble des policiers réunis qui nous faisaient face.

Immédiatement, nous avons donné l'ordre de reculer car, à la différence de ceux que nous affrontions, jamais dans une manifestation nous ne frappons avant d'être agressés. Encore moins ceux qui sont par terre. Les policiers partirent cahin-caha et remontèrent dans leurs véhicules comme si rien ne s'était produit. Consternant.

Dans l'après-midi, alors que nous avions quitté temporairement les lieux, je me permis d'appeler Pierre-David Tremblay, du syndicat des policiers, afin de l'informer que le SPVM avait mis en danger la sécurité et l'intégrité physique de ses membres alors que ce n'était pas du tout nécessaire. Mon intervention visait uniquement à éviter que le conflit ne soit exacerbé. Jocelyn s'étant

---

130. La section locale 301 est affiliée au Syndicat canadien de la fonction publique. La FTQ-Construction a mené plusieurs luttes communes avec différentes sections locales affiliées au SCFP durant nos années de direction.
131. Pierre Morin était à l'époque directeur général adjoint de la FIPOE. Il occupera le poste de directeur à l'organisation à la FTQ-Construction à partir de janvier 2008.
132. Gérard Paquette est conseiller technique à l'AMI.

engagé à n'abandonner le terrain sous aucun prétexte, mieux valait passer le message : si les forces policières voulaient jouer les dures, nous n'aurions d'autre choix que de répondre coup pour coup. J'avais rempli ma mission d'ambassadeur auprès de ceux que je croyais, à raison, préoccupés du sort réservé à leurs membres, comme je l'étais du sort des miens. Je jugeai qu'il y avait un imbécile incompétent en liberté à Montréal et qu'il portait des galons ; il devenait impératif, pour les deux camps, qu'on le sache.

DEUX GRUES SE SONT ÉCHAPPÉES !

En fin d'après-midi, je reçus un appel téléphonique du groupe de travailleurs qui avait la responsabilité de tenir la porte du port qui se trouvait sur notre gauche. Une information provenant d'une conversation captée sur les ondes ciblait l'endroit comme une position faible que les policiers pouvaient investir sans difficulté.

« Pourquoi ne pas rendre une petite visite à nos amis ? » suggéra Jocelyn. Il était 18 h.

Quelques minutes plus tard, nous étions sur place afin d'évaluer la situation. La porte était tenue par un groupe composé principalement de femmes, employées de bureau et secrétaires, dont mon épouse Loulou faisait partie. Cette équipe n'avait pas eu le privilège d'être informée du programme de la journée, afin que soit préservé l'effet de surprise. Le froid et la pluie mêlée de neige n'avaient rien pour renforcer le moral des troupes. Comment éviter un affrontement inutile avec les policiers et colmater définitivement cette brèche ? nous demandaient Claude Paquette et Daniel Gamelin, officiers du syndicat sur place. Nous ne pouvions affaiblir les autres positions de la FTQ-Construction en transférant une partie de nos militants à cette porte.

« Des grues, lança Jocelyn, grutier dans l'âme. On va installer des grues. »

L'épisode est célèbre, l'aventure épique, le résultat éloquent. Deux grues de trente-cinq tonnes furent empruntées et dirigées vers le port. Mais le plus difficile restait à faire. Tout le périmètre était désormais sous haute surveillance policière. Déplacer deux grues de trente-cinq tonnes de couleur jaune clair dans une zone sécurisée risquait d'attirer l'attention. Yves Dérosby, directeur du syndicat des grutiers, et Albert Hamel, opérateur de métier et militant syndical, se chargèrent de l'opération. Sur le plan opérationnel, Dérosby et Hamel faisaient face à des scénarios limités : pas de solution de rechange, pas de place à l'erreur. L'approche des mastodontes se fit prudemment. Mais une fois dans le secteur, le rythme changea. Les opérateurs transformèrent leur grue en bolide, ce qui n'est pas la caractéristique première de ce type de machine.

La circulation étant fermée sur la rue Notre-Dame, c'est donc à contre-sens que nos virtuoses du slalom réussirent, tout en évitant les autopatrouilles, à mener les appareils à bon port, sans jeu de mots. Inutile d'ajouter qu'une telle entreprise est unique dans les annales de l'histoire de Montréal. Immédiatement, les grues furent positionnées en diagonale et hissées sur leurs stabilisateurs, et les clés disparurent du tableau de bord. Déplacer ces grues devenait mission impossible avant plusieurs heures. La porte était sécurisée. Les manifestantes pouvaient quitter les lieux, transies et trempées. «Salut Loulou ! On se voit plus tard», dis-je à mon épouse en quittant la barricade.

Ces femmes mal équipées, soumises au froid et à la neige, étaient demeurées sur place jusqu'à la relève sans se plaindre ni s'impatienter, alors qu'un assaut des forces policières se profilait à l'horizon. Et tout ça pour une question qui ne les concernait pas au premier chef. Elles le faisaient pour les autres. Il fallait un sacré courage. «L'audace et la détermination, ça ne se vend pas au kilo», devions-nous conclure.

PAS DE REPOS POUR LES INSURGÉS

En soirée, les nouvelles nous parvenant de toutes les régions du Québec étaient des plus encourageantes. Nous avions l'appui de la population en général, car le message avait bien passé. Autobus, camions de transport, camions d'incendie, camions de service d'Hydro-Québec, ambulances, automobilistes : tous les chauffeurs de véhicules nous encourageaient sans cesse, en klaxonnant. Je n'avais pas vu de pareil appui à un mouvement populaire depuis nombre d'années. Au centre-ville de Montréal, une manifestation de plus de 40 000 personnes s'était tenue devant les bureaux du premier ministre Charest. La suite des événements allait nous donner raison.

La relève arriva comme prévu à la porte principale. On facilita son installation et lui fit un résumé des activités de la journée qui n'avaient pas été couvertes par les médias. Il était temps pour nous de quitter les lieux. Nous avions quatre heures pour nous reposer. Peu de temps après que j'eus intégré mon lit et fermé les yeux, le téléphone sonna. « Salut ! Il faut y retourner, me dit Pierre Morin. La SQ semble prendre position ; on a reçu un appel de la FTQ. » J'avais dormi quarante-cinq minutes.

Quelques instants plus tard, Pierre, Robert, Jocelyn et moi étions en route vers le port. La situation avait évolué. Le service de police avait posté un nombre impressionnant de véhicules pour limiter l'accès aux installations portuaires et isoler les manifestants ; il nous était donc difficile de retourner à la porte principale. Mais, toujours à la recherche de chantiers camouflés, les représentants syndicaux de la construction connaissent bien leur territoire. Pour se déplacer, ils bénéficient d'une sorte de sixième sens. Lorsqu'on n'avait pas accès à une entrée de voie rapide ou à une artère importante en raison d'un barrage policier, il ne nous restait qu'à jouer les touristes perdus. Il ne nous fallut que quelques minutes pour nous rendre à la porte principale.

Sur place, nous constatâmes que les manifestants n'étaient pas en nombre suffisant. Il nous fallait malgré tout tenir jusqu'à 5 h du matin, heure prévue de l'arrivée de renforts. Pour ne pas risquer d'être assaillis, chacun de nous fit quand même quelques appels afin de renforcer la ligne. La pluie et la neige avaient heureusement cessé, mais le temps froid et humide persistait.

DÉMOBILISATION

L'aube, suivie de l'aurore, puis du jour amena un peu de soleil. Nous n'avions pas eu à subir la charge qu'on nous avait prédite. Il ne nous restait que quelques heures à tenir. L'équipe de jour arriva en renfort. Parmi ses membres, je reconnus Serge Dupuis et François Patry, avec un groupe de menuisiers, et Gérard Paquette avec une troupe de manœuvres.

Il devait être 7 h ou 8 h lorsque l'on apprit qu'une voiture avait pris feu près du lieu où nous étions stationnés. Dans les minutes qui suivirent, un second véhicule fut incendié à la sortie du tunnel Louis-Hippolyte-La Fontaine. Jocelyn et moi avons compris immédiatement que quelque chose ne tournait pas rond. Depuis plus de vingt-huit heures, la totalité des manifestations à travers le Québec s'étaient tenues pacifiquement et dans l'ordre, malgré certaines provocations policières. Sur le barrage de la route 175, des agents de la SQ avaient trouvé amusant de frapper avec leurs bottes le devant des jambes de manifestantes, des infirmières, qui occupaient le premier rang. Que signifiaient ces voitures incendiées ?

Jocelyn envoya un émissaire aviser nos confrères de la section locale 301, qui occupaient à notre gauche un point névralgique, qu'à notre avis la situation était en train de tourner à l'aigre. Consigne fut donnée de procéder à la démobilisation. En quelques minutes, le matériel fut remballé et, dans l'ordre, les contingents de manifestants quittèrent les lieux. Jocelyn, Robert, Pierre et moi fûmes les derniers à partir. Notre mission était accomplie avec succès.

Pourquoi avons-nous pris la décision de démobiliser deux heures avant l'échéance, et pourquoi avons-nous été les derniers à quitter les lieux ? Tout simplement parce que des agents provocateurs de la Sûreté du Québec, eh bien, ça existe encore ! Durant les manifestations du Sommet de Montebello en 2007, des agents de la SQ déguisés en manifestants, habillés de noir et armés de pierres ont été démasqués par le président du Syndicat canadien de l'énergie et du papier (SCEP) et par des membres de ce syndicat. Le même phénomène s'est produit lors des manifestations à Montréal[133]. Si des actions ne proviennent pas de nous, elles proviennent forcément de nos adversaires.

À la fin de la manifestation, Henri Massé, président de la FTQ, déclara lors d'un point de presse :

« Je n'ai pas vu du monde choqué de même à la FTQ depuis 1972, et je suis sûr que c'est pareil ailleurs. Les secteurs privé et public sont dans la rue ensemble, bravant une température de chien. Le message est clair, le mécontentement est généralisé. Pour l'instant, c'est court, mais on va revenir avec un programme d'action en janvier ou février[134]. »

MANIFESTATION DEVANT L'ASSEMBLÉE NATIONALE : UNE SÉANCE DE MATRAQUAGE ÉVITÉE

Le 15 décembre 2003, mettant fin aux débats et au processus démocratique, le gouvernement du Québec imposa le bâillon à la Chambre et adopta le projet de loi n° 31. Afin d'exprimer à

---

133. http://www.youtube.com/watch?v=pqbHOtskVtI et http://www.ledevoir.com/societe/justice/239350/agents-de-la-sq-pris-en-flagrant-delit et http://www.radio-canada.ca/regions/ottawa/2007/08/23/007-SQ-reax-youtube_n.shtml et http://www.youtube.com/watch?v=SDfTpcISO20
134. Castonguay, Alex. « Prochaine étape : la grève générale », *Le Devoir*, 12 décembre 2003.

nouveau leur mécontentement à l'endroit des libéraux, la FTQ et les autres centrales syndicales organisèrent une manifestation devant l'Assemblée nationale à Québec. Ce jour-là, la température ne fut pas notre alliée. Une énorme tempête de neige s'abattit sur le Québec, couvrant le sol d'une accumulation de plusieurs dizaines de centimètres. Partis de Montréal en autobus, nous apercevions en chemin un nombre incalculable de camions, d'autobus et d'autres véhicules qui avaient quitté la route. Le chauffeur souhaita rebrousser chemin, mais nous nous étions engagés à être présents et nous avons continué à rouler vers Québec.

Devant l'Assemblée nationale, une foule était massée sur le trottoir et les parterres envahis de neige. Nous sommes arrivés au moment où Henri Massé devait commencer son intervention. Bien que le rassemblement fût des plus calmes, un de nos représentants entendit un officier de la SQ aviser ses hommes qu'ils allaient charger la foule parce que des personnes lançaient des balles de peinture sur l'immeuble gouvernemental. Informé de la situation, Jocelyn s'adressa à l'officier en lui faisant remarquer que la foule ne faisait montre d'aucune volonté d'affrontement ni de démonstration de violence. Elle se composait de nombreuses femmes et d'hommes et plusieurs étaient accompagnés d'enfants. Le tout se déroulait dans une atmosphère sympathique dénuée de toute agressivité.

Les policiers n'avaient aucune excuse pour se livrer à une séance de matraquage sur des personnes dont le seul crime était de s'exprimer démocratiquement devant l'Assemblée nationale. Jocelyn s'adressa à l'officier : « Si jamais des personnes innocentes sont violentées sans motif par vos policiers, les futures manifestations devant mettre face à face des agents de la SQ et des membres de la FTQ-Construction se joueront selon NOS règles. Soyez assuré qu'on ne sera pas là pour chanter des petites chansons ou crier "SO ! SO ! SO ! SOLIDARITÉ !". »

Redevenu raisonnable, l'officier nous demanda simplement de voir à ce que les manifestants ne vandalisent pas l'immeuble.

Ces manifestants ne faisaient pas partie de nos membres, mais il fut néanmoins facile de les convaincre de mettre un terme à l'envoi de projectiles. Nous nous interrogeons toujours : les lanceurs de peinture jouaient-ils le jeu de la provocation pour créer, à l'intention des policiers, un motif valable de charger la foule ?

UN BILAN POSITIF

L'opération se termina sur un bilan plutôt positif. Les membres de la FTQ-Construction avaient joué le rôle qu'on leur avait confié. Nous avions tenu nos engagements envers la FTQ et l'ensemble de la population non syndiquée. Bien que le gouvernement ait adopté la modification au Code du travail, les libéraux de Charest furent beaucoup plus prudents dans la réalisation du saccage de l'État. Au cours des mois qui suivirent, le gouvernement libéral devait pourtant se révéler le plus impopulaire de l'histoire du Québec.

La cage se refermait lentement sur de bien vilains oiseaux. Elle se meubla au cours des années qui suivirent de pigeons, d'autruches, de perroquets et de vautours.

CHAPITRE 9

Une loi vendue au plus offrant

Je ne me sens absolument pas concerné
par la morale de l'establishment.
Il s'agit là [...] d'un code politique
déguisé en code moral.
GERRY ADAMS

La Loi sur la construction est semblable à un gruyère qui comporterait autant de trous que de fromage. Saviez-vous que les travaux routiers doivent obligatoirement être effectués par un entrepreneur en construction, exception faite de ceux destinés aux mines et aux papetières? Saviez-vous que toutes les installations mécaniques[135] d'un centre hospitalier ou d'un institut d'enseignement doivent obligatoirement être effectuées par un entrepreneur en construction, mais qu'il n'en va pas de même pour l'installation de la machinerie de production[136] dans une raffinerie de pétrole, une papetière ou une scierie?

Comment l'industrie de la construction en est-elle venue à de telles incohérences? Pourquoi le champ d'application de la Loi sur la construction[137] continue-t-il de rétrécir comme peau de chagrin, privilégiant principalement des entreprises du secteur

---

135. Par exemple, la ventilation ou le chauffage.
136. Les installations qui servent à produire des biens ou des produits commerciaux, tels les cuves, la tuyauterie, les pompes et moteurs.
137. De son vrai nom, la Loi sur les relations du travail, la formation professionnelle et la gestion de la main-d'œuvre dans l'industrie de la construction (L.R.Q., c. R-20). En raison de la longueur du nom, nous simplifions sa désignation par «Loi sur la construction».

industriel qui n'affichent pourtant pas des bilans financiers déficitaires?

Dans sa plus simple expression, le champ d'application de la Loi sur la construction désigne «à qui» et «à quoi» s'applique la loi. Et à qui s'applique-t-elle? Aux salariés de la construction et aux employeurs professionnels[138]. À quoi s'applique-t-elle? Aux travaux de fondation, d'érection, d'entretien, de rénovation, de réparation, de modification d'un bâtiment ou d'un ouvrage de génie civil exécuté sur un chantier.

L'exemple suivant présente les complexités que pose la réponse à la simple question: «Dans le champ d'application ou non?»

UN ENJEU MAJEUR : LE DOSSIER DE L'ENLÈVEMENT DE L'AMIANTE DANS LES IMMEUBLES

Au début des années 1990, de vastes programmes d'enlèvement de l'amiante (désamiantage) dans les immeubles sont apparus au Québec. La question s'est donc posée: ce travail était-il ou non assujetti à la Loi sur la construction? Faisait-il ou non partie de son champ d'application? Le problème se présenta à moi de la manière suivante. On m'informa que bon nombre d'entreprises et de salariés hors construction étaient présents illégalement sur les lieux de travail. Ces personnes s'affairaient à enlever l'amiante contenu dans des immeubles lors de travaux de rénovation, de modification ou de démolition. Les travailleurs affectés à cette tâche étaient mal équipés, mal outillés, portaient peu ou pas d'équipement de protection individuelle et travaillaient en espadrilles. «C'est l'enfer, sur ces chantiers!» me disait-on. Je fus saisi du dossier.

---

138. La loi distingue «employeur professionnel», celui qui fait habituellement des travaux de construction, et «employeur», quiconque qui fait exécuter des travaux par un salarié.

Ma priorité était de faire assujettir les travaux de désamiantage à l'industrie de la construction. Précisons que lorsque des travaux étaient assujettis à la Loi sur la construction en cours d'exécution, les contrats avec les employeurs étaient maintenus et les travailleurs ne perdaient pas leur emploi, ni n'étaient remplacés par d'autres. Ils devaient simplement appliquer les règles qui régissent l'industrie.

Aussitôt les travaux assujettis, les normes de sécurité devenaient plus faciles à faire appliquer. Finis les masques respiratoires en simple papier, le travail sur des échafauds mal installés, l'absence de douche et la contamination des immeubles. Sans douches ni vestiaires à leur disposition, les travailleurs conservaient de la poussière d'amiante sur eux et sur leurs vêtements. Ils contaminaient ainsi sans le savoir les véhicules du service de transport en commun qu'ils utilisaient ou leur propre véhicule, et emportaient jusqu'à leur domicile la fibre de ce dangereux produit. Pis encore, mal informés par leur employeur, nombre de travailleurs ne portaient aucune protection, croyant enlever de la mousse isolante d'urée formaldéhyde.

Au moment d'entreprendre ses travaux, le comité technique sur l'amiante, présidé par la CSST, représentait des intérêts divergents. Les entrepreneurs se divisaient en deux groupes : ceux qui désiraient continuer à agir en toute liberté, et ceux qui souhaitaient que les travaux de désamiantage soient civilisés et assujettis à la loi. Les entreprises aspirant à l'assujettissement désiraient une main-d'œuvre spécialisée et un contrôle de la sécurité, afin de voir baisser leur taux de cotisation à la CSST en raison de l'accroissement du nombre de cas de maladies professionnelles. Brusquement, la croissance des coûts d'indemnisation devenait source d'ouverture à la mise en place de normes de sécurité…

Les travailleurs trouvaient leur compte à intégrer l'industrie : ils pourraient profiter de conditions de travail et d'un salaire décents, ainsi que de l'application de normes de sécurité. En raison du tarif minimum versé et de l'insalubrité des lieux de travail, les employeurs recrutaient constamment une nouvelle main-d'œuvre et la formaient, mais cette dernière abandonnait rapidement l'emploi en raison des conditions d'exercice.

Les propriétaires d'immeubles du secteur privé avaient pour leur part intérêt à ce que le travail ne soit pas assujetti à la Loi sur la construction, les coûts demeurant ainsi plus bas. Puisque ce n'étaient pas eux qui avaient des problèmes de recrutement de la main-d'œuvre ou de relations de travail, ces propriétaires ne voyaient aucun intérêt à mettre de l'ordre dans le secteur.

Le secteur public était lui aussi divisé. Le ministère de la Santé et des Services sociaux du Québec avait reçu le mandat de produire des recommandations sur les mesures appropriées d'information à la population et de protection de la santé publique. Quant au ministère des Ressources naturelles et de l'Énergie du Québec (MRNEQ), il avait développé une politique d'utilisation accrue et sécuritaire de l'amiante chrysotile au Québec. En août 1993, la Société nationale de l'amiante reçut même une subvention de 23 800 000 $ de la part du MRNEQ pour les années financières 1993 et 1994.

Quant au ministère de l'Éducation, il avait ses propres préoccupations. Il lui fallait obtenir du même Conseil du trésor des budgets pour faire enlever l'amiante contenu dans les murs, les plafonds ou les planchers des institutions d'enseignement. Désirant limiter les coûts, le ministère de l'Éducation et les commissions scolaires octroyaient les contrats aux plus bas soumissionnaires. Si le ministère pouvait sauver la face en prétextant qu'il n'était pas informé de ce qui se passait exactement dans les établissements sous sa garde, certaines commissions scolaires et directions d'école furent vertement dénoncées pour leurs agissements négligents.

En effet, lors de la réouverture des écoles en août 1996 et 1997, plusieurs enseignants remarquèrent qu'une fine poussière blanche recouvrait les bureaux et les pupitres. S'informant de la raison de la présence de cette poussière, ils apprirent que leur direction avait profité de l'été pour faire enlever l'amiante des murs et plafonds de l'école[139]. Les entreprises non assujetties au champ d'application, qui ne respectaient donc pas les normes de sécurité, n'avaient pas pris les précautions d'usage. La poussière d'amiante s'était propagée partout dans les écoles en question. La ventilation ayant continué à fonctionner durant l'opération de désamiantage et les classes n'ayant pas été correctement isolées ni tenues sous pression négative, les fibres d'amiante avaient investi l'ensemble des bâtiments. De telles pratiques inadéquates faisaient exploser les coûts ; il ne s'agissait plus uniquement d'enlever l'amiante sur les murs, mais de nettoyer l'ensemble du bâtiment de toute trace de poussière cancérigène. Bientôt la nouvelle se propagea, et un tollé de protestations provenant des parents fit la une des médias lorsque ceux-ci prirent connaissance des pratiques de l'administration scolaire[140].

Le dossier de l'enlèvement de l'amiante montre bien comment une question simple au départ peut engendrer une réponse complexe, aux ramifications sociales et économiques d'une ampleur insoupçonnée. D'abord lié intimement au monde du travail, ce dossier se métamorphosa bientôt en un sujet brûlant concernant l'ensemble de la collectivité.

Au nom de la FTQ-Construction, j'entamai une lutte essentiellement sociale qui débordait et de loin des intérêts des travailleurs de la construction. Ce n'était pas la première fois que la FTQ-Construction menait une lutte sociale dont personne ne faisait mention. Les travailleurs qui mènent ces luttes sont pourtant les mêmes que certains prennent plaisir à dénigrer et à appeler les fiers-à-bras quand ils défendent leurs conditions de travail.

139. http://www.lapresse.ca/dossiers/la-controverse-de-lamiante/201203/03/01-4502118-amiante-dans-les-ecoles-la-fille-dune-victime-reclame-un-meilleur-depistage.php
140. http://www.mels.gouv.qc.ca/CPRESS/cprss99/bilan.htm

UNE LOI QUI SE RÉDUIT COMME PEAU DE CHAGRIN

La Loi sur la construction heurte d'importants intérêts économiques. C'est pourquoi son champ d'application, qui définit ce qui doit être considéré ou non comme des travaux de construction, subit les assauts répétés des groupes de pression qui désirent en être exclus. Parmi ceux-ci, on retrouve principalement l'industrie minière, l'industrie de la foresterie et de la papeterie, et celle de la métallurgie.

Maints acteurs du secteur public sont aussi porteurs du même discours, dont les municipalités. Depuis l'adoption de la Loi sur la construction en 1968, plusieurs types de travaux ont été exclus du champ d'application. Ces exclusions ont-elles été faites pour servir l'intérêt des citoyens du Québec, pour favoriser de puissants lobbies ou afin de plaire à des amis du pouvoir à des moments particuliers?

Lors de l'adoption de cette loi, la presque totalité des travaux qui s'effectuaient sur un chantier relevait du champ d'application et était considéré comme des «travaux de construction». Les seules exclusions visaient les exploitations agricoles et les employés permanents affectés par leur employeur à des travaux d'entretien. À ce moment, le parti de l'Union nationale était au pouvoir, et sa base électorale reposait principalement sur les agriculteurs et sur le milieu rural. Maurice Bellemare, alors ministre du Travail, ne tenait donc pas à se mettre ses électeurs à dos.

Des exclusions à la loi apparurent dès 1970. Si certaines pouvaient s'expliquer, d'autres, telle l'exclusion de travaux se rattachant à l'industrie minière ou forestière, restent sujets à caution. Il faut se replacer dans le contexte de l'époque, où la «*province of Quebec*» était encore imprégnée d'une idéologie néocolonialiste. Les vieux réflexes demeuraient difficiles à mater, et nos élites politiques peinaient à donner le coup de barre qui leur aurait permis de s'affranchir de cette idéologie. «De 1966 à 1970, la concentration au sein du monopole canadien des pâtes et papiers s'est considérablement renforcée... au moins 60 entreprises de pâtes et de papiers étaient liées en 1970, soit 90 % de toute la production canadienne et 70 % de la production du papier fin[141]. » On comprend mieux le rapport de force qu'a pu établir ce secteur industriel avec le gouvernement, rapport qui lui a permis d'obtenir l'exclusion du champ d'application de la loi.

Durant les années 1970 et 1971, le gouvernement du Québec était à la recherche d'un « acquéreur » pour la forêt de la Basse-Côte-Nord. Les libéraux de Robert Bourassa étaient désormais au pouvoir. On peut le constater : les libéraux n'ont pas beaucoup changé depuis. L'exploitation du territoire au nord du 49e parallèle demeure une obsession pour eux. C'est ITT-Rayonier qui remporta le lot et se vit attribuer un territoire quatre fois grand comme le Nouveau-Brunswick. Cette entreprise, la 11e compagnie d'importance au monde, déclarait un chiffre d'affaires plus imposant que le budget du Québec. Le gouvernement de la province s'engagea pourtant à verser une subvention égale à 25 % du montant investi par ITT-Rayonier et à prendre à sa charge la construction des infrastructures, notamment les routes.

Pour le bénéfice des nouveaux investisseurs, le gouvernement exclut du champ d'application les travaux relatifs à la machinerie de production et consentit par le fait même à abaisser le niveau des conditions de travail et à réduire la rémunération des salariés de la construction. Il exclut du même coup du champ d'application les ouvriers les plus militants de la construction de l'époque, ceux du secteur industriel. Par la même occasion, il exclut la construction d'une partie des lignes de transmission d'électricité d'Hydro-Québec. Cette dernière exclusion n'était pas étrangère à la politique de vente des matières premières du Québec à des intérêts étrangers, qui avaient besoin d'électricité à bas prix pour faire fonctionner leurs usines.

---

141. Union des travailleurs du papier et du carton façonnés. *Les tigres de carton*, Montréal, Éditions québécoises, 1971, page 45.

Du 17 au 19 mars 1971, le General Council of Industry of Quebec fut présent au pavillon du Québec de l'Annual Institutional Investor Conference. La publicité de ce groupe, parue dans la revue *Institutional Investor*, montrait une carte du Québec dont la texture représentait un sol rocheux attrayant pour les entreprises minières. Le texte était explicite : « *The province of Quebec offers unique opportunities for the investor. It is incredibly rich in natural ressources and enjoys an abundance of vital a hydroelectric power.* »

En 1971, dans la mise en œuvre de son plan d'ensemble visant l'exploitation du territoire par les Américains, le gouvernement exclut du champ d'application les travaux d'installation, de montage, de réparation et d'entretien de la machinerie de production[142] s'ils étaient faits par un employeur non professionnel, c'est-à-dire qui n'appartenait pas au milieu de la construction.

Le gouvernement compliqua l'interprétation du champ d'application en prévoyant que si un employeur professionnel obtenait un contrat, les travaux seraient considérés comme des travaux de construction. Cependant, dans le cas contraire, celui qui obtenait le contrat n'était pas tenu de verser la rémunération négociée. L'entreprise de construction qui désirait faire ses travaux « hors construction » et réduire la rémunération et les autres conditions de travail de ses salariés n'avait qu'à constituer une deuxième entreprise qui n'était pas « de construction » et à faire exécuter les mêmes travaux à rabais.

Conclusion : le gouvernement du Québec finança son plan de développement en diminuant les conditions de travail des salariés. Ce sont eux et non les multinationales richissimes qui, en définitive, acquittèrent la facture des infrastructures et permirent la réduction du coût relatif à la machinerie de production.

---

142. À titre d'illustration, on entend par machinerie de production la machinerie qui, dans une usine, un atelier ou un autre lieu, sert à la production de biens : une chaîne de montage, l'appareillage de toute sorte, les machines-outils, etc.

DES EXCLUSIONS SOIGNEUSEMENT PLANIFIÉES
POUR LE PLAN NORD

Le lundi 13 février 2012, j'accompagnai le directeur général de la
FTQ-Construction, Yves Ouellet, au Palais des congrès, où le premier ministre du Québec Jean Charest procédait à la présentation
du Plan Nord. L'auditoire se composait principalement de gens
d'affaires intéressés par la mise en valeur de cet immense espace
de notre territoire.

Le premier ministre avait une mine superbe. Excellent orateur, il fut ce jour-là à la hauteur de sa réputation. Jean Charest n'a
pas cette allure suffisante et hautaine propre à nombre de politiciens; c'est un bon amuseur public. Dans son discours, quelques
phrases attirèrent mon attention. Il nous apprit que la première
fois où «l'on avait parlé du Plan Nord, c'était en 2005». Selon le
premier ministre, «le nord du Québec regorgeait d'or, de nickel,
de fer, et 80 % du territoire visé n'était pas exploré sur le plan
minier. S'il voulait survivre économiquement, le Québec devait
diversifier son marché avec les États-Unis et obtenir une entente
commerciale avec l'Europe». Jean Charest ajouta que de nombreux pays émergents comme la Chine et l'Inde étaient eux aussi,
en dépit d'un ralentissement de leur économie, en grande
demande pour la fourniture de matières premières.

Il parla du territoire, de la population locale de 120 000 âmes
réparties en quatre nations, d'une nouvelle gouvernance pour les
Cris et de l'intégration des autochtones à l'emploi. Il poursuivit
en traitant «des serres maraîchères dans le nord du Québec, dont
la région de Chapais, qui devraient connaître une croissance phénoménale de leur production et qui devraient sous peu bénéficier
de millions de dollars en investissement[143]». Enfin, pour mieux
nous rassurer sur la saine gestion de l'État, le premier ministre

---

143. http://www.lapresse.ca/le-soleil/affaires/agro-alimentaire/201111/25/01-4471793-
le-plan-nord-dans-notre-assiette.php

tint à préciser que la construction des routes serait à la charge de ceux qui exploiteraient le territoire.

Rappelons que Jean Charest s'était présenté à Rouyn-Noranda le 20 janvier 2010, accompagné de Pierre Gobeil, ministre de l'Agriculture, des Pêcheries et de l'Alimentation, ministre responsable des régions de l'Abitibi-Téniscamingue et du Nord-du-Québec, dans le cadre de la tournée Cap Nord, pour entretenir plusieurs centaines de personnes sur les retombées sociales et économiques du Plan Nord. Ce plan devait amener « des occasions d'affaires additionnelles aux entreprises de la région. Parmi celles-ci, les serres nordiques permettront, entre autres, la production maraîchère et la mise en marché de produits alimentaires écocertifiés », déclara le ministre[144].

D'un seul coup, tout devint clair. Mais pour comprendre qu'encore une fois c'étaient les travailleurs de la construction qui financeraient, au moyen de pertes de salaire, le développement du nord du Québec et l'inertie des gouvernements en matière d'environnement, il faut revenir sept ans en arrière. En décembre 2005, plus précisément.

UN TOUR DE PRESTIDIGITATION DES LIBÉRAUX

Le 13 novembre 2005, Laurent Lessard, ministre du Travail, déposa à l'Assemblée nationale du Québec le projet de loi n° 135 modifiant la Loi sur la construction. On braqua volontairement les projecteurs sur les dispositions traitant de la discrimination dans la construction. Certains aspects de cette loi sont en effet plus faciles à médiatiser que d'autres, dont la compréhension exige un certain effort. Le ministre Lessard agit à cette occasion comme un prestidigitateur. Il attira l'attention ici tandis qu'il

---

144. http://communiques.gouv.qc.ca/gouvqc/communiques/GPQF/Janvier2012/20/c5705.html

agissait ailleurs. Ce jour-là, d'importantes modifications apportées au champ d'application de la Loi sur la construction furent
passées sous silence : on exclut du champ d'application « la
construction de serres destinées à la production agricole » et « les
travaux relatifs à un parc de résidus miniers ».

Les 29 novembre, 1er et 2 décembre 2005, on tint au Salon
rouge de l'Assemblée nationale du Québec les audiences de la Commission de l'économie et du travail, durant laquelle on procéda à
l'étude du projet de loi n° 135. Dans son argumentaire, Lessard
prétendit que dans le cas des serres agricoles, le principal motif
d'exclusion de la construction résidait dans leur coût. Dans le cas
des parcs de résidus miniers, l'intervention du législateur devenait
nécessaire, prétendit-il, en raison de la jurisprudence constante des
tribunaux. En effet, par le passé, ceux-ci avaient exclu systématiquement les parcs de résidus miniers du champ d'application. Ce
que sous-entendait le ministre Lessard, c'est que les tribunaux
devant décider du champ d'application de la loi et les tribunaux
supérieurs (Cour supérieure et Cour d'appel) ayant par le passé
décidé de manière constante que ces travaux étaient exclus, il devait
lui-même, à titre de ministre, les exclure du champ d'application.

QUE CACHE L'EXCLUSION DES SERRES MARAÎCHÈRES ?

Lorsque des modifications sont apportées aux lois du travail, les
associations patronales et syndicales ont généralement des opinions divergentes. Mais cette fois, dès le début des travaux de la
commission, tous les participants comprirent que les choses s'an-
nonçaient différemment.

D'entrée de jeu, l'Association des entrepreneurs en construction du Québec (AECQ) prit la parole. Cet organisme représente
l'ensemble des employeurs en construction. Mme Lyne Marcoux,
présidente de l'AECQ, déclara :

« Alors, premièrement, l'exclusion du champ d'application. [...] Nous devons encore une fois constater l'effritement du champ d'application de la loi R-20. En effet, depuis l'entrée en vigueur de la loi, l'industrie de la construction a vu son champ d'application continuer d'être amputé. Elle doit constamment lutter contre les revendications des groupes qui cherchent à s'y soustraire. [...] Le projet de loi propose l'exclusion des serres agricoles. Il faut bien voir ici qu'on ne s'adresse pas à la serre artisanale... parce qu'elle est déjà exclue dans la loi dans la définition d'"exploitation agricole". Ce que propose la modification, c'est d'exclure un certain type d'usine ou bâtiment industriel qui nécessite, lors de la construction et autre travail, autant de compétence que pour tout autre bâtiment qui se construit au Québec. Pour cette raison, nous ne pouvons être d'accord avec cette demande d'exclusion[145]. »

L'Association de la construction du Québec (ACQ), représentant les employeurs du secteur industriel, commercial et institutionnel, déclara par l'entremise de son président, Pierre Hamel :

« Les serres sont des bâtiments. Certaines sont érigées au coût de sept, huit ou même dix millions de dollars. Dire oui à un tel désassujettissement sans motif véritable, c'est renoncer à l'esprit de la loi simplement sous le poids d'un lobby. C'est inacceptable pour notre industrie. »

Robert Brown, directeur général de la Corporation des maîtres mécaniciens en tuyauterie du Québec, déclara pour sa part :

---

145. Toutes les citations portant sur cette commission parlementaire sont tirées de : 37e législature, 1re session (4 juin 2003 au 10 mars 2006), mardi 29 novembre 2005, vol. 38, n° 95 ; mercredi 1er décembre 2005, vol. 38, n° 96 ; et jeudi 2 décembre 2005, vol. 38, n° 97. http://www.assnat.qc.ca/fr/travaux-parlementaires/projets-loi/projet-loi-135-37-1.html

« Lorsqu'on examine les différentes exclusions prévues à l'article 19, il est relativement facile de comprendre les motivations derrière leur existence. Il s'agit de considérations politiques pour la plupart d'entre elles et également de motifs économiques. Dans le cas qui nous intéresse, il ne peut s'agir que de considérations économiques, à moins que des informations pertinentes nous échappent. »

Jocelyn fut encore plus catégorique en s'adressant aux membres de la commission :

« [...] le gouvernement, par du lobbyisme, par des amis politiques, je ne sais pas... On va déréglementer certains travaux, enlever la possibilité d'employabilité à nos travailleurs, c'est certain qu'on va s'opposer à ça. On ne peut pas permettre ça. »

Toutes les associations syndicales (FTQ-Construction, CSN-Construction, CSD-Construction, Conseil provincial [international] et Syndicat québécois de la Construction) et patronales (AECQ, ACQ, ACRGTQ, CMMT) concernées partageaient la même opinion : il n'y avait aucun motif d'exclure les serres du champ d'application de la Loi. Les intervenants syndicaux et patronaux savaient que la principale revendication des propriétaires de serres reposait sur un allègement du coût de l'électricité nécessaire à l'exploitation. Le gouvernement préférait donner les travailleurs de la construction en pâture.

Au moment des audiences de la commission, les porte-parole de l'industrie de la construction ignoraient tout des conditions de vie et de travail qui prévalaient trop souvent dans l'industrie des serres maraîchères une fois celles-ci construites. Un grand nombre de femmes immigrantes œuvrent dans ces installations une fois qu'elles sont en opération. Les salaires sont minables, les installations et les logements insalubres, les conditions de santé non respectées et la sécurité déficiente. Une étude produite par l'Institut de recherches et d'études féministes de l'Université du Québec à Montréal mettait en évidence ces pratiques du secteur industriel de l'agroalimentaire:

« Malgré l'échec (du moins à ce jour) de la campagne de syndicalisation et les abus dont ils sont encore souvent victimes [...], l'action conjointe des TUAC et du CATA auprès des travailleurs agricoles migrants dans les fermes maraîchères du Québec a mené à certains résultats concrets[146].

« Au-delà des luttes juridiques, il faut également souligner les "petites victoires" obtenues au jour le jour grâce à l'action menée directement sur le terrain par l'équipe du CATA, ainsi que l'impact positif que pourrait avoir la médiatisation des mauvais traitements dont sont parfois victimes les travailleurs agricoles migrants embauchés par des employeurs peu scrupuleux[147]. »

Une fois de plus, un groupe de travailleurs ou de travailleuses immigrantes serait donc exploité. Ce n'était pas nouveau pour moi; je dénonçais de telles pratiques depuis mes premiers jours dans l'industrie de la construction. Comment mettre fin à cette persistante mentalité d'exploiteur? Cette fameuse phrase de 1970 me revenait en mémoire: « *Repeat after me: "cheap labor" means* "main-d'œuvre à bon marché". » À la différence qu'aujourd'hui, elle s'applique aussi bien en français.

---

146. TUAC: Travailleurs unis de l'alimentation et du commerce. CATA: Comité d'appui pour les travailleurs migrants.

147. « Effets de la libéralisation des marchés sur les conditions de travail des Québécoises: huit études de cas », études réalisées par Marie-Pierre Boucher et Yanick Noiseux sous la direction de Dorval Brunelle, Francine Descarries et Lyne Kurtzman dans le cadre de la recherche *Les effets des accords de commerce et de la libéralisation des marchés sur les conditions de travail et de vie des femmes au Québec, 1989-2005*, Institut de recherches et d'études féministes, Université du Québec à Montréal, page 87.

Le ministre Laurent Lessard pouvait difficilement ignorer la situation qui prévalait dans le secteur agricole, y compris dans les serres. À titre de ministre du Travail, il était responsable des conditions de santé et des conditions de travail liées à l'emploi. Ces conditions persistent depuis nombre d'années et prévalent sûrement encore aujourd'hui, est-il besoin de le préciser. Comment devait-on interpréter le geste du ministre Lessard d'exclure les serres du champ d'application de la Loi sur la construction, tout en laissant se perpétuer des conditions de travail sordides et datant d'un autre âge pour les travailleuses de l'agroalimentaire? Quels intérêts défendait ce gouvernement et à qui avait-il vendu son âme?

QUE CACHE L'EXCLUSION DES PARCS À RÉSIDUS MINIERS ?

La deuxième exclusion du champ d'application de la Loi contenue dans le projet de loi n° 135 concernait les parcs à résidus miniers.

Un important débat existe présentement au Québec pour mettre un terme au *free mining* (qui donne beaucoup trop de pouvoirs aux compagnies minières par rapport aux droits des citoyens et des municipalités). Notre Loi sur l'exploitation minière est une copie de la Loi sur les mines de l'État de la Californie datant du XIXe siècle. Les conséquences de la liberté totale accordée aux minières leur permettent de recevoir et d'entreposer les sols traités et contaminés une fois le minerai extrait. Les parcs contiennent, outre le roc, les déchets qui ont servi à la production d'un produit fini, de l'acide sulfurique, des métaux lourds, de l'arsenic, du cadmium et bien d'autres produits nocifs pour l'environnement. Par exemple, le parc d'East Malartic couvre 5 km² et celui de la mine faillie de Norebec-Manitou, 2 km². Il faudra douze ans de travaux pour dépolluer le parc de Norebec Manitou. Le coût des travaux est évalué à 47 millions de dollars.

Au Québec, la superficie totale des parcs de résidus miniers équivaut à tout près de 140 km^2. Soixante-dix pour cent de ces parcs sont situés en Abitibi. Les coûts engendrés par le traitement des boues de ces parcs sont évalués à 264 millions de dollars. Certains parcs pourraient continuer à produire de l'acide durant plusieurs centaines d'années. Lorsque le projet minier à Malartic se terminera, 160 millions de mètres cubes de résidus viendront grossir l'héritage des parcs miniers du Québec. D'autres études démontrent que ce projet « coûte 50 % plus cher à la collectivité qu'il ne rapporte en impôts et en redevances[148] ».

Le rapport du vérificateur général du Québec pour l'année 2008-2009 nous apprend que :

> « Pour la période allant de 2002 à 2008, 14 entreprises n'ont versé aucun droit minier alors qu'elles cumulaient des valeurs brutes de production annuelle relative aux minerais métalliques de 4,2 milliards de dollars. Quant aux autres entreprises, [...] elles ont versé pour la même période 259 millions de dollars, soit 1,5 p. cent de la valeur brute de production annuelle déclarée par l'ensemble des entreprises. Les compagnies bénéficient de plusieurs mesures et allocations qui leur permettent de réduire leur profit, voire même de le ramener à zéro. Par exemple, pour les exercices 2006-2007 et 2007-2008, la totalité des droits miniers relatifs aux minerais métalliques a été payée respectivement par 3 des 16 et 3 des 14 entreprises productrices, et ce, malgré une conjoncture favorable[149]. »

---

148. Handal, Laura. *Le soutien à l'industrie minière : Quels bénéfices pour les contribuables ?*, Montréal, Institut de recherche et d'informations socioéconomiques (IRIS), avril 2010, 72 pages.

149. *Rapport du vérificateur général du Québec à l'Assemblée nationale pour l'année 2008-2009*, tome II, pages 2-14 (http://www.vgq.qc.ca/fr/fr_publications/fr_rapport-annuel/fr_index.aspx?Annee=2009).

Pour parvenir à ses fins, Laurent Lessard tenta, tout au long de la commission parlementaire, de convaincre les participants que l'exclusion du champ d'application des parcs à résidus miniers résulte non pas de sa volonté personnelle, mais d'une «jurisprudence constante des tribunaux». La prétention du ministre à s'appuyer sur une théorie juridique totalement fausse heurta les participants à un point tel que la majorité d'entre eux allèrent jusqu'à dire qu'il était sous la coupe d'un puissant lobby. Sa théorie d'une «jurisprudence constante» ne résistait pas à l'analyse et, dans les couloirs de l'Assemblée nationale, on invoquait sans s'en cacher la mauvaise foi du ministre. «Lessard a fait des études en droit et en notariat. Peut-il ignorer la notion simple de jurisprudence constante? Impossible!» conclurent tous les participants aux audiences.

Résumons la situation qui prévalait au moment où se tint la commission parlementaire. Dans un premier temps, une compagnie minière s'était adressée au commissaire de la construction, le tribunal compétent, pour faire exclure de la Loi sur la construction les travaux relatifs aux parcs de résidus miniers. Le tribunal avait rejeté la demande de la compagnie minière et avait plutôt donné raison aux employeurs et aux travailleurs de la construction en décidant que ces travaux relevaient de leur compétence. Mais voilà que le même dossier portant sur les mêmes faits était réinscrit devant le même tribunal. Cette fois, à la surprise générale, le tribunal changea son fusil d'épaule. Une seconde décision fut rendue et l'exclusion, acceptée. Les décisions furent portées devant les tribunaux supérieurs. Le résultat: 1 pour, 1 contre. Qui gagna au final?

Ces faits furent rappelés au ministre qui maintint sa position sur la «jurisprudence constante». Au nom de l'Association des constructeurs de route et de grands travaux du Québec, Me Christian Tétreault, avocat spécialisé dans le domaine de la construction, fit remarquer au ministre:

«Bon. D'abord, quand on parle de jurisprudence constante, il faut avoir à l'esprit qu'il y a trois décisions qui ont été rendues par le commissaire à l'industrie de la construction sur cette question-là, hein. Il n'y en a pas des centaines, là, il y en a trois. Il y en a une qui a considéré que ces travaux-là étaient assujettis à l'industrie de la construction... et il y en a deux qui ont considéré, plus récemment, que ces travaux-là n'étaient pas assujettis. Bon.»

Au nom du CPQMC (international), Me André Dumais, un autre avocat spécialisé en droit de la construction, en arriva à la même conclusion:

«Oui, écoutez, il a été dit à quelques reprises qu'une jurisprudence abondante existe en matière d'exclusion de tels travaux. Ça ne peut sûrement pas être le cas, si le législateur est en quête d'ajouter cette exclusion-là... La Cour d'appel a considéré juste deux décisions, qui émanent du commissaire de l'industrie de la construction, à l'effet que, d'une part, on avait décidé qu'il s'agissait de travaux de construction, et dans l'autre cas, que non.»

Tous les participants interrogèrent le ministre sur cette pseudo «jurisprudence constante». Le ministre s'exprima ainsi:

«Pour [les] parcs à résidus miniers, ce n'est pas venu de nulle part, cette demande-là, je regarde sur la jurisprudence actuellement, qui est assez constante, au commissaire à l'industrie de la construction qui a exclu systématiquement à peu près toutes les décisions rendues là-dessus. Alors, ça me permettrait plutôt de traduire une jurisprudence constante là-dessus...»

Plus loin:

« Mme la présidente… Quand on parle de jurisprudence constante, nécessairement c'est parce qu'il y a eu quand même des jugements qui ont pu être contradictoires, mais quand on parle de constance de jurisprudence, nécessairement c'est que la forte majorité des décisions indiquent que ces champs d'application ne sont pas couverts, et la loi vise exactement à concrétiser cette jurisprudence-là. »

En résumé, trois décisions ont été rendues. L'une est la reprise d'une décision précédente. Il y a donc eu en réalité deux décisions : l'une maintient les parcs de résidus miniers au sein du champ d'application, et l'autre les en exclut. Où est la jurisprudence constante que le ministre met de l'avant ? La définition de jurisprudence est la suivante : « La jurisprudence s'établit par la répétition de décisions distinctes qui finissent par former une suite, une série, une tendance, parce qu'elles sont toutes orientées dans le même sens[150]. » Dans le cas présent, où est la répétition ? La suite ? La série ? La tendance ? Où est l'orientation dans le même sens, puisque les décisions rendues s'équilibrent, une en faveur de l'exclusion et l'autre en défaveur ?

Me Robert Laurin qui nous accompagnait, Jocelyn et moi, lors des audiences avait représenté les syndicats de la construction dans l'ensemble des dossiers dont les tribunaux avaient été saisis sur le sujet. C'était la personne qui, au Québec, connaissait le mieux les faits et le droit sur la question. Dans le mémoire de la FTQ-Construction, il écrivit :

« La construction de digues pour les immenses bassins de sédimentation est manifestement un travail de génie civil. Le puissant lobbying de l'industrie minière a réussi à provoquer des soubresauts dans l'application de la Loi et

---

150. Centre de recherche en droit privé et comparé du Québec. *Dictionnaire de droit privé*, Montréal, 1985, page 112.

de la réglementation. Ce lobbying, du plus grand déverseur de déchets dans l'environnement, réussirait maintenant à obtenir une exclusion totale à l'égard de travaux qui sont justifiés par des objectifs écologiques.

« Une fois encore, quel est l'objectif d'une telle exclusion ? S'agit-il d'un secteur économique misérable qui n'a pas les moyens de faire face à ses obligations sociales ? »

À l'encontre de toute logique et du droit, le ministre du Travail Laurent Lessard fit adopter son projet de loi en décembre 2005. Les travaux relatifs aux parcs de résidus miniers furent donc exclus du champ d'application, et les libéraux offrirent ainsi un nouveau cadeau aux compagnies minières. « Ça empêche l'investissement à long terme[151] », disait le ministre à propos du fardeau que représente l'exécution des travaux de construction à l'intérieur du champ d'application. En définitive, c'est le gouvernement du Québec, et non les compagnies minières, qui devra faire effectuer les travaux de dépollution pour un coût de 264 millions de dollars pris à même le Trésor public. Dire que ces mêmes compagnies ont extrait des métaux de nos sols pour une valeur de 17 milliards de dollars alors que, pour la même période, elles ont versé 259 millions de dollars en redevances au gouvernement du Québec[152]... Scandaleux, non ?

Une fois de plus, le gouvernement fera financer son insouciance dans le domaine minier par une baisse de la rémunération des salariés de la construction. Le Québec vit le même régime néocolonial que celui qui avait été dénoncé dans l'affaire de SNC-Lavalin en Nouvelle-Calédonie : le gouvernement abaisse les salaires pour obtenir des investissements tout en prenant en

---

151. 37e législature, 1re session (4 juin 2003 au 10 mars 2006), mardi 29 novembre 2005, vol. 38, n° 95 ; mercredi 1er décembre 2005, vol. 38, n° 96 ; et jeudi 2 décembre 2005, vol. 38, n° 97. http://www.assnat.qc.ca/fr/travaux-parlementaires/projets-loi/projet-loi-135-37-1.html

152. *Rapport du vérificateur général du Québec à l'Assemblée nationale pour l'année 2008-2009*, tome II, pages 2-3.

charge, aux frais des contribuables, les dégâts environnementaux causés par l'exploitation minière.

ENCORE DES EXCLUSIONS POUR LE PLAN NORD

En 2011, la ministre du Travail Lise Thériault présenta son projet de loi n° 33 modifiant la Loi sur la construction et traitant entre autres du placement. À ce moment, j'étais revenu au travail à titre de conseiller à la direction à l'AMI. À la demande de la FTQ-Construction, j'avais activement travaillé à la préparation du mémoire que celle-ci présentait en réaction au projet de loi. Lors de la commission parlementaire à Québec, j'avais été invité par les journalistes sur place à me prononcer sur ces modifications. N'étant plus le porte-parole de la FTQ-Construction, je m'en tins à mon rôle de conseiller et ne me commis pas. Alors que tous les observateurs étaient obnubilés par les modifications traitant du placement, nul ne prêta l'oreille à nos dénonciations. Pourtant, on procédait une fois de plus à l'exclusion de travaux du champ d'application de la Loi sur la construction, cette fois les travaux relatifs aux chemins de pénétration, au profit du Plan Nord et de l'industrie forestière.

Pourquoi les députés et les ministres ne se posent-ils pas ces simples questions : Quelle est la conséquence de l'exclusion d'un travail du champ d'application pour ceux qui, au quotidien, gagnent leur vie en réalisant ce travail ? Quelles sont les conséquences économiques d'une telle exclusion pour les régions où s'exécutent ces travaux ?

Regardons la réalité en face : quand le gouvernement exclut du champ d'application les travaux de construction des serres maraîchères, les parcs à résidus miniers et les chemins de pénétration de l'industrie de la construction, il ne fait pas que vendre le Québec à de puissants lobbies. Il le solde.

CHAPITRE 10

Les Infréquentables

Ne commettez point de lâcheté
à l'égard de vos actions.
Ne les laissez pas en plan après coup !
Le remords de conscience est indécent.
FRIEDRICH NIETZSCHE

Dire que Jocelyn et moi avons eu, au cours de nos mandats, à rencontrer des gens venant d'horizons diamétralement opposés serait un euphémisme. Des deux représentants syndicaux d'origine italienne avec qui j'ai eu à travailler à mes premiers pas dans l'univers syndical, l'un avait fait le maquis durant la Deuxième Guerre mondiale, alors que le second avait chez lui une photo de Mussolini, affichée bien en évidence. Difficile de trouver mieux pour un projet de conciliation.

Partout et à toutes les époques, des êtres humains remarquables ont vécu côte à côte avec des individus louches ou suspects. Nous appartenait-il, à Jocelyn et à moi, de faire des procès d'intention à certains, de prendre parti pour les uns et de bannir les autres des rangs de la FTQ-Construction ? Nous croyons que non. C'est pourquoi les exclus ont toujours fait partie de notre quotidien.

Mon travail m'a conduit partout. J'ai fréquenté tous les milieux sociaux, me suis présenté à la porte d'une kyrielle d'institutions et ai participé à des débats où les représentants de la construction n'étaient habituellement pas invités. J'ai rencontré des médecins, des fonctionnaires et toutes les personnes pouvant venir en aide aux travailleurs membres de notre organisation. Au final, je les représentais devant les tribunaux si je ne pouvais résoudre autrement les litiges.

Je suis particulièrement fier d'être parvenu à faire indemniser le premier travailleur de la construction ayant déposé une réclamation d'assurance-salaire à la CCQ parce qu'il avait contracté le sida. Au début des années 1990, cette maladie était considérée par une large partie de la population comme la manifestation d'une « malédiction » ou une « peine infamante à l'endroit des transgressions sexuelles ». Socialement, ce travailleur faisait partie des Infréquentables.

Les Infréquentables, ce sont les mal-aimés, les parias, les exclus. Il y a des modes sociales dans l'exclusion ; celle-ci s'exprime de multiples façons. La race, la religion, le sexe et l'orientation sexuelle, les croyances et les opinions, le niveau d'instruction, le statut social et bien d'autres caractéristiques servent de prétextes inclusifs ou exclusifs, selon la période historique. Au hasard d'une vie, des rencontres que nous faisons, des gens que nous croisons, des personnes qui entrent en contact avec nous, nous créons des liens. Le mandat que l'on nous confie, le rôle qui nous est dévolu, les tâches qui nous sont attribuées déterminent en grande partie les cadres de ce curieux hasard.

Il sera question dans ce chapitre des Infréquentables qui ont croisé notre route. Qui sont-ils ? Immigrés, repris de justice, membres du crime organisé, hommes d'affaires influents, politiciens… Ils vivent parfois dans l'ombre, parfois sous les projecteurs. Certains sont connus, d'autres non. Voici quelques-unes des rencontres qui ont marqué notre parcours.

TRAÎTRES OU HÉROS DANS LEUR PAYS, TRAVAILLEURS ICI

À la suite de soulèvements populaires contre le régime soviétique, le Québec a connu en 1956 une vague d'immigration hongroise et, en 1968, tchécoslovaque. Plusieurs immigrants et réfugiés ont quitté leur pays d'origine pour venir s'établir au Canada. Nombre d'entre eux ont intégré l'industrie de la construction après leur arrivée. Selon l'opinion politique de chacun, ces nouveaux arrivants étaient soit des héros, soit des traîtres. Le coup d'État au Chili orchestré en 1973 par le général Pinochet et soutenu par les Américains aura amené au Québec une autre vague de réfugiés politiques. Pour les gens de droite, ceux-ci étaient perçus comme de « méchants socialistes »; pour d'autres, ils étaient ceux qui avaient rêvé d'un socialisme à visage humain.

Vers le début des années 1990, des réfugiés venant du Moyen-Orient arrivèrent au Québec. Parmi ceux-ci se trouvaient un colonel et quelques membres de sa troupe, qui avaient appartenu aux phalanges chrétiennes durant la guerre au Liban. Si on connaît les événements qui se sont produits à l'époque dans cette région du globe, on comprendra la situation dans laquelle je me trouvais au moment de représenter cette clientèle à titre de conseiller syndical. La situation était tout aussi inconfortable lorsque j'eus à représenter des travailleurs portugais qui, dans un passé récent, avaient combattu dans les rangs de l'armée coloniale, durant la guerre de libération de l'Angola ou dans d'autres conflits régionaux du continent africain.

Toutes ces personnes avaient obtenu la citoyenneté canadienne et satisfait aux exigences des services d'immigration provinciaux et fédéraux. La Commission de la construction du Québec leur avait remis un certificat de compétence et ils avaient fait le choix d'adhérer à la FTQ-Construction. Nous nous devions donc de les représenter, quelles que soient leurs opinions politiques et sociales.

EN DIRECT DU « PEN »

Les réflexions suivantes sont de Michel Foucault, qui a écrit bon nombre d'ouvrages sur l'internement et l'enfermement.

« Le casier judiciaire disqualifie d'entrée de jeu la prétention hypocrite de faire passer la prison pour un lieu de
rééducation ; […] Le système judiciaire contredit le droit au
travail : il condamne les anciens détenus au chômage, à
l'arbitraire des employeurs, aux travaux les plus exploi-
tés[153] […]. »

Pour un représentant syndical œuvrant dans l'industrie de la
construction, il s'agit là d'évidences. En raison de la mobilité des
travailleurs et du grand nombre d'employeurs, l'industrie de la
construction est un milieu propice à la réadaptation d'anciens
détenus. Habituellement, un employeur pose peu de questions
sur le passé d'un travailleur, sinon celles concernant sa compétence dans l'exercice de son métier. La vie privée présente peu
d'intérêt. Dans la mesure où nous vivons en société, ne doit-on
pas tout faire pour permettre aux anciens détenus de réintégrer le
marché du travail ? Ne doit-on pas soutenir les efforts des personnes qui ont payé leur dette à la société et sont désormais « sorties d'en dedans » ?

Vers la fin de l'année 1978 ou au début de 1979, je reçus un
appel téléphonique de Robert McSween, président du comité de
détenus du Centre fédéral de formation (CFF), un pénitencier à
sécurité minimale situé à Laval. Robert avait travaillé dans la
construction jusqu'au milieu des années 1970, moment où il fut
incarcéré. C'était la première fois que nous avions un contact personnel, puisqu'il avait quitté l'industrie avant que ne débute mon
emploi au syndicat. Il avait entendu parler du travail que je faisais
pour venir en aide aux travailleurs qui vivaient des difficultés
avec les diverses administrations. Peu de syndicats offraient une
telle gamme de services personnalisés à l'époque, et peu le font
même aujourd'hui.

---

153. Foucault, Michel. *La prison partout. Dits et écrits*, tome I, 1945-1975, Paris, Gallimard,
collection « Quarto », page 1065.

Robert m'informa que c'était lui qui m'envoyait parfois les membres de la famille de travailleurs de la construction détenus au pénitencier. Durant les premiers mois de l'année 1979, je rencontrai les membres de ce comité composé de Robert, de Pierre Lanctôt et de Sylvain Lefebvre. Avec l'accord de la direction du pénitencier, nous avons mis en place une politique pour la réadaptation des détenus libérés. Le réseau se construisit d'autant plus efficacement qu'il y avait un centre de réadaptation, dans le quartier Ahuntsic, dont le personnel était déjà en relation avec les centres de main-d'œuvre. Nous obtenions un certain succès.

Un jour du printemps 1979, un ex-détenu se présenta à mon bureau. Il m'expliqua qu'il avait suivi une formation professionnelle à l'intérieur des murs, mais que cette formation n'était pas reconnue et ne lui permettait pas d'accéder à l'industrie de la construction. On ne m'avait jamais parlé d'une telle formation. J'appris que la direction de ce pénitencier avait, de sa propre initiative, embauché des formateurs qui dispensaient des cours de menuiserie, d'électricité, de plomberie et de certains autres métiers. Dans le cadre de ce projet, les détenus construisaient, dans un grand espace aménagé à cette fin, un petit cottage.

Pour qu'une formation professionnelle soit reconnue, elle devait être dispensée par un centre de formation reconnu par le ministère de l'Éducation du Québec et être conforme à un programme prédéterminé. Ce n'était pas la première fois qu'un organisme fédéral empiétait sur les champs de compétence provinciale, mais cette fois, il le faisait au détriment de la clientèle. Ce n'était certes pas en construisant le système électrique ou de plomberie d'un cottage qu'un apprenti ferait les apprentissages prévus au programme. Il fallait agir rapidement, car au moment où les détenus apprendraient qu'on les avait bernés, il y aurait une émeute.

J'ai d'abord communiqué avec Robert pour l'informer. Il alerta le CFF. La direction du centre correctionnel réagit avec une rapidité exemplaire. Afin d'éviter que le problème prenne de l'ampleur, nous avons fixé une rencontre avec le comité de détenus le 11 avril. Les discussions survenues lors de cette rencontre aboutirent à une seule issue possible : je devais tenir une assemblée des détenus qui étaient en formation, à l'intérieur même du pénitencier. La rencontre fut fixée au 4 juin 1979. Rapidement l'information se répandit dans les cellules et les ateliers du CFF. Les détenus firent savoir aux membres de leur comité et de la direction qu'ils avaient hâte de me rencontrer. À la date convenue, je me présentai à la porte du CFF.

On me fit faire la tournée des installations et de l'équipement mis à la disposition des détenus en formation. Je pus visiter le lieu où s'effectuaient les travaux : une salle à l'intérieur de laquelle se construisait un petit bâtiment. Rien ne ressemblait moins à un chantier de construction que cette expérience sous globe. M'ayant identifié comme le porteur de mauvaises nouvelles, le responsable de la formation m'aborda. Il voulait me convaincre de camoufler la vérité, et plus spécifiquement d'omettre d'informer les étudiants que leur formation n'était pas reconnue dans le secteur de la construction. Je refusai immédiatement de me compromettre de pareille façon.

Devant mon refus, on me mena à une plus haute autorité, le directeur du CFF je crois. Ce dernier me fit les mêmes commentaires, les mêmes remontrances et me résuma la situation, qu'il qualifiait d'explosive, en ces mots : « J'ai pas envie qu'un de mes formateurs se retrouve avec un tournevis planté dans le corps. » Les autorités fédérales me demandaient de mentir à leur population...

Il n'est pas facile de décevoir les gens. Toutefois, il est souvent préférable d'être déçu par la vérité plutôt que d'apprendre qu'on a été berné. J'avais déjà fait l'expérience d'assemblées syndicales houleuses, calmé des travailleurs en colère contre leur employeur et tenu la rampe contre l'antiémeute ; je réussis à me convaincre que ça ne pouvait pas être pire.

L'assemblée des détenus débuta dans un parfait silence, ce qui voulait dire que je n'avais pas beaucoup de latitude. Si je voulais garder le contrôle de l'auditoire, il me fallait obtenir son attention dès le début et la conserver. Un facteur jouait en ma faveur : au cours des derniers mois, j'étais intervenu à de nombreuses reprises auprès de diverses administrations, dans l'intérêt de plusieurs des détenus qui étaient dans la salle ou des membres de leur famille. J'avais leur confiance. Il ne restait qu'à dire la vérité, vérité qu'ils connaissaient déjà de toute manière. Pendant que je m'adressai aux détenus, je voyais la tête des membres de la direction du CFF derrière les portes vitrées. Il n'y avait pas de sourire sur leur visage.

Les questions fusèrent de partout et bon nombre de détenus cherchèrent à blâmer quelqu'un pour leur espoir déçu. Ils avaient tant espéré travailler dans la construction au moment de leur libération. « Présumons que le personnel affecté à la formation au CFF a agi de bonne foi, leur dis-je. Si tel est le cas, il ne nous reste qu'à créer des liens permanents entre le service de réhabilitation et le syndicat. »

La réunion se poursuivit une bonne partie de la soirée sur cette prémisse. Contrairement à ce qu'avait craint la direction du centre, tout se déroula sans agressivité de la part des participants. J'avais désamorcé la situation et atteint un important objectif : nous avions un projet commun, difficile à réaliser, mais possible. Aider les gens qui le désiraient à s'en sortir était notre devoir. Pendant les mois qui suivirent, nous réussîmes ensemble à soutenir les efforts de nombreux détenus qui, encore aujourd'hui, sont totalement intégrés dans la société.

Une telle initiative fait assurément partie des réalisations dont je tire une certaine fierté. Les rencontres qu'elle m'a permis de faire ont élargi ma connaissance des êtres humains. Malheureusement, en plus du meilleur, nous avons aussi côtoyé le moins bon, sinon le pire. Paul Sauvé et son acolyte, Normand « Casper » Ouimet, font indubitablement partie de ces rencontres qu'on ne peut qualifier de mémorables…

PAUL SAUVÉ, UN BON GARS QUI « TUE LA CONCURRENCE »

Le 23 novembre 2010, on put lire sur le site Web de Radio-Canada :

> « L'entrepreneur en construction Paul Sauvé a affirmé mardi devant le comité des opérations gouvernementales des Communes que la Fédération des travailleurs du Québec (FTQ) est infiltrée par le crime organisé, et notamment les Hells Angels. "Je suis convaincu que la FTQ collabore avec les Hells Angels et le crime organisé[154]." »

Propriétaire de l'entreprise LM Sauvé, Paul Sauvé avait témoigné avec volubilité devant le comité des opérations gouvernementales des Communes qui lui avait accordé l'immunité. Il avait fait plusieurs autres déclarations spectaculaires qui furent relayées par les médias, dont il était temporairement devenu le favori. Divulgations inspirées, phrases-chocs, allégations outrancières, insinuations malveillantes : voilà qui résume bien les propos tenus par celui qui avait pour prétention de devenir le « Roi de la brique ». En 2011, il publia un livre portant sur la corruption dans la construction et, grâce à cette publication, reprit un court instant son rôle de « bon gars », de victime et de bouc émissaire.

Malheureusement pour Paul Sauvé, les médias sont féroces. Celui dont ils font un jour un héros se métamorphose le lendemain en cible à abattre. Voilà pourquoi, en novembre 2010, la FTQ-Construction ne répondit pas aux attaques de Paul Sauvé. Connaissant son histoire et sachant qu'il n'était pas la personne qu'il prétendait être, nous étions convaincus qu'il n'aurait pas l'occasion de se complaire bien longtemps dans son rôle

---

154. http://www.radio-canada.ca/nouvelles/Politique/2010/11/23/002-sauve-temoignage-parlement.shtml

d'innocente victime. Ce n'était qu'une question de temps avant que les journalistes, qu'il croyait ses alliés, ne l'immolent sur la place publique.

Faillites à répétition, salaires et autres avantages non payés à ses employés, dépenses excessives, dettes de plusieurs millions de dollars : les révélations s'enchaînèrent bien vite dans les médias. Rapidement on voulut la peau de Paul Sauvé. Était-il devenu à son tour un épouvantail pour les médias ? Qu'advenait-il des déclarations qu'il avait faites ?

Sauvé se décrivait lui-même de la manière suivante :

> « De mon côté, j'avais cannibalisé le marché de la maçonnerie en offrant les meilleurs prix. J'ai étudié le business aux États-Unis, j'ai monté mon affaire à l'américaine [...]. Mon approche était très mercantile, très capitaliste, je l'avoue, mais elle fonctionnait. [...] En cours de route, j'avais tué la concurrence[155]... »

S'étant lui-même cassé la gueule dans la mise en œuvre de son plan de développement trop agressif, il voulut convaincre le gouvernement de le remettre en selle pour appliquer à nouveau sa théorie du « cannibalisme ». Dans les faits, il visait à écraser toute concurrence en empruntant le rôle de l'éternelle victime. Ce n'est pas en vain que ses concurrents se plaignaient de l'attitude agressive dont il faisait montre envers eux. Pour réaliser son rêve américain, il lui fallait des alliés à sa mesure et, comme il le fit toute sa vie, il prit la plus mauvaise décision qui s'offrait à lui.

---

155. Sauvé, Paul. *L'industrie de la corruption*, Montréal, VLB éditeur, 2011, pages 88 et 89.

NORMAND « CASPER » OUIMET,
SURINTENDANT DE CHOC

Se laissant aller sur la dangereuse pente de la facilité et, ce faisant, se coulant lui-même les pieds dans le béton, Paul Sauvé embaucha comme apprenti surintendant Normand «Casper» Ouimet, membre influent des Hells Angels. Précisons que le titre d'apprenti-surintendant n'existe pas dans l'industrie de la construction. Un surintendant est une personne d'expérience qui assume d'importantes responsabilités quant à la gestion du personnel et à l'administration d'un ou de plusieurs chantiers. Pourquoi Sauvé aurait-il embauché Ouimet, un homme sans réelle expérience de la moyenne ou grande entreprise, s'il n'avait pas eu pour plan de contrôler la maçonnerie dans la construction? On n'embauche pas Normand Ouimet pour lui faire installer de la brique ou brasser du mortier!

Sauvé expliqua plus tard que son «nouveau personnel» avait «profité de sa candeur». Le cannibale du marché, le capitaliste pur et dur, celui qui déclarait avoir «tué la concurrence» se qualifiait maintenant de «candide»... En réalité, depuis qu'il avait invité le loup dans la bergerie, Sauvé perdait le contrôle de son troupeau.

Jocelyn Dupuis rencontra Paul Sauvé et Normand Ouimet au tournoi de golf annuel de la FTQ-Construction à l'été 2006. Ouimet était l'invité de la section locale 100 du syndicat des briqueteurs-maçons dirigé par Roger Poirier. Guy Dufour, représentant du syndicat, présenta Sauvé et Ouimet à Jocelyn. Alors que Jocelyn faisait le tour des tables pour saluer les invités, Sauvé l'informa qu'il était à la recherche de sources de financement pour son projet d'expansion. Il voulait savoir si le Fonds de solidarité pourrait être intéressé par son entreprise. Jocelyn se déclara disposé à lui expliquer les démarches qui lui permettraient d'aller plus avant dans ce projet. Pour ce faire, il l'invita à passer au bureau de la FTQ-Construction.

Cette conversation au tournoi de golf ne dura que quelques minutes. Selon mes sources, dans le cadre des enquêtes policières, Guy Dufour est le seul membre de la FTQ à avoir entretenu des contacts réguliers avec Normand Ouimet. Selon, ces mêmes sources, Roger Poirier, l'employeur de Dufour, aimait bien faire étalage de ses propres contacts avec les Hells.

Dans le long scénario proposé par Sauvé pour expliquer ses déboires, la Banque Nationale tenait un rôle de premier plan. «J'avais besoin de quelques millions pour calmer la Banque Nationale, qui me harcelait en me répétant que je n'avais pas assez de capitaux propres[156]», écrivit-il. Pour calmer la Banque Nationale, Sauvé dut prendre un partenaire en équité. Il choisit le Fonds de solidarité.

Ayant pris rendez-vous avec Jocelyn, Paul Sauvé se présenta à la FTQ-Construction accompagné de Normand Ouimet et de Guy Dufour. Sauvé expliqua à Jocelyn qu'il souhaitait bénéficier d'un soutien de la part du Fonds de solidarité, comme d'autres entreprises avant lui. Il cita l'exemple des entreprises Guay inc. et des Grues Fortier qui avaient procédé, grâce au soutien financier du Fonds, à une fusion d'entreprises. «De cette deuxième rencontre, j'ai gardé de Normand Ouimet le souvenir d'un gars poli, mais qui donnait en même temps l'impression que le monde lui appartenait, de dire Jocelyn. Je n'en fis pas de cas outre mesure, il n'est pas rare que des gens d'affaires aient ce genre d'attitude.» Jocelyn suggéra aux gens de LM Sauvé de faire appel à Jean Lavallée, qui représentait les intérêts de l'industrie de la construction au sein du conseil d'administration du Fonds et occupait le poste de président de la SOLIM, son bras immobilier.

Obtenir un financement du Fonds se fait après un long processus de sélection, et un bilan social de l'entreprise doit être produit. Dans ce bilan apparaissent le profil économique de l'entreprise et d'autres éléments. Ainsi, le Fonds s'assure que les heures

---

156 *Ibid.*, page 88.

de travail sont déclarées à la CCQ, que l'entreprise n'a pas de pratique de travail au noir, que les normes de sécurité sont observées, etc. Jocelyn avait bien avisé Guy Dufour que Sauvé devait montrer patte blanche. N'ayant pu satisfaire aux critères stricts du Fonds, LM Sauvé n'obtint pas le financement espéré.

Ce refus resta en travers de la gorge de Sauvé. Il fit donc fabriquer deux immenses toiles rouges sur lesquelles il était écrit en lettres blanches : « LM Sauvé, trois générations de maçons (qui opèrent sans le Fonds). » Les toiles furent installées, bien en évidence, au centre-ville de Montréal sur l'immeuble du magasin La Baie, où son entreprise effectuait des travaux de réfection. Pourquoi Sauvé n'a-t-il pas agi de manière similaire à l'endroit de la Banque Nationale, qui refusait de le financer au même moment ? S'il prétend que c'est un noyautage du crime organisé à la FTQ qui l'a empêché d'obtenir son financement au Fonds, doit-on en déduire que les banques et les autres institutions financières qui lui ont refusé le financement étaient aussi sous le contrôle du milieu interlope ? Ses dénonciations virulentes et mensongères ne seraient-elles en définitive qu'une vengeance mesquine ?

Selon Paul Sauvé, son entreprise faisait l'objet d'inspections régulières de la part de la CCQ et de la CSST. Selon lui toujours, Jocelyn aurait appelé le directeur du service d'inspection de la CCQ pour l'informer que « Casper » Ouimet était désormais représentant de la FTQ-Construction pour les chantiers de LM Sauvé. À partir de ce moment, toujours selon Paul Sauvé, la CCQ et la CSST auraient cessé de se présenter sur ses chantiers, jusqu'en 2011.

Comment se fait-il alors que la CSST ait produit plusieurs centaines de pages de rapports d'inspection pour les chantiers de LM Sauvé pour les années 2006 à 2011 ? On compte minimalement 18 visites de chantiers par un inspecteur de la CSST en 2006, 4 visites dans les deux premiers mois de 2007, 7 visites durant l'année 2008, 9 visites pour l'année 2009, 3 visites pour l'année 2010 et, enfin, 6 visites pour l'année 2011. Sauvé ne peut nier ces informations; il est mentionné dans plusieurs rapports d'enquête à titre de «personne rencontrée». Ces rapports portent sur des dérogations importantes aux normes de sécurité. La CSST ordonna même des arrêts de travail. Non seulement les visites se sont-elles poursuivies sur les chantiers de LM Sauvé, mais cette entreprise s'est révélée délinquante.

Pourquoi Sauvé a-t-il menti? Par esprit de vengeance une fois de plus? Pourquoi les services policiers et les représentants des médias n'ont-ils pas procédé aux vérifications d'usage afin de s'assurer de la véracité des faits allégués, avant de les rapporter comme s'ils étaient vrais? Pourquoi aucun parti politique siégeant à Ottawa n'a-t-il remis en question le témoignage de Sauvé lors des audiences du comité parlementaire? Les allégations qu'il contenait étaient pourtant totalement fausses.

Sauvé croyait que Jocelyn, à titre de directeur général, avait tous les pouvoirs dans tous les domaines. Jocelyn m'avait toutefois délégué l'intégralité du dossier de santé et sécurité à la FTQ-Construction, dossier que François Patry gérait au quotidien. Les relations avec les membres de la CSST, c'est François et moi qui les avions. On peut faire beaucoup de reproches à la CSST, et il est de fait qu'à la FTQ-Construction, nous avions de nombreux désaccords avec son administration et un lourd contentieux avec son appareil. Mais, dans la très forte majorité des cas, les inspecteurs sont des gens honnêtes qui font leur travail. Si quelqu'un tentait, avec la CSST ou la CCQ, l'approche décrite par Sauvé, cette tentative serait rendue publique immédiatement.

De plus, comment «Casper» Ouimet pouvait-il représenter la FTQ-Construction sur les chantiers de LM Sauvé, alors que celle-ci n'employait aucun représentant pour effectuer de telles visites? C'était les syndicats affiliés à la FTQ-Construction qui avaient des représentants à leur emploi. Enfin, pour clore la question, un représentant devait obligatoirement détenir une carte d'identité pour avoir accès à un chantier. Or, il est facile de le vérifier, jamais aucune carte d'identification n'a été émise au nom de Ouimet.

Les faits tels que rapportés par Jocelyn sont les suivants :

« Je n'ai revu Normand Ouimet qu'à deux ou trois reprises à la suite de notre première rencontre, au tournoi de golf de la FTQ-Construction [en 2006]. Je me souviens d'avoir fait un parcours de golf avec lui. Il s'agissait d'une activité de financement pour la maison Victor-Gadbois. Cette institution reçoit les personnes atteintes d'un cancer qui sont en phase terminale. Il n'y a là aucun mystère ; à la FTQ-Construction, j'ai toujours soutenu cette œuvre caritative. Nous avons refait le toit de la maison avec des bénévoles et effectué leurs travaux de rénovation et d'entretien.

« Mais là ne s'arrête pas notre action pour venir en aide à la communauté. Nous nous sommes engagés à construire cinq patinoires extérieures dans des quartiers défavorisés de Montréal, conjointement avec la Fondation du club de hockey Canadien pour l'enfance. Quatre de celles-ci ont déjà été livrées. Pour ce projet, l'industrie de la construction fournit le matériel et l'appareillage. Pour sa part, la FTQ-Construction fournit la main-d'œuvre.

« Toujours bénévolement, nous avons modifié ou rénové des immeubles abritant des femmes violentées, reconstruit l'Accueil Bonneau après l'explosion d'une ligne de gaz, aménagé l'immeuble de l'Union des travailleurs et des travailleuses accidentés de Montréal (UTTAM), refait les installations de Moisson Montréal et de Moisson Longueuil, reconstruit les locaux de l'Arche de Montréal, et bien d'autres encore. Que Sauvé soit surpris d'avoir vu bon nombre d'acteurs de l'industrie de la construction au golf de la "maison Victor-Gadbois" montre qu'il ne se préoccupe pas des questions sociales. Ces activités débordent largement du cadre habituel d'intérêts bêtement égoïstes.

« À titre de président de la campagne de financement de la maison Victor-Gadbois, j'ai mené, en 2004, une importante collecte de fonds. Nous avons recueilli 125 000 $. Tous, sur la Rive-Sud de Montréal connaissent cet organisme et nul n'oserait mettre en cause l'intégrité de son administration.

« À l'époque, Ouimet était un entrepreneur en construction que Sauvé courtisait et trimbalait partout, conclut Jocelyn. Il était normal que je le croise mais, je le répète, je ne l'ai pas rencontré plus de trois ou quatre fois, dont deux fois au golf. »

ANDRÉ BOISCLAIR ET LE COPINAGE SÉLECTIF

Lors de sa venue au bureau de la FTQ-Construction, Sauvé offrit à Jocelyn de lui présenter son ami André Boisclair, alors chef du Parti Québécois. Sauvé connaissait bien Boisclair, pour lequel il était collecteur de fonds. Jocelyn accepta.

À cette époque, Jocelyn et moi étions en désaccord sur un point précis. Il était partisan d'un vote stratégique aux élections provinciales de 2007 et de 2008. Une telle façon de faire équivalait à voter pour le Parti Québécois, même si ce parti ne comblait pas ses aspirations. Pour lui, porter le Parti Québécois au pouvoir était un moindre mal, une solution de rechange préférable au retour des libéraux. Pour ma part, je croyais que le vote stratégique était inefficace car il empêchait des tiers partis de prendre de l'essor. Je ne comprenais pas que l'on choisisse de soutenir Boisclair, qui avait pour principal projet « d'alléger sensiblement la fiscalité des particuliers et tendre vers la diminution, voire l'élimination complète de la fiscalité des sociétés[157] ». Un tel parti pris unilatéral pour l'entreprise me dépassait. Les commentateurs politiques écrivaient que Boisclair voulait recentrer le Parti Québécois ; en réalité, avec lui, le centre était décalé vers la droite de manière marquée.

Boisclair avait de plus annoncé qu'il mettrait fin à l'ère du copinage qu'entretenaient ses prédécesseurs avec les syndicats[158]. Cette déclaration démontrait l'opportunisme qui animait le per-

---

157. http://lautjournal.info/default.aspx?page=3&NewsId=292
158. http://www.radio-canada.ca/nouvelles/electionsQc2007/2007/03/04/006-pq-ftq-appui.shtml

sonnage. Car ce n'était pas avec tous les syndicats qu'il entendait prendre ses distances. Le Conseil du patronat du Québec n'est-il pas un syndicat d'employeurs, au même titre qu'un syndicat ouvrier? Et que penser de la Fédération des chambres de commerce du Québec, de la Fédération canadienne de l'entreprise indépendante, des Manufacturiers et exportateurs du Québec et des associations d'employeurs dans la construction : n'était-ce pas là des syndicats? N'avaient-ils pas leurs propres champs d'intérêts? En quoi différaient-ils des syndicats des travailleurs? Était-ce simplement qu'ils avaient les moyens de fournir à la caisse électorale des partis et d'orienter le discours économique conservateur?

Boisclair souhaitait visiblement récupérer le vote passé à l'ADQ. En faisant de Daniel Audet (membre du conseil d'administration de l'Institut économique de Montréal et premier vice-président du Conseil du patronat) son conseiller, il se positionnait dans la ligne la plus traditionnelle de l'aile droite des libéraux, à droite de la droite. Le bon ami de Paul Sauvé avait donc les mêmes alliés que ses opposants, le Parti libéral et l'ADQ. Un parti politique ou l'autre, c'était blanc bonnet, bonnet blanc : ils se valaient tous.

Jocelyn rencontra André Boisclair à l'hôtel Intercontinental, à Montréal. Au cours de cette rencontre, il fit le point sur les questions d'importance pour l'industrie de la construction. Il offrit son aide au parti pour l'élection à venir : installation de pancartes, service de gardiennage pour les électeurs devant s'absenter du foyer, mise à la disposition du parti de lignes téléphoniques, de téléphonistes ou de service juridique, etc. Boisclair accepta. Je me souviens de l'énergie que nous avons consacrée à soutenir le Parti Québécois lors de l'élection de 2007. Dans le comté de La Prairie où se présentait François Rebello, aucun effort ne fut épargné. Boisclair demanda cependant à Jocelyn « de ne pas en parler à Henri Massé, car il ne serait peut-être pas content ». Sans doute croyait-il que nous avions des comptes à rendre à la direction de la FTQ. L'avis n'était d'aucune utilité ; la FTQ-Construction est autonome et ne relève pas de l'autorité du président de la FTQ, malgré toute prétention contraire. Boisclair perdit tout de même les élections.

Dans son ouvrage, Sauvé écrit, à propos de la rencontre de Jocelyn et d'André Boisclair : « Tout ça au cas où André serait élu. Il ne l'a pas été. Pauvre André ! Ce déjeuner aux allures de long monologue lui avait été pénible[159]. » Boisclair était-il déloyal au point d'accepter l'aide de la FTQ-Construction tout en geignant sur la durée d'un entretien avec son directeur général dont les propos sur les revendications des travailleurs l'auraient ennuyé ? Quoi qu'il en soit, il se retrouva peu après sa déconfiture en cheville avec la Chambre de commerce de Montréal, là où il savait retrouver des amis. Opportuniste un jour, opportuniste toujours…

JOHNNY BERTOLO, SANS REGRET AUCUN

Jocelyn proclame haut et fort ne pas avoir fréquenté Normand « Casper » Ouimet, mais n'a jamais fait de cachettes sur les relations qu'il a entretenues avec Johnny Bertolo et Raynald Desjardins. « C'est le hasard qui a voulu que je les rencontre et je ne l'ai jamais caché. Ces hommes faisaient partie d'un programme de réhabilitation d'ex-détenus dans la société. Ils étaient tous deux suivis par leur agent de probation. »

Edward (Eddy) Brandone fut présenté à Jocelyn Dupuis par Clément Godbout au moment où ce dernier était président de la FTQ. Depuis des années, le syndicat des vitriers que dirigeait Eddy Brandone était affilié à la FTQ. Sous la pression du gouvernement de l'Ontario, auquel il n'a jamais pu résister dans le domaine du travail, le gouvernement du Québec dirigé par Lucien

---

159. Sauvé, Paul. *L'industrie de la corruption, op. cit.*, page 94.

Bouchard modifia la Loi sur les décrets. Les modifications législatives eurent pour effet d'intégrer l'industrie du verre plat à l'industrie de la construction.

Comme bien d'autres, cette loi était mal ficelée. Elle ne prévoyait pas de mesures transitoires afin de faciliter l'intégration des travailleurs à l'industrie de la construction. Ceux-ci furent les grands perdants : on les déposséda de leur régime de sécurité d'emploi et d'ancienneté. Pis encore : les vitriers se retrouvèrent en partie à la FTQ-Construction et en partie au CPQMC-I. C'est dans le cadre de ce contentieux que la FTQ-Construction reçut dans ses rangs un des syndicats des vitriers.

Brandone avait embauché Giovanni (Johnny) Bertolo au conseil de district 97 représentant les peintres et les vitriers, peu après sa libération. C'est à titre de représentant de la section locale 135 des vitriers que Johnny fit la connaissance de Jocelyn. Jocelyn se rappelle : « Pendant toute la durée du mandat de Johnny Bertolo au syndicat des vitriers, je n'ai jamais reçu de plaintes à son sujet. À ma connaissance, aucune allégation ou dénonciation de mauvaise pratique ne fut déposée contre lui à la CCQ. Bien au contraire, Johnny Bertolo faisait montre d'une passion pour son nouveau travail et rien ne laissait entendre qu'il continuait à participer à ses anciennes activités. Johnny affirmait qu'il avait quitté le "milieu".

« Je me souviens que sa présence était recherchée en raison de sa capacité à rassembler les gens et à résoudre les litiges. Un chantier se déroule à une vitesse folle. Employeurs et salariés appréciaient les interventions de Johnny. Il avait cette faculté de transformer de soi-disant gros problèmes en situations d'où chaque partie sortait gagnante. À la différence de bien d'autres, Johnny gardait la tête froide. Il savait ramener un litige à son aspect essentiel. Employeurs et travailleurs lui faisaient d'autant plus confiance qu'une fois une entente conclue, il ne revenait jamais sur sa position, quitte à assumer lui-même les conséquences s'il commettait une erreur. »

De cette relation, Jocelyn dit ne rien regretter. «Il faudra bien qu'un jour on m'explique quel acte répréhensible j'ai commis. Nul n'avait rien à reprocher à Johnny à l'époque. Jamais un service policier ne nous a mis en garde, à la FTQ-Construction, contre les gens que nous rencontrions. On disait Johnny en réhabilitation, et aucun conseiller du milieu carcéral ne m'a rencontré pour me faire part d'un doute entretenu à son endroit. De toute manière, je n'étais pas son employeur et il ne relevait pas de mon autorité.

«Johnny est mort assassiné en août 2005 et ce fut pour moi un drame. Je me suis présenté au service religieux tout comme de nombreux représentants et travailleurs. J'ai toujours été frappé de constater l'hypocrisie de certains qui renient leurs connaissances de peur qu'on leur "fasse une réputation" et qu'on les juge. Pour ma part, j'ai une grande réserve par rapport à la foi, mais des membres de ma famille qui sont croyants m'ont toujours fait valoir que l'essence de la religion chrétienne reposait sur le pardon. Il faut croire que le jugement est plus payant que le pardon : ça fait de la nouvelle à scandale qui fait vendre. Tout ce cirque sur mes relations avec Johnny Bertolo est digne de la bigoterie d'antan.»

La mise en place de ce grand théâtre de l'hypocrisie, de la duplicité et de la fourberie, c'est l'intersubjectivité dans toute son authenticité : «Nous vivons, nous mourons et la mort n'arrête rien[160].» «Eh bien, continuons[161].»

PAS DE PASSE-DROIT POUR RAYNALD DESJARDINS

«Lorsque j'ai rencontré Raynald Desjardins, explique Jocelyn, il venait d'être libéré d'une longue incarcération. Raynald voulait

---

160. Morrison, Jim. *Une prière américaine*, Paris, Christian Bourgois Éditeur, 10/18, 1992, page 157.
161. Sartre, Jean-Paul. *Huis clos*, Paris, Gallimard, Théâtre complet, NRF, Bibliothèque de la Pléiade, 2005, page 128.

devenir employeur dans l'industrie de la construction. Son agent de probation ne pouvait ignorer son projet de réhabilitation. Si ce projet était douteux ou malhonnête, pourquoi les autorités fédérales ou provinciales ne m'ont-elles pas prévenu ? Tout ce que j'ai fait, c'est informer Raynald Desjardins du chemin qu'il fallait suivre pour devenir entrepreneur. Toute la démarche s'est faite dans la plus grande transparence. Desjardins suivit sa formation et se plia à toutes les mesures et les contraintes administratives. Après avoir acquis les connaissances requises pour administrer sa corporation et obtenu son certificat en SST, il se présenta à son examen à la Régie du bâtiment du Québec. Ayant satisfait aux exigences imposées par le gouvernement du Québec, il obtint sa licence en construction et exploita son entreprise. »

Selon Jocelyn, « Raynald Desjardins reçut le même traitement que tous les autres candidats désirant se qualifier pour exploiter une entreprise en construction au Québec. La FTQ-Construction n'a jamais dérogé à ses règles et n'est jamais intervenue auprès de l'administration. Que pouvais-je faire ? C'était un employeur et, à ce titre, il était normal qu'il ait des relations professionnelles avec des membres de la FTQ-Construction. De plus, ce n'était pas un mauvais employeur. Il payait son monde, respectait les conventions collectives et les normes de santé et de sécurité du travail. J'ai donc agi avec lui comme je le faisais avec tous les autres employeurs ».

MON « AMI » BORSELLINO

En 1886, le gouvernement fédéral mit sur pied la Commission royale d'enquête sur les relations entre le capital et le travail. Les travaux de cette commission mirent en évidence le régime d'exploitation qui existait dans le domaine des relations du travail : travail des enfants, violence faite aux hommes et aux femmes, salaires minables, amendes imposées aux employés, pratiques antisyndicales… Dès la fin du XIXe siècle, la table était mise pour mener à de terribles affrontements sociaux.

Le siècle qui suivit fut caractérisé par des périodes successives de troubles et d'accalmies. La marée sociale poursuivit son inlassable va-et-vient jusqu'au début des années 1980. Apparut alors une nouvelle vague idéologique prétendant à la concertation entre groupes antagonistes et à une «gestion participative tripartite de l'État». La formule plut et fut mise de l'avant comme solution de rechange à l'affrontement et à la rue. La concertation, comme solution de rechange à l'affrontement pour résoudre les conflits, eut pour effet de multiplier les tables de concertation occasionnant des rencontres entre les traditionnels opposants du monde du travail: employeurs et syndicats.

Il faut ajouter à l'équation les maîtres d'œuvre, ceux qui font exécuter les travaux. Hydro-Québec, Alcan à l'époque, Rio-Tinto et d'autres importants maîtres d'œuvre ne nous ont-ils pas sollicités pour s'assurer que nous étions en mesure de fournir la main-d'œuvre adéquate pour un échéancier s'étendant sur dix à vingt ans? Ils savaient et savent encore aujourd'hui qu'ils ne peuvent se fier aux employeurs ou à la CCQ pour pourvoir au développement de la main-d'œuvre. Pour construire le Québec, il ne faut pas songer uniquement en termes de quantité, mais aussi de qualité.

Je n'ai jamais cru au paritarisme et l'ai toujours affirmé sans ambages[162]. La concertation ne peut exister sans un rapport de force. Pourquoi l'autre prêterait-il l'oreille à votre propos si ses intérêts y sont diamétralement opposés? Si c'était possible, le monde ne connaîtrait ni conflits, ni différends.

Jocelyn reconnaît sans gêne aucune avoir favorisé des entreprises qui respectaient les travailleurs de la construction, dans un cadre légal, sans jamais avoir transgressé la législation ou la réglementation. «Si un investisseur étranger nous rencontrait, nous

---

162. IRSST. *Comment surviennent les accidents?*, Institut de recherche en santé et sécurité du travail, vol. 4, n⁰ 3, hiver 1987, page 6.

dressions une liste des entreprises que nous recommandions. C'était notre devoir de favoriser des entreprises ayant un profil sécuritaire. Nos appréciations ou nos dénonciations des entreprises et des maîtres d'œuvre étaient connues du public et nous faisions rapport à nos membres de nos rencontres avec divers intervenants. »

Toutes ces rencontres engendrées par le mode de production et de gestion imposé à l'industrie et auquel ont participé les représentants syndicaux et patronaux ont eu pour conséquence de pacifier l'industrie. Depuis vingt ans, il ne s'est pas perdu plus de trois semaines de travail en raison de grève ou de lock-out. Nous avons mis en place des comités pour solutionner les conflits de compétence et interpréter les conventions collectives à l'intérieur d'une semaine de travail. Aucun secteur d'activité économique ne peut réagir avec une telle rapidité. Mais cette paix industrielle a un prix. La concertation et la conciliation ont amené les gens à se côtoyer plutôt qu'à s'affronter. Un très grand nombre d'employeurs sont d'anciens travailleurs de la construction qui ont tenté leur chance en affaires. Ce sont des personnes avec qui nous avons travaillé sur les chantiers. La frontière se fait mince entre tous ces intervenants…

Le témoignage de Giuseppe « Joe » Borsellino devant la commission Charbonneau est des plus intéressants à ce sujet. Jocelyn considérait Borsellino comme un ami. Ils se rencontraient occasionnellement devant un bon repas. Il s'agissait d'un joueur important de l'industrie, mais qui n'avait jamais bénéficié de faveurs de la part de la FTQ-Construction. Ce sont les syndicats affiliés à la FTQ-Construction qui ont des représentants sur les chantiers, et non la FTQ-Construction elle-même. Il n'était pas de notre ressort de conclure une entente avec une entreprise au nom de l'un des 17 syndicats affiliés. Une telle entente n'aurait eu aucune valeur.

« J'étais surpris, déclare Jocelyn au sujet de l'appel enregistré entre lui et Borsellino dans le cadre de l'opération Diligence, d'entendre l'écoute électronique d'une conversation privée qui ne touchait ni les contrats publics, ni le crime organisé. Au cours de cette conversation, je faisais référence à une entreprise qui payait bien son monde et qui se pliait aux règles de sécurité sur les chantiers. Je n'ai pas tenté de corrompre ni de soudoyer qui que ce soit. Que l'on n'apprécie pas mon vocabulaire ou ma façon de m'exprimer, passe encore, mais que l'on infère que la conversation téléphonique ait pu contenir un aspect illégal discrédite la commission d'enquête Charbonneau. Pourquoi la commission ne fait-elle pas entendre des témoins venant d'Hydro-Québec, de Rio Tinto, d'Alcan, de l'Aluminerie Alouette, d'Investissement Québec et de la Société générale de financement, avec qui j'entretenais aussi des rapports à titre de directeur général de la FTQ-Construction ? »

Jocelyn se déclare surpris du témoignage de Borsellino, « qui croyait m'offrir des cadeaux. Prétend-il qu'il pouvait m'acheter avec un lunch, des billets de hockey ou son condo ? C'est qu'il me connaissait très mal. Comme si je ne l'avais jamais invité au restaurant, le pauvre ! Dans ma tête, lors de ces dîners, c'est l'ami que je rencontrais, pas l'employeur de la construction. J'ai toujours fait la différence entre les deux. Personnellement, si j'offre un cadeau, je ne veux rien en retour. Je ne peux comprendre ce type d'argument.

« Bien sûr, je l'ai mis en contact avec des maîtres d'œuvre qui étaient à la recherche d'employeurs responsables. J'ai fait la même chose pour plusieurs entreprises qui respectaient les travailleurs sur les chantiers. Je faisais mon travail et ça s'arrêtait là. Cependant, j'apprécie sa déclaration voulant que j'aie peut-être abusé de lui parce qu'il n'a bénéficié d'aucun privilège provenant de la FTQ-Construction. Il confirme ce que j'ai toujours dit : Je ne l'ai jamais avantagé.

« Quant au voyage en Italie, on oublie qu'à ce moment, je n'avais plus rien à voir avec la FTQ-Construction. On m'avait indiqué la sortie et c'était déjà Richard qui en assumait, à toutes fins utiles, la direction. Ma force a toujours résidé dans la qualité de mon réseau. Je me préparais à travailler à mon compte. Si Borsellino croyait qu'il avait besoin de moi dans mes nouvelles fonctions, ça n'avait plus aucun lien avec la FTQ-Construction. »

Et le condo de Borsellino? «Ce condo était à vendre depuis un bout de temps. Il était inoccupé, bien situé au centre-ville, et Borsellino le prêtait à qui en avait besoin parmi ses connaissances, pas seulement à moi. Je n'y ai jamais habité et n'en ai jamais eu l'exclusivité! Dois-je comprendre que personne au Québec n'a d'ami qui lui a prêté son condo dans le Sud, sa maison d'été ou son chalet? N'ai-je pas prêté ma maison motorisée à plusieurs connaissances sans jamais rien demander en échange, même si elle valait plus que le condo de Joe? Pourquoi aurais-je eu une dette envers lui s'il avait vraiment été un ami? Heureusement, en raison de son témoignage, tout le Québec sait que je n'ai jamais retiré aucun avantage de ceux qui croyaient me posséder ou se prétendaient mes amis. Je ne peux être responsable de ce qui se passe dans la tête d'un autre, je suis uniquement responsable de ce que j'ai fait. Quant aux journalistes qui ne cessent de rapporter ses paroles en boucle sans les remettre en question, cela démontre qu'ils se laisseraient acheter pour un "lunch". Triste monde que celui des médias! »

ET L'AUTRE CONDO, CELUI DE SAINT-LÉONARD ?

– Tu es certain qu'on écrit un livre? Il me semble que je passe au confessionnal, me répondit Jocelyn avec un peu d'impatience quand je l'interrogeai sur le fameux condo de Saint-Léonard qui avait fait l'objet d'un reportage télévisé à l'émission *Enquête*.

– Tu sais, Jocelyn, rien n'est dit à ce sujet. Il reste du vide et le vide se remplit de n'importe quoi. Les gens portent foi aux propos des journalistes. Il ne faut pas oublier qu'ils ne t'ont jamais entendu sur le sujet, ça laisse place au doute. Le silence est souvent plus éloquent que les mots.

Je n'ai pas vu souvent Jocelyn me dévisager de la sorte. J'avais l'impression de m'être transformé en agresseur.

– C'est un peu comme l'histoire de la Corvette, tout est des plus légal et des plus régulier. Tu crois vraiment que ça va intéresser le lecteur ? Ils vont sauter les pages, ça n'a pas de bon sens. Acheter un condo, c'est ennuyant ! me répondit Jocelyn, qui n'aime pas connaître la vie privée des autres, tout comme il n'aime pas faire étalage de la sienne.

N'est-ce pas la leçon que son père lui avait enseignée ?

– Écoute, Joce, je crois qu'il vaut mieux perdre une page et laisser le soin au lecteur de lire ou non le passage, que d'avoir l'air de camoufler. Tiens, moi, je ne la connais pas, l'histoire du condo, alors fais d'une pierre deux coups.

– D'accord, mais c'est la seule partie de ma vie privée dont je ferai mention.

– Ça me va, mais je veux des détails, lui dis-je avec mon plus beau sourire.

Au regard qu'il me lança, je compris que j'aurais pu omettre la dernière phrase, ça n'aurait pas été plus mal. Voici ce qu'il me raconta :

« Le fameux condo dont il est question dans le reportage de Radio-Canada, je l'ai acheté pour ma fille, qui s'installait. Elle travaillait énormément et tentait de faire carrière mais, comme c'est le cas pour beaucoup de débutants, elle avait de la misère à joindre les deux bouts. Alors, plutôt que de payer un loyer qui ne donnait aucun rendement ou de l'endosser, j'ai acheté le condo pour l'aider. Elle assumait le remboursement de l'hypothèque.

« Mais ce que Radio-Canada n'a pas raconté, c'est que j'ai acheté le condo de la FIPOE (syndicat affilié à la FTQ et qui représente la majorité des électriciens, monteurs de lignes et installateurs de systèmes de sécurité). Malgré ce qu'en disent les détracteurs, je crois que c'était un projet qui pouvait avantager les membres de la FIPOE en sécurisant financièrement le syndicat. Bien d'autres syndicats ont agi de la même manière et n'ont jamais défrayé la chronique. Le tout était d'être prudent et de ne pas se trouver en conflit d'intérêts.

« L'acte d'achat porte les noms d'une entreprise en construction et la FIPOE. Je ne savais pas qui étaient les maîtres d'œuvre du projet ni les autres acquéreurs des espaces d'habitation, puisque je l'ai acheté une fois construit. En me vendant le condo, la FIPOE ne m'a fait aucune faveur et ne m'a pas avantagé. Lors de la diffusion du reportage, j'ai appris que c'est moi qui, en proportion, avais payé le plus cher. Et ça, je peux le prouver, puisque les actes sont notariés.

« Par la suite, ma fille a quitté le condo et c'est mon fils qui l'a habité durant un certain temps. »

Fin de la non-histoire…

Malgré qu'il soit tendancieux et plein de sous-entendus, le reportage de l'émission *Enquête* donne l'impression d'un travail correct. Si le « n'importe quoi » vend, les journalistes peuvent bien s'en servir pour détruire une réputation ou une vie. C'est ce qu'ils ont fait ici. Seraient-ils eux aussi des Infréquentables ?

À deux quand l'un tombe
L'un relève l'autre
Mais celui qui tombe seul
Qui le relèvera ?
Qohélet 4, 10

In memoriam Robert McSween et Johnny Bertolo

CHAPITRE 11

Dans les coulisses d'un putsch

La réputation.
Elle vous est donnée par des médiocres
et vous la partagez avec des médiocres
et des gredins.
ALBERT CAMUS

AVERTISSEMENT

En raison de démêlés judiciaires impliquant certaines personnes dont le nom apparaît dans ce chapitre, et puisque les travaux de la Commission d'enquête sur la gestion et l'octroi des contrats publics dans l'industrie de la construction sont toujours en cours au moment de mettre sous presse, nous avons délibérément choisi d'omettre certaines informations afin de ne pas porter préjudice aux gens qui pourraient être concernés.

LA FTQ-CONSTRUCTION AU QUOTIDIEN

En cette année 2007, nous avions atteint notre vitesse de croisière. La FTQ-Construction abattait une somme de boulot difficilement imaginable. Les finances avaient pris du mieux en raison de la relance de l'industrie. Le principal mandat dévolu par la Loi de la construction à la FTQ-Construction en était un de représentation qui consistait essentiellement à négocier et à siéger sur divers comités et conseils d'administration, dont celui de la CCQ. Mais Jocelyn Dupuis voyait beaucoup plus grand. Lors de son élection en 1997, il avait pour objectif de créer au sein de la FTQ-Construction une structure de services au bénéfice des syndicats affiliés. Au moment où il accéda à la direction, Jocelyn était le seul employé de la FTQ-Construction ayant une fonction syndicale. Les autres membres du personnel étaient employés au secrétariat et à la comptabilité.

Pour réaliser ces projets, Jocelyn fit appel à moi. J'appris beaucoup plus tard qu'au moment de procéder à mon embauche, Jean Lavallée, le président, avait déconseillé ma candidature à Jocelyn en raison de mes opinions tranchées. Lavallée me considérait comme trop catégorique, trop récalcitrant à abandonner les luttes, et pas du tout influençable. Mon caractère ne lui plaisait pas. Jocelyn lui répondit qu'à son avis, «ça représentait plutôt un avantage». Pourtant, durant les nombreuses années où j'ai été à la FTQ-Construction, Jean Lavallée me confia tout de même la rédaction de ses discours, de ses allocutions et de ses pages éditoriales, soit pour le journal de son syndicat (FIPOE), soit pour les publications de la FTQ-Construction.

Au début, Jocelyn et moi nous partageâmes les dossiers. Jocelyn conserva ceux de la négociation des conventions collectives, la compétence des métiers (l'attribution des tâches), la machinerie de production, les relations du travail avec les associations patronales et les entreprises, ainsi que le conseil d'administration de la CCQ. Pour ma part, j'héritai des dossiers de SST, de l'assurance-emploi et, plus généralement, de la supervision des aspects juridiques des questions d'intérêt pour les salariés de l'industrie de la construction. Quant aux questions litigieuses, elles étaient référées à Me Robert Laurin, qui accompagnait la FTQ-Construction depuis le milieu des années 1970.

Rapidement, nous ne pûmes suffire à la tâche. La première personne à venir grossir les rangs de notre équipe fut Robert Paul, qui devint directeur aux opérations. Véritable génie de l'organisation, cet ancien directeur du syndicat des ferrailleurs a passé sa vie professionnelle à arpenter le Québec à la recherche des chantiers où ses membres travaillent. Mais la charge de travail ne cessait d'augmenter. Le gouvernement transféra d'importants dossiers à la CCQ sans accorder pour autant le financement nécessaire à leur gestion.

Le transfert de la formation professionnelle nous obligea encore à agrandir l'équipe. Luce Beaudry, première femme à occuper un poste de direction permanent à la FTQ-Construction, fut recrutée. On lui attribua la responsabilité du secteur de la formation professionnelle et de la sécurité du revenu. À son départ, elle fut remplacée par Serge Dupuis.

Lors de la négociation de 2001, j'avais convaincu les syndicats affiliés de profiter de l'occasion pour mettre en place une caisse d'éducation syndicale. Dans un premier temps, Jocelyn obtint la mise en place de cette caisse dans le secteur résidentiel. Dans un second temps, il obtint en 2004 son intégration aux conventions collectives du génie civil, du secteur industriel et du secteur institutionnel et commercial. François Patry devint directeur pour le nouveau service d'éducation syndicale et de santé et sécurité du travail.

En raison de la grandeur du territoire, Jocelyn procéda à l'embauche de Louis-Marie Lepage à titre de directeur pour l'est du Québec. Maude Messier fut la dernière personne à se joindre à l'équipe au service des communications. Aujourd'hui, Maude est journaliste à *L'Aut' Journal*. Elle fut remplacée à son départ par Éric Demers.

L'équipe était constituée de personnes compétentes possédant un solide bagage de connaissances pratiques et théoriques.

Jocelyn Dupuis a toujours dirigé les organisations dont il a eu la responsabilité en faisant preuve d'un leadership radicalement différent de ce que l'on connaît. Il faisait confiance aux gens. Cela présentait des avantages et des inconvénients. Tant et aussi longtemps que les personnes demeuraient loyales au mandat de l'organisation, tout allait bien. Dans le cas contraire, tout s'effondrait. Son mode de gestion et d'opération reposait sur son propre dynamisme. Il était constamment en tournée : tournée des membres, tournée des régions, tournée des associations patronales, tournée des maîtres d'œuvre, tournée des firmes de relations du travail, tournée des directions de la CCQ, tournée des œuvres caritatives auxquelles nous venions en aide, etc.

Jocelyn faisait preuve d'une efficacité redoutable. Lui et moi avions par exemple fait intégrer dans les conventions collectives des dispositions innovantes de conciliation et de résolution de conflits. Le gouvernement du Québec adopta notre façon de faire et intégra des dispositions semblables dans la Loi sur la construction. Jocelyn obtint aussi que des mesures soient prises afin de combler le déficit du fonds de retraite de la FTQ-Construction, qui avait accusé une perte de 1,4 milliard de dollars en raison du terrible effondrement de la Caisse de dépôt. Il fut aussi le principal artisan de l'augmentation du nombre de membres de la FTQ-Construction, qui atteignit le plus fort pourcentage de représentation depuis le premier vote universel de 1983. À cette époque, la FTQ-Construction avait ses entrées partout, et tout le monde connaissait Jocelyn Dupuis.

Outre la gestion de mes dossiers spécifiques, ma responsabilité était de faire tourner la boîte. J'assumais la permanence de la FTQ-Construction. Toutes les décisions relevant de la compétence de l'une des six directions ou de la direction générale se prenaient en équipe.

Deux fois par mois, la FTQ-Construction tenait un comité de direction. Il faut comprendre que ce comité ne dirigeait pas la FTQ-Construction; celle-ci était soumise à l'autorité d'un conseil d'administration (comité exécutif). Le comité exécutif gérait et administrait la fédération et en déterminait les grandes orientations. Les directeurs ou directrices de services avaient, quant à eux, la responsabilité d'élaborer des projets, d'en faire le développement et de livrer un produit fini.

Au cours de ces comités de direction, il n'y avait plus de lien hiérarchique. Jocelyn présentait son rapport d'activité et se pliait aux mêmes règles qu'un directeur de service. Il n'y avait aucune ligne de parti, et tout pouvait être remis en question. L'acceptation ou le rejet d'un projet reposait uniquement sur les épaules de son promoteur.

Outre le personnel de bureau, le personnel technique de la FTQ-Construction se composait donc au total de huit représentants (directeurs de service), dont Jocelyn et moi. Ceux que l'on nomme représentants ou agents d'affaires[163], qui visitent les chantiers, ne sont ni à l'emploi ni sous la gouverne de la FTQ-Construction. Cette dernière n'a aucune autorité sur eux. La FTQ-Construction est au service de ses syndicats affiliés, structurés par métier et occupation. Les syndicats affiliés sont juridiquement des personnes morales autonomes. Plus simplement, ce sont des organismes à but non lucratif (compagnie ou association), gouvernés par un conseil d'administration et qui disposent de leur propre budget.

À L'ORIGINE DE LA SCISSION : JEAN LAVALLÉE, PRÉSIDENT À VIE

À la suite de son élection en 1997, Jocelyn s'était longuement entretenu avec Jean Lavallée à propos de leur vision respective de la FTQ-Construction. Jean Lavallée détenait le poste de président, qui n'est pas un poste à plein temps. Ses tâches sont de présider les assemblées de la Fédération et de signer des chèques émis par l'administration – le président est en fait l'un des deux signataires. Il peut en outre nommer des membres de comités. Il ne possède qu'une autorité morale. Si Lavallée détenait le poste de président, c'est parce qu'il était directeur d'un syndicat affilié, la Fraternité inter-provinciale des ouvriers en électricité (FIPOE). On considère à tort que le président est le pilier de la FTQ-Construction ; le dirigeant réel de la structure, c'est le directeur général.

Les deux hommes en arrivèrent à la conclusion qu'ils partageaient une même vision. Lavallée avait informé Jocelyn qu'il prévoyait se retirer de la vie syndicale active au cours des cinq années suivantes. Jocelyn lui indiqua que rien ne pressait, mais qu'il était

---

163. Le terme « agent d'affaires » est un vestige du colonialisme qui persiste chez les syndicats des unions américaines, pour lesquelles cet anglicisme désigne leurs permanents syndicaux. Donald Fortin, le directeur général du CPQMC-I, affirme que son association est un syndicat d'affaires, ce qui explique bien des choses.

essentiel de prévoir une relève avant leur départ respectif. Jocelyn n'a jamais entretenu de doute sur la date de son propre départ, prévue pour le moment où il atteindrait l'âge de 54 ans et 6 mois, en septembre 2008. Il souhaitait en effet relever de nouveaux défis en dehors des relations du travail et percevait nettement le danger de s'incruster s'il demeurait en poste trop longtemps.

Ce n'était pas la première fois que Jean Lavallée annonçait son départ, ou du moins l'évoquait à l'intérieur de son syndicat ou de la FTQ-Construction. Il laissait toujours entrevoir que, le temps filant, son adjoint serait bientôt en mesure de prendre la direction. Mais ce «bientôt» ne se concrétisait jamais, tant et si bien que Jacques Labonté, directeur général adjoint, annonça en février 2001 qu'il briguerait les suffrages lors des élections à la tête de la FIPOE et se présenterait donc contre Jean Lavallée. Il fit son annonce le lundi et, dès le vendredi, revint sur sa décision. Il démissionna de son poste et quitta la FIPOE. Jean Lavallée fut réélu sans opposition et recommença à entretenir ses proches de son éventuel départ.

En 2006, les syndicats affiliés revinrent à la charge à propos de la relève à la FTQ-Construction, puisque le départ de membres de la direction, dont Jocelyn, avait été annoncé. Il y eut unanimité sur la succession à la direction. Les membres du comité exécutif désiraient par ailleurs que celle-ci se déroule dans l'ordre. Nous devions procéder de la manière suivante:

1. Jocelyn se retirait de la direction de la FTQ-Construction à l'automne 2008.
2. À ce moment, j'occupais le poste de directeur général de façon intérimaire jusqu'au congrès de mars 2009.
3. Dès le début de mon mandat, je procédais à l'embauche d'Alain Pigeon au poste de directeur général adjoint.
4. J'acceptais de me présenter pour un renouvellement de mandat en mars 2009, mais tous étaient avisés que je n'occuperais ce poste que pour un an.

5. À l'échéance du délai que j'avais fixé, Alain était nommé directeur général et je retournais à mes fonctions antérieures de directeur général adjoint.

Alain Pigeon venait de la section locale 116 du syndicat international des couvreurs, dont il avait été le directeur. Ce syndicat est affilié au Conseil provincial (international). Alain était pressenti pour être le prochain directeur général du Conseil provincial (international). Il passa cependant à la FTQ-Construction avec toute son équipe en 2006.

Lors du congrès de la FTQ en novembre 2007, les membres du comité exécutif de la FTQ-Construction profitèrent de l'occasion pour demander à Jocelyn de rencontrer Jean Lavallée afin de lui rappeler que la date butoir était atteinte et qu'il devenait pressant de procéder au changement de garde. Jean semblait avoir «oublié» le plan de succession à l'élaboration duquel il avait pourtant participé. Il devenait impératif de procéder à sa réalisation. En effet, si les officiers acceptaient un autre mandat, Jean Lavallée aurait 72 ans à son échéance, et la totalité des membres de la direction auraient atteint la soixantaine. Si tous quittaient la barre sans relève compétente en place, la FTQ-Construction serait temporairement décapitée, ce qui n'avait aucun sens. Mourir à la tâche, à la rigueur, mais mourir de vieillesse sur sa chaise de travail, non.

Jocelyn rencontra Jean Lavallée dans la soirée du mardi 27 novembre 2007. Il lui fit part des commentaires des affiliés. Il n'était pas question de brusquer les choses, on avait le temps de voir venir à condition d'agir dans les délais impartis. Jean occupait de nombreuses fonctions syndicales. En plus de son poste de directeur général de la Fraternité inter-provinciale des ouvriers en électricité (FIPOE), il était président de la FTQ-Construction, vice-président de la FTQ, membre du conseil d'administration de la CCQ, membre du conseil d'administration de la CSST, membre du conseil d'administration du Fonds de solidarité de la FTQ et président de la SOLIM.

Jean sembla convaincu de la pertinence des propos de Jocelyn. Il donna son accord : il ne solliciterait pas de nouveau mandat et laisserait la direction de son syndicat à Pierre Morin, directeur général adjoint de la FIPOE. Mais il fit savoir qu'il désirait conserver quelques activités. Cela ne posait pas de problème : on n'a jamais trop de gens compétents dans l'entourage d'un organisme comme la FTQ-Construction. Pour sa part, Jocelyn n'avait nullement l'intention de demeurer dans la sphère d'influence de la Fédération après son retrait de la vie syndicale.

Nul ne sait exactement ce qui se produisit durant la nuit, mais dès le lendemain, l'atmosphère à la délégation de la FTQ-Construction se fit lourde. Le mercredi soir, des rumeurs sulfureuses circulaient parmi les délégués, selon lesquelles Jocelyn voulait pousser Jean Lavallée vers la sortie de la FTQ-Construction, et Pierre Morin souhaitait l'écarter cavalièrement de la FIPOE. Les membres du comité exécutif étaient consternés.

Dès le début de l'année 2008, Jean Lavallée ouvrit les hostilités en congédiant son directeur général adjoint, Pierre Morin. Celui-ci perdait son emploi à la FIPOE sans motif aucun, sinon celui d'avoir côtoyé Jocelyn. Le geste de Lavallée nous parut inqualifiable à Jocelyn et à moi. La Fédération ne pouvait se permettre d'encaisser une telle perte, Pierre étant reconnu pour son expertise dans le domaine de formation professionnelle, autant à la FTQ-Construction qu'auprès des syndicats affiliés. C'est pourquoi il fut immédiatement récupéré par la FTQ-Construction où il occupa le poste de directeur à l'organisation.

Tout au long de l'année, le climat fut déplorable lors des assemblées générales de la FTQ-Construction. Des relations se tissaient et se brisaient au gré de l'émergence d'intérêts ponctuels. Bientôt, la FTQ-Construction fut scindée en deux camps, et chacun des syndicats affiliés se rangea dans l'un d'eux.

JOCELYN DUPUIS CATAPULTÉ VERS LA SORTIE

Le mardi 3 septembre 2008, Jocelyn reçut un appel téléphonique de Roland Brillon, comptable de la FTQ-Construction. Celui-ci l'informa que ses derniers rapports d'allocations de dépenses avaient disparu. Roland était convaincu que ces rapports étaient dans le classeur le vendredi précédant le long congé de la fête du Travail. Il s'était assuré que les tiroirs étaient verrouillés avant de quitter son bureau. Ni la porte donnant accès à la FTQ-Construction, ni celle du bureau de Roland, ni son classeur ne présentaient de traces d'effraction.

Dans les jours qui suivirent, Ken Pereira, directeur du syndicat des mécaniciens industriels de la FTQ-Construction, apporta les rapports de dépenses à Michel Arsenault, président de la FTQ. Selon des versions qui diffèrent, Ken Pereira aurait dit à certains avoir subtilisé les rapports de dépenses, et affirmé à d'autres qu'il les avait obtenus sans identifier celui qui les aurait volés. Ce qui est certain, c'est que Pereira exigeait de la part du président de la FTQ la tête de Jocelyn. Michel Arsenault remit les documents à Jean Lavallée et remarqua que celui-ci ne parut pas surpris outre mesure au moment où il prit connaissance de leur contenu.

Au cours des premiers jours de septembre, Jean Lavallée vint rencontrer Jocelyn au sujet des fameuses allocations de dépenses. En réalité, il tenta de le convaincre de quitter la direction de la FTQ-Construction. La conversation dura plusieurs heures. Au moment où Lavallée quitta Jocelyn, ce dernier était fortement ébranlé. Nous étions alors en fin de journée, je revenais d'une rencontre avec un syndicat affilié. Passant devant le bureau de Jocelyn, je remarquai immédiatement que ça ne tournait pas rond.

Il me fit part de sa rencontre avec le président de la FTQ-Construction. Si Jocelyn ne remettait pas sa démission, il menaçait de remettre les comptes de dépenses aux affiliés. Ne connaissant pas le contenu de ces comptes de dépenses, je demandai à Jocelyn si cela posait problème. «Absolument pas, me répondit-il, mais je le connais, il ne me donnera jamais l'opportunité de m'expliquer. Le scénario est bien monté et je n'ai aucune chance de m'en sortir.»

Jocelyn connaissait d'avance la suite de l'intrigue. Il serait jugé et condamné avant même d'avoir pris la parole. L'opposition irait jusqu'à se servir des médias qui, friands de scandales, relaieraient la «nouvelle». Jocelyn me confirma que les membres du comité exécutif, dont le président, Jean Lavallée, et le secrétaire-trésorier, Eddy Brandone, étaient au courant de certaines pratiques administratives de la FTQ-Construction. Le problème, c'est que les deux officiers étaient dans l'autre camp et qu'ils n'avaient aucun intérêt à révéler ce qu'ils savaient, bien au contraire.

Je fis part de mon désaccord à Jocelyn. Il me paraissait inconcevable et injuste qu'il se retire dans de telles conditions. Je fis valoir que Jean Lavallée s'était lui-même piégé en agissant de la sorte. Si ce que Jocelyn affirmait était vrai, il ne faisait aucun doute que Lavallée se mettait lui-même au pied du mur : il était signataire des chèques qui risquaient de poser problème.

Nous en arrivâmes à la conclusion que pour Lavallée, condamner Jocelyn équivalait à se condamner lui-même. Celui-ci aurait sous peu un choix à faire : tout avouer sur le faux scandale des allocations de dépenses de Jocelyn, ou s'abstenir de demander le renouvellement de son mandat de président. Il choisit de terminer son mandat et de quitter la scène syndicale. Cette tactique politique aurait dû attirer mon attention. Mais à l'époque, je crus qu'il tiendrait parole et se retirerait vraiment du monde syndical, ce qui ne fut pas le cas.

L'annonce du départ de Lavallée fit grand bruit dans les couloirs de la FTQ et du Fonds de solidarité. Je reçus de nombreux appels au cours desquels mes interlocuteurs me firent part de leur satisfaction de voir se produire un changement de garde. Les encouragements les plus marqués vinrent du personnel de la CSST et des organismes militant en faveur des droits des accidentés du travail. Les directions de la CSST n'éprouvaient toutefois pas le même plaisir à me voir devenir administrateur de l'institution.

Le mercredi 17 septembre 2008 à 11 h se tint l'assemblée des directeurs et des représentants de la FTQ-Construction. Jocelyn annonça qu'il ne demanderait pas le renouvellement de son mandat lors du prochain congrès. Pour sa part, Jean Lavallée informa l'assemblée qu'il ne serait pas en lice pour la présidence de la FTQ-Construction, mais qu'il demeurerait à la tête de la FIPOE, malgré l'engagement qu'il avait pris de quitter toutes ses fonctions syndicales. Le congrès pour l'élection des officiers de la fédération fut fixé au 12 novembre 2008.

À la suite de ces événements, Jocelyn ne fut plus d'humeur à travailler. Dès l'annonce de son départ, plusieurs corporations d'importance prirent contact avec lui afin de le recruter, mais il n'avait pas la tête à se dénicher un emploi. Il souhaitait plutôt s'extraire de la grisaille quotidienne. Quant à moi, je me trouvais sur les rangs pour devenir directeur général de la FTQ-Construction.

RICHARD GOYETTE BRIGUE LES SUFFRAGES

On m'a souvent demandé s'il était vrai que je n'avais pas souhaité assumer la direction. Dans ce cas, pourquoi briguer les suffrages? Les raisons sont simples. En premier lieu, les deux équipes qui s'affrontaient n'avaient pas la même vision du rôle de la FTQ-Construction. Certains prétendaient que l'appareil comptait un personnel trop nombreux et prenait trop de place. Ayant participé à la structuration de l'organisation et étant fier de ce qui avait été accompli, je ne partageais pas cette opinion.

En second lieu, j'avais compris que Jean Lavallée, qui n'occupait plus le poste de président, maintiendrait son ascendant sur la FTQ-Construction. Sa déclaration, lors d'une réunion du bureau de la FTQ[164], à l'effet qu'il conserverait après l'élection l'ensemble de ses fonctions en avait surpris plus d'un. Jean était surtout intéressé par le poste d'administrateur du Fonds de solidarité de la FTQ et par celui de président de la SOLIM. J'étais peu, voire même pas du tout intéressé par ces postes. Bien que ces deux institutions méritent un immense respect, des questions de disponibilité m'obligeaient à faire un choix pratique. J'étais beaucoup plus enclin à me rendre utile au conseil d'administration de la CSST et à celui de la CCQ.

Mais, pour occuper l'un des sièges syndicaux au conseil d'administration du Fonds de solidarité de la FTQ, il faut être vice-président de la FTQ. Il en est de même pour détenir un siège déterminé par la FTQ au conseil d'administration de la CSST. Ayant consacré la majeure partie de ma vie professionnelle à m'occuper des personnes qui souffrent des lacunes de l'administration du régime de santé et de sécurité du travail, je n'avais pas l'intention de rater l'occasion de faire évoluer ce dossier qui me tenait à cœur.

Je tendis la main à Jean Lavallée pour lui offrir de conserver la présidence de la SOLIM et l'administration d'un fonds servant à la main-d'œuvre que nous transférions en Alberta. Je compris cependant qu'il voulait faire du directeur général de la FTQ-Construction son pantin. Si j'avais été carriériste, je n'aurais eu qu'à promettre à Jean Lavallée qu'il conserverait ses principaux mandats : je serais devenu directeur général de la FTQ-Construction et le serais resté jusqu'au moment de ma retraite, à un âge vénérable. Mais je ne suis pas carriériste.

---

164. Le «bureau de la FTQ» est le comité exécutif de la FTQ. Il se compose des directeurs des grands syndicats ou de ceux qui occupent des postes désignés. Chacun des syndicats suivants possède un siège : l'Alliance de la Fonction publique du Canada, l'Association internationale des machinistes, la FTQ-Construction, le Syndicat canadien de l'énergie et du papier, le Syndicat canadien de la fonction publique, le Syndicat des employées et employés professionnels-les et de bureau, le Syndicat des métallos, le Syndicat québécois des employées et employés de service, le Syndicat des travailleurs et travailleuses des postes, les Travailleurs canadiens de l'automobile, les Travailleurs unis de l'alimentation et du commerce, les Teamsters, l'Union des employés de service. Pour les postes réservés : les femmes de la FTQ, les conseils régionaux de la FTQ.

CIEL, DES HELLS ANGELS PARTOUT !

À en croire la rumeur publique, l'ensemble du crime organisé du Québec participa à mon élection. Toujours selon cette rumeur, je remportai l'élection à la direction de la FTQ-Construction par deux votes provenant des deux délégués du syndicat des tuyauteurs, syndicat qui se trouve sous l'influence directe des Hells Angels. Dans les faits, j'obtins 62 votes et Bernard Girard, l'autre candidat, en récolta 60. Si les Hells Angels avaient soutenu activement ma candidature, je n'aurais pas gagné par deux voix : j'aurais obtenu une large majorité, sinon l'unanimité. Je présume en effet que dans ce milieu, on n'aime pas perdre. Alors, on s'organise pour gagner. À lui seul, le résultat du vote me semble démontrer l'absurdité des rumeurs.

Les médias firent état d'une rencontre supposément déterminante qui eut lieu au restaurant Cavalli, situé au centre-ville de Montréal, durant les jours précédant l'élection. Jocelyn résume cette rencontre :

« J'avais donné rendez-vous à Dominic Bérubé, le directeur de la section locale 618 des tuyauteurs, pour parler de l'élection qui devait avoir lieu le 12 novembre.

« Jacques "Israël" Émond s'est présenté sur les lieux et s'est joint à nous. Je connaissais Émond parce qu'il était entrepreneur en construction. Personnellement, je n'avais rien à lui reprocher. Il avait sa licence d'entrepreneur et nous n'avions jamais reçu de plainte contre son entreprise.

« J'ai déjà fait une déclaration à propos de cette rencontre aux enquêteurs de la SQ. J'ai toujours affirmé avoir rencontré Dominique Bérubé au Cavalli dans le but d'obtenir l'appui de sa délégation au congrès, bien que celle-ci ne représente que deux voix. Ces deux voix étaient significatives non seulement en raison des votes eux-mêmes, mais parce qu'elles indiquaient l'appui d'un syndicat. À ce que je sache, je ne fus pas le seul à tenter de solliciter des votes. Les membres de l'équipe qui appuyait Richard de même que ses opposants ont tous fait de la sollicitation. Les rencontres pour obtenir des votes se font dans tous les milieux, et on ne peut espérer être élu sans dépenser de l'énergie. En général, c'est ce qu'on appelle une campagne électorale.

« Richard a gagné son élection par deux voix. Aussitôt, on a attribué cette victoire aux deux voix du syndicat des tuyauteurs, voix qu'il aurait obtenues par on ne sait quel moyen malhonnête. Pourtant, trois autres syndicats possédaient aussi une délégation de deux voix, et nul n'en fit mention. La rumeur veut que quelqu'un ait remercié Jacques Émond d'avoir été présent au Cavalli ce soir-là. Cette partie de l'histoire, si elle est vraie, je ne peux l'expliquer et elle ne me concerne pas.

« Les divers services policiers ont bouclé une multitude d'enquêtes à l'époque où l'on m'avait mis sous écoute électronique et sous filature. Heureusement d'ailleurs que j'étais sous surveillance ! Les opérations policières Zyplock et Baggys, Béquille, Charge et Bromure, Axe, Baraka, Dorade, Croisière, Diversion, Club, Carvi/Roadrunner, Cabotin, Diligence, Honorer, SharQc et Colisée ont démontré que je n'ai jamais participé à des activités criminelles. On parle ici, au bas mot, d'une vingtaine d'opérations policières, peut-être plus, et pourtant je n'ai jamais été mis en accusation. Si on avait eu à me coincer, avec autant d'effectifs policiers, il y a longtemps que cela aurait été fait. En juin 2009, les enquêteurs de la SQ m'ont dit que je n'étais effectivement lié à aucune activité criminelle ni au milieu interlope, et qu'aucune poursuite ne serait entreprise contre moi. La nouvelle ne fit pas la une des journaux. La vérité ne fait pas vendre de copies.

« La seule question que m'ont posée les enquêteurs de la SQ en rapport avec le crime organisé tient en peu de mots : Comment pouvais-je expliquer que j'avais eu des conversations avec des individus qui faisaient l'objet de leur enquête et qu'on me voyait partout ? La réponse est simple : Ces individus détenaient une licence d'entreprise en construction parfaitement légale, émise par le gouvernement du Québec. Pour caricaturer, disons qu'ils étaient des « *full patch* gouvernementaux » de l'industrie.

« Si le gouvernement du Québec décerne une licence valide à une personne soupçonnée d'appartenir au crime organisé, qui suis-je pour la remettre en question ? À la différence des autres citoyens, une fois la licence émise, je ne peux faire de discrimination envers cet employeur sous peine de faire face à des représailles de la part du gouvernement qui a décerné la licence. Quant à être partout, c'était l'essence de mon travail. Mais si j'étais partout, les policiers, eux, se concentraient sur des individus en particulier et ne me voyaient pas avec d'autres personnes, dans d'autres contextes. À surveiller constamment des criminels, on peut développer l'obsession que tous les citoyens en soient.

« Il y a bien d'autres non-sens dans toute cette histoire de Hells et d'élection, par exemple en ce qui concerne Roger Poirier. Poirier se présentait au poste de président de la FTQ-Construction dans l'équipe électorale qui s'opposait à celle de Richard Goyette. Il était le directeur du syndicat des cimentiers applicateurs et des briqueteurs. Or, d'après les informations dont disposaient les policiers, « Roger Poirier ne se cachait pas d'être en relation avec un membre des Hells Angels ». De plus, un représentant de Roger Poirier, Guy Dufour, avait plaidé coupable à des accusations de gangstérisme à la suite des enquêtes policières, ce qui n'était le cas d'aucun des représentants de l'équipe de Richard.

« Faut-il comprendre que les Hells Angels auraient infiltré les DEUX camps, celui de Richard et celui de son adversaire ? Quel avantage auraient-ils eu à agir ainsi ? Rien de cela n'a de sens. Les Hells Angels ne se sont jamais intéressés à la FTQ-Construction. Ce n'étaient pas des syndicalistes, mais des entrepreneurs en construction. Ils souhaitaient faire des affaires, gagner de l'argent. Pour en savoir plus à leur sujet, on ferait mieux de fouiller les associations patronales dont ils étaient membres et la Régie des entreprises en construction du Québec, qui émet les licences. Je ne prétends pas que ces dernières sont malhonnêtes, mais c'est de ce côté qu'il faut chercher, pas du côté des syndicats », conclut Jocelyn.

Le 12 novembre 2008 se tint l'élection des officiers de la FTQ-Construction. Les résultats firent les manchettes : Yves Mercure, de la Fraternité des charpentiers-menuisiers, accéda à la présidence, et moi à la direction générale. La FTQ-Construction n'avait jamais été aussi divisée. Ceux qui s'étaient engagés à se ranger derrière le candidat élu ne tinrent pas parole. Lavallée continuerait à tirer les ficelles sans abandonner les postes à caractère économique qu'il occupait. Je compris immédiatement que mon temps était compté. D'ici quelques mois, un an tout au plus, on me remplacerait.

À NOUVEAU, PEREIRA VOLE... LA VEDETTE

En février 2009, une bombe éclata. Ken Pereira rendit publiques les allocations de dépenses de Jocelyn Dupuis. Il affirma à qui voulait l'entendre qu'il désirait ainsi se venger de Jocelyn, mais sans ajouter de précisions. Dès son intégration à la FTQ-Construction au début de l'année 2006, il prit Jocelyn en filature. Il déclara à ce propos : « Je savais dans ma tête qui était corrompu. » La filature qu'entreprit Pereira dura deux ans. Lors de l'enquête policière, Pereira déclara que les dépenses de Jocelyn étaient « payé[es], accepté[es], approuvé[es] par la FTQ-Construction ». Par la suite, il revint sur sa déclaration et affirma au contraire que les dépenses n'étaient pas autorisées. Encore plus curieux, selon mes sources, Ken Pereira aurait déclaré avoir rencontré Tony Accurso avec les documents subtilisés à la FTQ-Construction. Pourquoi avoir entrepris une telle démarche auprès d'Accurso ? Beaucoup d'éléments demeurent inexpliqués à ce jour.

Jocelyn explique : « C'est à l'étranger que j'appris que l'on me tenait pour unique responsable des montants inscrits sur ces comptes de dépenses. Je le rappelle, initialement, l'objectif poursuivi par le vol de mes allocations de dépenses était de me faire quitter la direction de la FTQ-Construction. J'appris que j'avais fraudé la FTQ-Construction pour plus de 200 000 $. On rectifia le tir à la baisse pour fixer la fraude à 189 000 $. Ce montant demeurait quand même énorme. Par la suite, il glissa à 172 000 $, puis chuta encore à 125 000 $.

« Aujourd'hui, à l'aube du procès qui fera la lumière sur mes allocations de dépenses, on m'accuse d'avoir fraudé pour environ 49 000 $ l'organisme que j'ai représenté pendant onze ans. Et je n'ai pas encore livré ma version des faits ! Si le montant de la poursuite a fondu de plus de 75 % depuis le vol présumé des documents et qu'une vingtaine d'enquêtes policières ont conclu que je n'avais commis aucun acte criminel, il faut bien qu'il y ait une explication logique. C'est ce que je démontrerai au procès.

« Les journalistes ont cru sans discernement tout ce qu'a affirmé Pereira. Alain Gravel et Marie-Maude Denis, de l'émission *Enquête*, ont multiplié les allusions tendancieuses et rapporté les pires ragots. Ils ont déterminé erronément la somme que je me serais attribuée de façon frauduleuse, et ont qualifié d'expert la personne qui avait vérifié mes allocations de dépenses. Je leur conseillerais de vérifier les qualifications de leur expert ; elles pourraient être moins adéquates qu'ils le croient. Ils ont aussi affirmé que la vie de Pereira pouvait être en danger, ce qui était complètement loufoque. »

Dans les mois qui suivirent, on découvrit que Pereira avait des antécédents criminels. Il avait manifesté une telle violence à l'endroit du personnel de la FTQ-Construction qu'une secrétaire avait dû abandonner son travail et être indemnisée. Pis encore, il aurait agressé Guy Martin, directeur du syndicat des vitriers, parce que ce dernier avait refusé de voter en faveur d'une résolution lui accordant 400 000 $ en échange de son silence. La scène mémorable de l'agression a été immortalisée sur une bande vidéo, à partir d'une caméra de sécurité. Une plainte a été déposée contre Pereira. Pourtant, Guy Martin faisait partie de la même équipe que lui lors de l'élection à la direction de la FTQ-Construction.

Dans le reportage d'*Enquête*, Gravel et Denis ne firent aucune distinction entre les associations syndicales et attribuèrent à la FTQ-Construction des gestes relevant d'une autre association. Lors de la diffusion de l'émission *Tout le monde en parle* du 5 avril 2009, les animateurs d'*Enquête* affirmèrent, en parlant de Ken Pereira :

Gravel : « C'est le premier qu'on a appelé. Et le lendemain, il est revenu avec son…
Denis : Une poche de hockey.
Gravel : … une poche de hockey avec des documents…
Lepage : Remplie de documents.
Gravel : Les allocations de dépenses de Jocelyn Dupuis. Le surlendemain, il est arrivé pour faire une entrevue. »

Une poche de hockey contient environ 16 pieds cubes de documents, c'est-à-dire presque l'équivalent du contenu d'un réfrigérateur. Les allocations de dépenses de Jocelyn entraient dans une chemise en carton de format légal. Quels autres documents contenait le sac de hockey de Pereira ? De nombreux autres documents avaient disparu des classeurs de la FTQ-Construction, ceux qui étaient conservés en voûte. Doit-on comprendre que Gravel et Denis avaient copie du reste de la comptabilité de la FTQ-Construction ? Si Ken Pereira a effectivement remis aux deux journalistes l'ensemble de ce qui a été subtilisé à la FTQ-Construction, pourquoi ceux-ci n'en ont-ils jamais parlé à leur émission ? Serait-ce simplement parce que, une fois l'analyse faite, ils ont dû conclure que cette comptabilité était irréprochable ? Dans le cas contraire, une autre émission à scandales aurait été consacrée à ce sujet depuis longtemps…

Les animateurs de l'émission *Enquête* ont-ils eu la prudence de vérifier la véracité des allégations de leur témoin vedette ? Une recherche simple aurait démontré que Ken Pereira n'en était pas à sa première tentative de déstabilisation d'un syndicat. Il avait déjà employé des tactiques similaires contre son syndicat d'origine.

Du sable avait toutefois enrayé la mécanique. Le juge administratif qui avait eu à trancher le litige s'exprima ainsi à propos de Pereira :

« (92) Par ailleurs, la Commission n'accorde aucune crédibilité au plaignant. Il avance des théories qui ne sont soutenues par rien. Son fonctionnement est simple, il lance des phrases incendiaires sans jamais être en mesure d'en prouver le contenu. Contre-interrogé sur ces affirmations, il amenuise ses propos ou ne fournit pas de preuve tangible. »

Et plus loin :

« (95) Cela ressemble à un scénario de film policier de série B. Cela n'est aucunement soutenu par la preuve[165]. »

Curieusement, Pereira avait préparé son « scénario de série B » contre le syndicat des mécaniciens industriels avec les mêmes éléments que ceux qui se retrouvèrent dans celui de la FTQ-Construction : les finances du syndicat.

Dans cette fameuse émission, l'équipe d'*Enquête* a divulgué d'autres fausses informations. Les animateurs ont notamment parlé d'une perquisition à la FTQ-Construction qui n'a jamais eu lieu, et je l'ai fait savoir aux personnes concernées. Je ne suis pas de ceux qui font des plaintes inutilement, je préfère régler les conflits en personne. N'ayant obtenu aucun démenti, je n'accordai plus d'entrevue aux recherchistes ou aux journalistes de l'émission.

Éric Demers, responsable des communications à la FTQ-Construction, maintenait le contact avec les médias. Devant les appels incessants d'un recherchiste d'*Enquête*, Éric lui demanda pourquoi il continuait d'entretenir une mauvaise image de moi et de la FTQ-Construction. Il eut droit à la réponse suivante : « On

---

165. Ken Pereira c. Mécaniciens industriels du local 2182, CRT, Montréal, 2009 QCCRT 0297, 9 juillet 2009, Guy Roy.

sait qu'il n'a rien fait, mais Richard Goyette fait partie des dommages collatéraux.» L'expression «dommage collatéral» est le terme employé par les artisans des guerres sales pour exprimer de faux regrets lorsque survient un massacre «accidentel» faisant des victimes parmi la population civile. C'est le langage des salauds. Je n'avais aucune raison, dans ce contexte, d'accorder une entrevue aux animateurs d'*Enquête*.

Pour Jocelyn la situation ne s'améliorait guère: «Les ténors du micro et les grandes gueules se permettaient de me faire la leçon et me condamnaient sans m'avoir entendu. Par l'intermédiaire des médias, on me demandait de remettre l'argent à la FTQ-Construction. Plusieurs directions syndicales de la FTQ présentaient les symptômes d'une hystérie profonde. Un seul directeur prit le temps de s'informer véritablement auprès de moi des tenants et aboutissants de cette histoire: Jérôme Turcq. Jérôme était directeur de l'Alliance de la fonction publique du Canada (AFPC). Ce n'était pas un ami personnel, simplement une personne avec qui j'entretenais des liens des plus cordiaux. Cet homme était doté d'un profond sens de la rectitude et d'une honnêteté à toute épreuve. Il me donna l'occasion de m'expliquer.»

Jocelyn exprime aujourd'hui le souhait suivant: «Osons espérer que Mme Charbonneau fera de Pereira l'un de ses témoins vedettes. Pour ma part, si j'avais à payer, ce ne serait pas pour le faire taire, mais bien au contraire pour le faire parler!

DIX-HUIT MOIS D'ENFER

Durant les dix-huit mois où j'ai occupé le poste de directeur général de la FTQ-Construction, ma principale tâche a consisté à éteindre des feux, ou du moins à tenter de le faire. Sur le plan interne, la situation n'était guère reluisante. Plusieurs syndicats ne participaient pas aux activités de la FTQ-Construction. À l'externe, nous devions nous préparer au vote d'allégeance syndicale prévu à la fin du printemps 2009, vote qui serait suivi d'une ronde de négociations pour le renouvellement des conventions collectives.

Les agissements de Pereira avaient profondément changé la donne. Jean Lavallée et Eddy Brandone étaient tous deux signataires des chèques émis au nom de Jocelyn pour le remboursement de ses dépenses. La dénonciation de leur allié Pereira les plongeait dans l'eau bouillante. Brandone avait quitté la FTQ-Construction dès le congrès de novembre 2008, mais Lavallée, qui était demeuré en poste à la FIPOE, se vit dans l'obligation de démissionner. Il préféra partir plutôt que de réhabiliter Jocelyn en faisant une déclaration qui aurait mis fin, en grande partie, au différend qui grugeait la FTQ-Construction. Lavallée coula sur le pont du navire qu'il avait lui-même sabordé.

Le matin du lundi 25 mai 2009, je reçus à 7 h 30 un appel de la Sûreté du Québec. Les agents étaient porteurs d'un mandat de perquisition et attendaient mon arrivée pour procéder à son exécution. Lorsque je franchis la porte de la FTQ-Construction, plusieurs agents de la SQ étaient sur place et conversaient avec les membres du personnel rassemblés dans le hall d'entrée. Je me rendis immédiatement au bureau de Roland Brillion, notre comptable.

La dame qui procédait à l'enquête se présenta, puis me demanda de but en blanc: «Vous prêtez et donnez de l'argent?» Il y a de ces questions dont on ne comprend pas le sens: celle-là en était une. Je l'invitai à préciser sa pensée. Elle se reprit: «Vous prêtez et donnez de l'argent!» Sa phrase était passée à la forme affirmative, mais sa signification demeurait tout aussi obscure. Je me tournai vers Roland: il était aussi désorienté que moi. L'agente de la SQ nous informa alors qu'elle détenait des enregistrements de conversations téléphoniques qui faisaient la preuve de sa question-affirmation. Nous avions déjà remis volontairement l'ensemble de notre comptabilité à la SQ, et je savais que la FTQ-Construction était bien gérée. Nous n'avions rien à craindre, mais je demeurai prudent.

L'enregistrement dont elle parlait portait sur une conversation téléphonique que j'avais eue avec Jocelyn. Ce dernier se plaignait du manque de loyauté de certaines personnes qu'il avait aidées lors de moments difficiles. On l'entendait dire : « J'ai donné X milliers de dollars à Roger, j'en ai donné X milliers à Éric, j'ai passé X milliers à Bernard... » Je n'en croyais pas mes oreilles.

Une fois l'écoute terminée, j'expliquai alors à l'agente que l'argent dont il était question sur l'enregistrement avait été donné non à une personne, mais à son syndicat, pour lui venir en aide. Jocelyn personnalisait le syndicat en le désignant par le nom de son directeur. Si un syndicat éprouvait des difficultés financières, notre rôle était de lui fournir du soutien en répartissant équitablement l'argent appartenant à la collectivité. Ce genre de pratique porte le nom de « justice distributive ». Il s'agissait d'un prêt sans intérêts. Nous avions une entente signée avec le syndicat en question, et l'acte de financement apparaissait à notre bilan comptable. La SQ croyait à tort que nous nous servions de la FTQ-Construction pour blanchir de l'argent et le distribuer par la suite à des amis ! Devant le constat de la légitimité de nos actions, il ne restait plus au personnel de la SQ qu'à quitter les lieux et à assumer le ridicule de la situation.

Mais le mal était fait, et l'image de la FTQ-Construction en souffrit. Cette perquisition, que nous jugions déloyale de la part de la SQ, se produisit une semaine avant le vote d'allégeance syndicale dans l'industrie de la construction. Elle avait toutes les apparences d'une commande politique pour discréditer notre syndicat.

Plusieurs questions demeurent sans réponse quant aux liens qu'entretiennent journalistes et services policiers. Les membres de la presse se plaignent de l'attitude des policiers lorsque ces derniers veulent connaître leurs sources journalistiques, mais participent tout de même à des échanges d'informations avec eux. D'ailleurs, nombre de journalistes font état de leurs sources policières. Ce qui est certain, c'est que la pseudo-liberté de presse se soumet de plus en plus à un État contrôlant et parfois dévoyé. N'a-t-on pas vu des dossiers complets d'enquêtes policières être volontairement « glissés » entre les mains de journalistes? Dans le dossier de la FTQ-Construction, il ne fait aucun doute que cela s'est produit, et dans le cas de Jocelyn, nous en détenons un début de preuve très révélateur. Dans quel but la SQ agit-elle de la sorte? C'est une autre question fort intéressante.

Entre-temps, le 10 juin 2009, je reçus ma nomination de membre du conseil d'administration de la CSST. Vers la même époque, je fus aussi nommé membre du conseil d'administration de la CCQ. Michel Arsenault, président de la FTQ, m'avait appelé au moment de ces nominations pour m'informer qu'elles faisaient suite à une longue enquête de la sécurité publique. Il me dit alors qu'on n'avait rien trouvé de répréhensible contre moi. « Même pas une contravention », me précisa-t-il. Je n'eus malheureusement pas le privilège de réaliser tout ce que j'avais projeté. Ma santé me causait des soucis, et vient un jour où il faut faire des choix. J'envisageais de plus en plus de mettre un terme à ma carrière syndicale.

DES FLEURS PARMI LES RONCES

En dépit de toutes les difficultés, la FTQ-Construction avait quand même marqué des points. Nous sortions gagnants du vote d'allégeance syndicale, malgré que certains s'étaient donné pour mission de nous réduire à une coquille vide. Plusieurs acteurs de l'industrie prévoyaient un démantèlement de la FTQ-Construction. Le résultat du vote de juin 2009[166] nous permit de constater que nous étions encore l'association syndicale la plus représentative. Nous perdîmes moins de 1 % de nos membres, alors que l'on nous avait prédit des pertes allant de 10 % à 15 %. Les travailleurs

---

166. http://www.ftqconstruction.org/General/le-scrutin-syndical-2009-en-chiffres

ne s'étaient pas laissé berner par le jeu de démolition systématique de leur fédération.

Parmi les projets qui me tenaient à cœur, il y avait notamment celui de venir en aide aux gens qui en avaient besoin. Avant que Jocelyn ne quitte la direction de la FTQ-Construction, un comité dont il était membre avait procédé à la sélection de 10 candidats qui devaient représenter la fédération durant la période de publicité précédant le vote d'allégeance syndicale de 2009. Une fois sélectionnés, ces candidats reçurent une formation intensive de six semaines. Parmi eux se trouvait une jeune femme, Cindy Morel, qui se fit remarquer dès son entrevue de sélection. Elle contribua à la réussite de notre campagne d'adhésion syndicale : nous venions de créer un précédent.

Un autre cas retint mon attention : Emmanuel (Manu) Lacoste, originaire d'Haïti. Je l'avais vu lors d'assemblées syndicales, toujours calme, sympathique, rassembleur, le leader informel parfait. Je décidai alors de déposer sa candidature au gala SOBA. Ce gala fait la promotion des artistes participant à la mise en valeur de la culture noire au Québec, ou encore des personnes s'étant démarquées dans leur vie professionnelle. Fait inusité, on peut être Blanc et être mis en nomination, car ce que le gala souligne, c'est la culture noire et non la couleur de la peau. Le 26 février 2009, « mon » candidat se voyait remettre le prix honorifique décerné au premier représentant syndical noir de la FTQ-Construction et de l'ensemble de l'industrie. J'étais en liesse, et Manu méritait son prix. Aujourd'hui, il est représentant en santé et sécurité, pour la FTQ-Construction, sur les grands chantiers de Montréal.

Le courage qui s'exerce au quotidien mérite d'être souligné. Par exemple, les parents à qui les hasards de la vie ont donné un enfant handicapé et qui s'en occupent avec amour font preuve d'un courage indicible. Le courage se manifeste de bien des façons. Il n'est pas facile de lutter contre la discrimination, peu importe la forme qu'elle prend. J'eus l'occasion de rencontrer Richard

Hurteau, un homme qui, assumant son homosexualité, luttait contre la discrimination qui sévit dans les milieux de travail. Je procédai à sa nomination pour représenter la FTQ-Construction au comité des gais et lesbiennes de la FTQ. C'était une autre première dans l'histoire de l'organisation.

L'AFFAIRE ALAIN PIGEON

En mai 2006, Alain Pigeon, directeur de la section locale 116 affiliée au Conseil provincial, décida de joindre les rangs de la FTQ-construction. Pour paralyser son mouvement, le syndicat international déposa une poursuite de 861 000 $ pour fraude contre lui, Dorima Aubut et d'autres personnes qui étaient passées sous la bannière de la FTQ. La lenteur du processus judiciaire fit en sorte qu'au moment où les problèmes surgirent à la FTQ-Construction, Alain en était devenu le directeur général adjoint. Les médias s'en prirent à sa réputation, qui fut irrémédiablement salie.

Ce que les journaux n'ont pas rapporté, c'est le résultat de la poursuite entreprise contre Alain et les autres personnes accusées, à tort, de fraude. Dans son jugement rendu le 1er février 2011, la juge Zerbisias blâma sévèrement ceux qui avaient faussement accusé Alain. La juge s'en prit plus particulièrement au syndicat international :

> « 108 - Il n'y a aucun doute que les allégations dans ces publications et dans ces accusations, pour lesquelles il a été prouvé qu'elles étaient sans fondement, étaient insultantes et dommageables pour les défendeurs. Comme c'était le cas pour leur obligation de subir un procès, lequel a duré douze jours et durant lequel ils ont été publiquement insultés et accusés d'être des voleurs ; des traîtres ; d'avoir détourné des fonds ; d'avoir agi contrairement aux intérêts du syndicat ; d'avoir conspiré pour voler les membres du demandeur […].

« 109 – [...] Lorsque la réputation de quelqu'un a été entachée, bien souvent les dommages qui s'ensuivent et résultent de cette attaque ne peuvent pas être mesurés. Ceux qui ont pris connaissance de ces allégations peuvent refuser de croire que les accusés étaient innocents ou ont été dûment acquittés. D'autres regarderont silencieusement les présumés fautifs avec méfiance et suspicion ; la réputation des auteurs les suivra à jamais et restera incrustée dans leur esprit ; il s'agit d'un problème d'insinuation qui gît sous la surface et qui ne sera jamais résolu. Les défendeurs subiront toujours, dans leurs relations avec les autres, le fardeau de ce qui n'est pas exprimé, et celui de les convaincre qu'ils ne sont ni des traîtres ni des personnes indignes de confiance[167]. »

La décision ne laissait planer aucun doute : Alain Pigeon et Dorima Aubut[168] n'avaient commis aucun geste illégal. Mme la juge Zerbisias avait très bien compris que tous avaient été victimes d'accusations infondées, lancées dans le but de les discréditer. Mais le mal était fait : malheureusement, le scandale vend.

Par la suite, une plainte fut déposée, voulant qu'Alain soit propriétaire d'une entreprise en construction alors qu'il occupait le poste de directeur général adjoint de la FTQ-Construction. Encore une fois, les médias s'emparèrent de la nouvelle et s'époumonèrent.

Mais Alain n'avait pas d'entreprise en construction. Comme de nombreuses personnes qui investissent dans l'immobilier, il investissait dans l'achat de terrains. Si une personne fait l'acquisition d'un triplex, est-ce légal ? Bien sûr que oui. Si elle fait exécuter des travaux pour le rénover, c'est tout aussi normal. Si elle vend

---

167. AITMF c. Alain Pigeon, Dorima Aubut, C.S. Montréal n° 500 17 031017 067, 1er février 2011, juge Dionysia Zerbisias. La version de ce jugement est en anglais, nous en avons fait la traduction afin de faciliter la compréhension pour le lecteur.
168. Dorima Aubut est le directeur de la section locale 2016 du syndicat interprovincial des ferblantiers couvreurs. Il a remplacé Alain Pigeon au moment où ce dernier devint directeur général adjoint de la FTQ-Construction.

ce triplex et obtient un meilleur prix qu'à l'achat, subira-t-elle les foudres de l'État ? Bien sûr que non. Or, Alain Pigeon achetait et revendait des terrains. Mais son nom était apparu par erreur sur un contrat de vente de maison, laissant croire qu'il était entrepreneur. La Régie du bâtiment entreprit des poursuites au motif qu'il ne détenait pas de licence d'entrepreneur.

Encore une fois, les médias se sont rendus complices d'un lynchage sans faire preuve de discernement. À ce moment, j'avais quitté la FTQ-Construction et la nouvelle direction n'avait pas l'intention de défendre la réputation de son directeur général adjoint. Alain fut mis à pied. L'amende étant inférieure aux frais judiciaires à engager pour se défendre, il plaida coupable.

VEA VICTIS

En politique, ni l'objectivité ni la justice ne s'appliquent. L'histoire s'écrit à l'aide d'une matière constituée d'intérêts particuliers et s'érige sur des inexactitudes partisanes. Avec le temps, ces dernières se transforment en certitudes. Les mêmes mensonges sont répétés tant et tant qu'ils deviennent des faits incontestables, des dogmes. Une fois passé ce stade, la recherche de la vérité se fait ardue.

Mais un esprit curieux peut toujours remettre en question les demi-vérités et, bien qu'enfouies, les sources d'information demeurent disponibles. Si nous sommes aujourd'hui capables de jeter un éclairage nouveau sur des événements survenus il y a quelques décennies, le temps viendra où quelqu'un s'interrogera sur les événements actuels. Loin des scandales générés par des intérêts mercantiles et les cris d'une opinion publique manipulée, nous pourrons alors prendre la mesure réelle des événements dans lesquels nous sommes aujourd'hui embourbés.

Jocelyn attend

> *Faire, et faisant se faire*
> *et n'être rien que ce qu'on fait.*
> JEAN-PAUL SARTRE

Depuis mars 2010, Jocelyn Dupuis attend la tenue de son procès. J'ai vu un procureur de la Couronne présenter des coupures de presse comme s'il s'agissait de preuves, et un juge adhérer à cette façon de faire. Fallait-il que j'en sois surpris ? Plus rien ne m'étonne. Pour sa part, Jocelyn estime qu'il est de plus en plus pressant pour lui de fournir sa version des faits. Au moment où son procès s'ouvrira, il y aura quatre ans que les procédures auront été intentées. Nombre de procès pour des accusations beaucoup plus sérieuses ont avorté en raison d'un délai de dix-huit à vingt mois d'attente. Dans le cas de Jocelyn, le tribunal a refusé. Pourquoi ? À tort ou à raison, je crois qu'il s'agit d'un procès politique, et que Jocelyn paie le prix pour ce qu'il a mis au jour durant sa carrière.

Jocelyn attend donc. En 2012, il a reçu une assignation pour témoigner devant la commission d'enquête que préside Mme Charbonneau. On exigeait qu'il demeure disponible entre le mois d'avril et le mois de novembre : une période de huit mois. Vraiment, on peut dire que les membres de la commission gèrent leur agenda avec rigueur et précision... Jusqu'à maintenant, la CEIC n'a pu trouver une petite journée pour l'entendre. Si un travailleur ou un représentant syndical cumulait un tel retard dans l'exécution de son travail, il serait congédié.

Dernièrement, Jocelyn a été informé qu'il serait appelé à témoigner à l'automne 2014. Dix-huit mois de disponibilité : c'est fou, non ? Depuis, on a entendu parler de possibles audiences portant sur les contrats du ministère des Transports et d'Hydro-Québec, ce qui d'ailleurs serait plein de bon sens. Priorisera-t-on ces nouveaux joueurs ? La commission reportera-t-elle encore une fois le témoignage de Jocelyn ? Faudra-t-il que la CEIC obtienne un autre délai pour terminer ses travaux ? Serait-il possible de faire carrière dans l'industrie de la commission d'enquête ? !

Sans ironie, pourquoi la CEIC a-t-elle suspendu ses travaux durant l'été ? S'il y a urgence, ne devrait-on pas procéder plus rapidement ? Mais l'été, c'est la morte saison : les cotes d'écoute sont en baisse. C'est comme l'Assemblée nationale du Québec, qui suspend ses travaux en juin et ne les reprend qu'à l'automne. Les travailleurs de la construction, eux, ne peuvent déserter les chantiers durant plus de treize jours consécutifs, samedi et dimanche compris, sans que l'on adopte une loi spéciale pour ordonner un retour au travail. L'importance de notre travail repose sur le rôle que nous jouons dans la société, c'est tout.

Mais au fond, la commission d'enquête a déjà eu lieu pour Jocelyn : elle s'est faite dans l'opinion publique. On ne lui a jamais fait autant de publicité négative. Peu importe la question du jour, on réussit à y glisser du « Jocelyn Dupuis ». L'avantage, et il y en a un, c'est qu'à trop en mettre on obtient l'effet contraire. Dans les milieux d'affaires et sociaux, ses détracteurs commencent à perdre toute crédibilité. Ça le réconcilie avec les beaux côtés de l'humanité, qu'il a crus un moment en voie de disparition. C'est connu : lorsque l'on s'attaque à des structures de pouvoir, on risque de le payer cher. C'est exactement ce qui se produit dans son cas. Son travail à la FTQ-Construction l'a obligé à heurter de front des intérêts politiques et économiques. Maintenant que les jeux sont faits, Jocelyn ne peut ni ne veut reculer. Il va droit vers la collision.

« Je ne peux témoigner que de ce dont j'ai connaissance, dit-il. Tout ce qui concerne le crime organisé, je n'en sais rien. Dans le cas contraire, j'aurais été mis en accusation depuis longtemps avec toutes les enquêtes à mon sujet, les filatures et les écoutes téléphoniques. Sans doute tentera-t-on, si j'ai à témoigner, de démontrer que je connais monsieur X ou monsieur Y et que j'ai été vu avec eux ou encore que je leur ai parlé. Je n'ai jamais nié avoir été en contact avec tous ceux qui gravitent dans l'industrie de la construction. N'était-ce pas mon travail de le faire ? En ce qui me concerne, la vraie question est la suivante : Peut-on m'indiquer quels sont les actes répréhensibles que j'ai commis ? »

Ce qui est dommage, c'est qu'on ne retiendra de la CEIC que la partie spectacle. Les questions de fond ne seront pas abordées. On ira d'allégations imprécises en assertions douteuses pour finir avec des insinuations scabreuses. Quelques rares chercheurs mettront en lumière certaines vérités, mais ce sera dans plusieurs années et on leur accordera peu d'importance. Dommage.

Et Jocelyn attend toujours.

RICHARD GOYETTE CONTINUE LE COMBAT

Après mon départ de la FTQ-Construction, j'ai dû me refaire une santé. Cela se solda par douze mois sans trop d'activité. J'ai profité de cette période pour apporter mon soutien à des syndicats avec qui j'étais demeuré en bons termes. Je faisais même ponctuellement des travaux pour la FTQ-Construction. Plusieurs directeurs et représentants s'expliquaient mal que je consacre du temps et de l'énergie à ceux qui m'avaient « lynché ». J'ai quitté la FTQ-Construction parce qu'on m'a laissé tomber, croyant qu'il était nécessaire de reconstruire l'image de la fédération. Ceux qui m'ont laissé tomber ont aussi abandonné Alain Pigeon. Néanmoins, je n'entretiens pas de mauvaise relation avec Yves Ouellet, le nouveau directeur général, bien au contraire. L'équipe que Jocelyn et moi avions recrutée était toujours au boulot. De plus, si j'avais refusé de donner le coup de main nécessaire, les vrais perdants auraient été les travailleurs.

Je suis aussi demeuré près de mon syndicat, l'Association des manœuvres interprovinciaux (AMI). Déjà en novembre 2010, six mois après mon départ, l'AMI m'envoya au congrès de la FTQ à titre de délégué. Je fus généreusement accueilli par l'ensemble des congressistes. En août 2011, je repris du service. Rénald Grondin, directeur général de l'AMI, m'embaucha à titre de conseiller à la direction. Je récupérai, par la même occasion, mes postes à la FTQ, dont l'un au comité de santé et sécurité de la FTQ et l'autre au Conseil général de la FTQ, organe politique qui gère la centrale entre les congrès.

Durant cette période, j'eus la satisfaction de participer activement aux travaux qui permirent de faire avorter le projet de loi 60, déposé par la ministre du Travail Lise Thériault. Ce projet de loi avait pour objet de réduire, une fois de plus, les droits des accidentés du travail. Il avait notamment pour effet de créer des classes distinctes de population, dont certaines avaient le privilège de recevoir des soins de santé avant les autres. L'ineffable Thériault dut reculer. La commande que lui avait passée le Conseil du patronat du Québec ne put aboutir. La FTQ-Construction et le Syndicat canadien de la Fonction publique (SCFP) luttèrent de toute leur énergie pour contrecarrer ce projet, dont le but ultime était de saccager la Loi sur les accidents de travail et les maladies professionnelles, dans le plus grand silence.

Puis, comme je m'y étais engagé auprès de Louise, à la veille de mes 59 ans, j'ai remis ma démission à la direction de l'AMI. Je n'avais pourtant aucun motif de me plaindre. L'AMI constituait ma famille syndicale. Mais une promesse est une promesse, et je ne prends jamais un engagement sans le tenir.

Depuis mon départ de la FTQ-Construction en 2010 et jusqu'à ce jour, je suis demeuré en contact étroit avec Jocelyn. Plusieurs m'ont conseillé de garder mes distances, puisque c'est l'appui que je lui ai donné qui m'a coûté mon poste de directeur général. On me disait qu'à le côtoyer, je perdrais mon nom. Les lâches ! Perdre mon nom ? Je préfère en être fier. Il y a quelques années, je m'adressai lors d'une conférence aux finissants du Département des relations industrielles de l'Université Laval. Les deux tiers de la classe n'avaient jamais entendu parler de Louis Laberge. « Louis Laberge ? Connais pas ! » Alors un nom, vous savez...

J'ai donc accompagné Jocelyn dans les dédales juridiques qui l'attendaient. Lorsque j'étais présent, les journalistes se faisaient un point d'honneur de souligner que « Jocelyn Dupuis était accompagné de son ami, Richard Goyette, qui lui a succédé à la direction de la FTQ-Construction ». Rien n'était plus vrai et j'en éprouvais de la fierté. Ce n'est pas quand tout va bien que la loyauté et l'amitié sont mises à l'épreuve, mais plutôt quand les tuiles vous tombent dessus. De plus, en tant qu'avocat, il était de mon devoir d'accompagner Jocelyn dans ces moments difficiles. J'ai travaillé activement dans les dossiers qui concernaient mon ami, pour évaluer, conseiller, et parfois uniquement écouter.

Nous avons passé onze ans à nous battre côte à côte, à affronter des pouvoirs qui nous dépassaient largement. Nous avons ensemble, chacun à sa manière, obtenu des avantages pour les travailleurs de la construction dont nous aurions à peine pu rêver quelques années plus tôt. Nous avons fait de la FTQ-Construction une structure de services dont les compétences demeurent inégalées. Aucune autre association représentative, dans le milieu de la construction, ne dispose de telles qualités. Je n'abandonnerai pas le navire pour une avarie.

À un certain moment, j'admets avoir contemplé le projet de devenir inutile, de couler une petite vie tranquille et de me consacrer à mes passions, la lecture et la musique. Puis un matin, ouvrant à nouveau ma fenêtre, j'ai constaté que la vie n'avait pas changé. Pauvreté, douleur, maladie, blessures, décès et autres affres de l'existence continuaient de frapper aveuglément les hommes et les femmes qui travaillent sur les chantiers. La froide réalité me rattrapait. Que me restait-il à faire ? Avais-je le droit de refuser d'affronter toute cette agitation ? Non. J'y retournai.

Alors, qu'en pensez-vous ? Syndicalistes ou voyous ?

La FTQ-Construction en un coup d'œil

LA LOI DE LA CONSTRUCTION

En 1968, le gouvernement du Québec adopta la Loi sur les relations du travail dans l'industrie de la construction. Son nom sera modifié à plusieurs reprises. Aujourd'hui, elle porte le nom suivant : Loi sur les relations du travail, la formation professionnelle et la gestion de la main-d'œuvre dans l'industrie de la construction. En raison de la longueur de ce nom, on la désigne dans cet ouvrage sous le nom de « Loi sur la construction ».

LES ASSOCIATIONS REPRÉSENTATIVES

Les premières associations syndicales de la construction sont apparues dans la décennie 1830. Déjà, à l'époque, elles sont constituées par métiers. On retrouve au départ le syndicat des charpentiers-menuisiers et des maçons. Ceux-ci mettent sur pied l'Union des métiers de Montréal, qui regroupe plusieurs syndicats de métiers. C'est l'ancêtre de notre structure syndicale.

Lors de l'adoption de la Loi sur la construction en 1968, il n'y avait que deux associations représentatives : la Fédération des travailleurs du Québec à l'égard du Conseil provincial des métiers de la construction. Dans sa représentation publique, le Conseil provincial portait le nom de FTQ-Construction. L'autre association représentative était la Fédération nationale des syndicats du bâtiment et du bois inc. (CSN). La représentativité de ces associations était à l'époque d'approximativement 66 % pour la FTQ et 34 % pour la CSN.

En 1972, en raison de profonds différends politiques, des milliers de membres quittent la CSN et forment la Centrale des syndicats démocratiques, qui met en place la CSD-Construction. La même année, les travailleurs de la construction de la région de la Côte-Nord délaissent massivement la CSN et forment le Syndicat de la Côte-Nord et de Sept-Îles inc., qui prendra plus tard le nom de Syndicat québécois de la construction.

En 1981, c'est au tour du Conseil provincial (FTQ-Construction) de vivre une importante rupture. Ne voulant plus relever de l'autorité des unions affairistes américaines, plusieurs syndicats se regroupent au sein de la FTQ-Construction. On se retrouve avec, d'un côté, le Conseil provincial du Québec des métiers de la construction (international), et, de l'autre, la FTQ-Construction.

Il existe aujourd'hui cinq associations représentatives dans l'industrie de la construction. Lors du dernier vote, en juin 2012, chaque association a obtenu le pourcentage de représentativité suivant :

FTQ-Construction : 43,8 %
CPQMC-I : 24,4 %
CSD-Construction : 12,7 %
SQC : 10,4 %
CSN-Construction : 8,5 %

LA FTQ-CONSTRUCTION : STRUCTURE ET FONCTIONNEMENT

On compte 18 syndicats affiliés à la FTQ-Construction :

- Association des manœuvres interprovinciaux (AMI)
- Fraternité inter-provinciale des ouvriers en électricité (FIPOE)
- Union des carreleurs et métiers connexes, section locale 1
- Association nationale des travailleurs en réfrigération, climatisation et protection incendie, section locale 3
- Fraternité nationale des charpentiers-menuisiers, section locale 9
- Association nationale des peintres et métiers connexes, section locale 99
- Association canadienne des métiers de la truelle, section locale 100
- Monteurs, mécaniciens, vitriers, section locale 135
- Union des serruriers en bâtiment du Québec, section locale 192
- Association nationale des travailleurs en tuyauterie et calorifugeurs, section locale 618
- Fraternité nationale des monteurs d'acier, section locale 737
- Fraternité nationale des poseurs d'acier d'armature, section locale 777
- Union des opérateurs de machinerie lourde, section locale 791
- Union des opérateurs de machinerie lourde-secteur grutier, section locale 791G
- Fraternité provinciale des ouvriers en électricité (monteurs de lignes), section locale 1676
- Syndicat interprovincial des ferblantiers et couvreurs, section locale 2020

- Association nationale des mécaniciens industriels, section locale 2182
- Fraternité nationale des poseurs de systèmes intérieurs, revêtements souples et parqueteurs-sableurs, section locale 2366

Chacun des 18 syndicats affiliés à la FTQ-Construction est tout à fait autonome, c'est-à-dire que c'est l'équivalent d'une personne morale (corporation) qui possède une liberté d'opinion et d'action totale. La FTQ-Construction n'a aucune autorité sur ces syndicats ni sur leurs employés. Les représentants d'un syndicat affilié ne relèvent d'aucune façon de l'autorité de la direction de la FTQ-Construction. Politiquement et administrativement, ils relèvent du directeur de leur syndicat.

Chaque syndicat est gouverné par un conseil exécutif formé de membres du syndicat élus au suffrage universel lors d'assemblées dûment convoquées. Un des membres de ce comité est le directeur général.

La FTQ-Construction, parfois aussi appelée «la fédération», tient un congrès tous les trois ans. C'est au cours de ce congrès que sont prises les grandes orientations qui guideront la fédération jusqu'au prochain congrès. Au cours de ce congrès, les officiers ayant charge de diriger la fédération sont élus lors d'un scrutin secret. Ils forment le comité exécutif qui se compose de huit officiers : le président, quatre vice-présidents, un secrétaire archiviste et un secrétaire financier. Les huit officiers doivent venir de syndicats affiliés différents. Le directeur général gouverne la FTQ-Construction, mais n'a pas le droit de vote au comité exécutif. À la différence de ce qui est parfois véhiculé, le numéro 1 de la FTQ-Construction est le directeur général, non le président.

Chaque mois se tiennent deux assemblées d'importance : la séance du comité exécutif et l'assemblée des directeurs et des représentants. Si le comité exécutif voit à la gouvernance de la fédération, l'assemblée des directeurs et des représentants possède les mêmes pouvoirs que le congrès, sauf en ce qui concerne la modification des règlements de la fédération; ceux-ci ne peuvent être amendés qu'au moment du congrès. Lors d'une assemblée des directeurs et des représentants, chaque syndicat affilié profite de la même délégation que celle déterminée lors du congrès précédent. Le nombre de membres appartenant au syndicat détermine le nombre de délégués auquel il a droit.

Les 18 syndicats de métiers ou d'occupations sont affiliés directement à la FTQ. La FTQ-Construction n'est pas affiliée à la FTQ. La FTQ ne possède aucune autorité sur la FTQ-Construction.

Sigles

Voici la liste des principaux sigles utilisés dans cet ouvrage, ainsi que leur signification.

Associations patronales de l'industrie de la construction

ACQ   Association de la construction du Québec
Cette association représente les employeurs des secteurs institutionnel, commercial et industriel.

AECQ   Association des entrepreneurs en construction du Québec
Cette association représente l'ensemble des employeurs pour la négociation des clauses communes des conventions collectives, tels le régime d'assurance et de retraite, la procédure et le règlement des griefs, et l'arbitrage.

ACRGTQ Association des constructeurs de routes et grands travaux du Québec
Cette association représente les employeurs du secteur du génie civil.

APCHQ Association provinciale des constructeurs d'habitations du Québec inc.
Cette association représente les employeurs du secteur résidentiel.

Administration publique

CAT Commission des accidents du travail
Créée en 1928, elle est remplacée en 1980 par la Commission de la santé et de la sécurité du travail.

CCQ Commission de la construction du Québec

CIC Commission de l'industrie de la construction

OCQ Office de la construction du Québec

CSST Commission de la santé et de la sécurité du travail

RBQ Régie du bâtiment du Québec

Associations syndicales

CPQMC-I Conseil provincial du Québec des métiers de la construction (international)

FPPM Fraternité des policiers et des policières de Montréal

FTQ Fédération des travailleurs et des travailleuses du Québec

Services policiers

SQ Sûreté du Québec

GRC Gendarmerie royale du Canada

SPVM Service de police de la Ville de Montréal

Autres

SST Santé et sécurité du travail

Bibliographie

ALTHUSSER, Louis. *Lire le capital*, Paris, Quadrige, Presses universitaire de France, 2008.

ATIAS, Christian. *Savoir des juges et savoir des juristes*, Montréal, Centre de recherche en droit privé et comparé du Québec, McGill Legal Studies, 1990, 164 pages.

BARNAYS, Edward. *Propaganda, comment manipuler l'opinion en démocratie*, Montréal, Lux Éditeur, 2008, 133 pages.

BERNARD, Michel. *L'utopie néolibérale*, Montréal, Éditions du Renouveau québécois et Chaire d'études socioéconomiques de l'UQAM, 1997, 318 pages.

BETTELHEIM, Charles. *Problèmes théoriques et pratiques de la planification*, Paris, Économie et socialisme n° 6, François Maspero, 1966.

BILODEAU, François, *et al. Histoire des Canadas*, 2ᵉ édition, Montréal, Éditions Hurtubise, 1978, 676 pages.

BOUCHARD, Lucien. *À visage découvert*, Montréal, Les Éditions du Boréal, 2001, 379 pages.

BOUDREAU, Émile, *et al. Histoire de la FTQ, des débuts jusqu'en 1965*, FTQ, 1988, 388 pages.

BOURDIEU, Pierre. *Sur l'État*, Paris, Éditions Raison d'agir et Éditions du Seuil, 2012, 663 pages.

CHARBONNEAU, Jean-Pierre. *À découvert*, Louiseville, Éditions Fides, 373 pages.

CHARBONNEAU, Jean-Pierre. *La filière canadienne*, Montréal, Éditions de l'Homme, 1975, 599 pages.

Chomsky, Noam. *Comprendre le pouvoir*, Montréal, Éditions Lux, Collection Futur Proche, 2010, 621 pages.

Chomsky, Noam et Edward Herman. *La fabrication du consentement. De la propagande médiatique en démocratie*, Marseille, Éditions Agone, 2009, 669 pages.

Conseil canadien de la magistrature. *Propos sur la conduite des juges*, Cowansville, Éditions Yvon Blais, 1991, 143 pages.

Cournoyer, Jean. *Dans le feu de l'action*, Montréal, Les Éditions de l'Homme, 2012, 351 pages.

Denis, Charles. *Robert Bourassa. La passion de la politique*, Tome 1, Louiseville, Éditions Fides, 2006, 404 pages.

Denis, Charles. *Robert Bourassa. La force de l'expérience*, Tome 2, Louiseville, Éditions Fides, 2009, 455 pages.

Dubois, André, *Les dessous de l'affaire Fabien*, Montréal, Éditions Infelec, 1978, 198 pages.

Duhamel, André *et al. La démocratie délibérative en philosophie et en droit : enjeux et perspectives*, Montréal, Éditions Thémis, 2001, 274 pages.

Falardeau, Pierre, *Les bœufs sont lents mais la terre est patiente*, Montréal, Éditions Typo, 2009, 286 pages.

FLQ Manifeste d'octobre 1970, postface et notes de Christophe Horguelin, Comeau & Nadeau, Montréal, Agone Éditeur, 1999, 71 pages.

Foisy, Fernand. *Michel Chartrand, la colère du juste*, Montréal, Lanctôt Éditeur, 2003, 319 pages.

Foisy, Fernand. *Michel Chartrand, les dires d'un homme de parole*, Montréal, Lanctôt Éditeur, 1997, 350 pages.

Foisy, Fernand. *Michel Chartrand, les voies d'un homme de parole*, Montréal, Lanctôt Éditeur, 1999, 304 pages.

Fournier, Louis. *FLQ, Histoire d'un mouvement clandestin*, Montréal, Lanctôt Éditeur, 1998, 533 pages.

Fournier, Louis. *Histoire de la FTQ, 1965-1992, la plus grande centrale syndicale au Québec*, Montréal, Éditions Québec Amérique, 1992, 292 pages.

FOURNIER, Louis (coord.). *La police secrète au Québec*, Montréal, Éditions Québec Amérique, 1978, 229 pages.

FOURNIER, Louis. *Louis Laberge. Le syndicalisme c'est ma vie*, Montréal, Éditions Québec Amérique, 1992, 471 pages.

FRÉGAULT, Guy et Marcel TRUDEL. *Histoire du Canada par les textes (1534-1854)*, Tome I, Montréal, Éditions Fides, 1963, 262 pages.

FRIEDMAN, Milton. *Capitalisme et liberté*, Paris, Leduc.s Éditions, 2010, 316 pages.

GALBRAITH, John Kenneth. *L'art d'ignorer les pauvres*, LLL, Le Monde Diplomatique, 2011, 73 pages.

GALBRAITH, John Kenneth. *Pour une société meilleure*, Paris, Éditions du Seuil, 1977, 161 pages.

GALBRAITH, John Kenneth. *Voyage dans le temps économique, témoignage de première main*, Paris, Éditions du Seuil, 1995, 287 pages.

GERMAIN, Georges-Hébert. *Robert Bourassa*, Montréal, Éditions Libre Expression, 2012, 413 pages.

GODBOUT, P. Archange. *Les passagers du Saint-André (La Recrue de 1659)*, Montréal, Société de généalogie canadienne-française, 1964, 166 pages.

GUEVARA, Ernesto (Che). *Notes critiques d'économie politique*, Paris, Éditions Mille et une nuits, 2012, 502 pages.

LANCTÔT, Gustave. *Montréal sous Maisonneuve 1642-1665*, Montréal, Éditions Beauchemin, 1966, 333 pages.

LACOURSIÈRE, Jacques. *Histoire populaire du Québec, des origines à 1791*, Sillery, Éditions du Septentrion, 1995, 482 pages.

La Solution, le programme du Parti québécois, présenté par René Lévesque, Montréal, Éditions du Jour, 1970, 125 pages.

LAUZON, Léo-Paul. *Contes et comptes du Prof Lauzon*, volume I, Montréal, Lanctôt Éditeur, 2001, 246 pages.

LAUZON, Léo-Paul. *Contes et comptes du Prof Lauzon*, volume II, Montréal, Lanctôt Éditeur, 2004, 427 pages.

LAUZON, Léo-Paul. *Contes et comptes du Prof Lauzon*, volume III, Montréal, Michel Brûlé Éditeur, 2007, 420 pages.

LAUZON, Léo-Paul. *Contes et comptes du Prof Lauzon*, volume IV, Montréal, Michel Brûlé Éditeur, 2010, 313 pages.

LAVALLÉE, Claude. *Révélations d'un espion de la SQ*, Montréal, Les Éditions de l'Homme, 2010, 265 pages.

LÉVESQUE, René. *Attendez que je me rappelle…*, Montréal, Éditions Québec Amérique, 1986, 525 pages.

LISÉ, Jean-François. *Le petit tricheur*, Montréal, Éditions Québec Amérique, 2012, 420 pages.

O'CONNOR, D'Arcy et Miranda O'CONNOR. *La mafia irlandaise*, Montréal, Éditions La Presse, 2011, 303 pages.

PARENT, Hugues. *Discours sur les origines et les fondements de la responsabilité morale en droit pénal*, Montréal, Éditions Thémis, 2001, 437 pages.

Relations des jésuites 1656-1665, Tome 5, Montréal, Éditions du Jour, 1972.

ROUILLARD, Jacques et Henri GOULET. *Solidarité et détermination*, Montréal, Les Éditions du Boréal, 1999, 365 pages.

SAVARD BABY, Michèle. *Le syndicalisme patronal dans la construction*, Montréal, Éditions coopératives Albert Saint-Martin, 1980, 160 pages.

SMITH, Adam. *La richesse des nations*, Paris, Éditions Flammarion, 2009, 217 pages.

TREMBLAY, Louis-Marie. *Le syndicalisme québécois, idéologie de la CSN et de la FTQ 1940-1970*, Montréal, Les Presses de l'Université de Montréal, 1972, 286 pages.

ZIEGLER, Jean. *Les nouveaux maîtres du monde et ceux qui leur résistent*, Paris, Librairie Arthème Fayard, 2002.

RAPPORTS ET COMMISSIONS D'ENQUÊTES

1) Santé et sécurité du travail

BAIL, Raymond, MARTIN, Jean-Claude, MASSICOTTE, Paul et Claire LAPOINTE. *Étude exploratoire des processus de réinsertion sociale et professionnelle des travailleurs en réadaptation*, Institut de recherche en santé et sécurité du travail du Québec (IRSST), R-082, 1994, 413 pages.

Commission de la santé et de la sécurité du travail. *Rapport annuel*, publication annuelle de 1981 à 1989.

Commission de la santé et de la sécurité du travail. *Rapport annuel d'activité et annexe statistique*, publication annuelle de 1994 à 2004.

Commission de la santé et de la sécurité du travail. *Rapport annuel d'activité et annexe statistique*, publication annuelle de 2004 à 2011, http://www.csst.qc.ca/publications/Pages/ListePublications.aspx

Gouvernement du Québec. *Santé et sécurité du travail, politique québécoise de la santé et de la sécurité des travailleurs*, Éditeur officiel du Québec, 1978, 289 pages.

L'État et la sécurité sociale après 100 ans d'assurance obligatoire contre les accidents, Discours du professeur Görg Haverkate Ph. D., 12ᵉ colloque international de prévention des risques professionnels du bâtiment et des travaux publics, Hambourg, République fédérale d'Allemagne, 17 au 20 septembre 1985, 20 pages.

Office de la construction du Québec. *Les accidents de travail dans la construction au Québec*, 1983, 256 pages.

Office de la construction du Québec. *Rapport du comité de recherche en sécurité*, novembre 1976.

Office de la construction du Québec. *Y'a pas d'chance à prendre*, Multi Réso, 1977, 227 pages.

2) Relations du travail

Commission de la construction du Québec. *Analyse de l'industrie de la construction au Québec*, publication annuelle de 1986 à 1999.

Commission de la construction du Québec. *L'industrie de la construction et annexe statistique*, publication annuelle de 2000 à 2006.

Commission de la construction du Québec. *Statistiques historiques 2007 à 2012*, http://www.ccq.org/Publications.aspx?sc_lang=fr-CA&profil=Travailleur

Office de la construction du Québec. *Analyse de l'industrie de la construction au Québec*, publication annuelle de 1974 à 1985.

Office de la construction du Québec. *Analyse des caractéristiques de la population active dans l'industrie de la construction en 1973*, août 1974, 106 pages.

Office de la construction du Québec. *La main-d'œuvre dans la construction en 1972*, juin 1973, 59 pages.

Office de la construction du Québec. *La stabilisation de la construction au Québec*, 1978, 176 pages.

3) Assurance-emploi

DINGLEDINE, Gary. *Exposé chronologique, L'évolution de l'assurance-chômage de 1940 à 1980*, Emploi et Immigration Canada, ministère des Approvisionnements et Services Canada, 1981, 208 pages.

L'assurance-chômage dans les années 1980, rapport du groupe de travail sur l'assurance-chômage, préparé pour le ministre de l'Emploi et de l'Immigration comme apport au processus de consultation avec les gouvernements provinciaux et les organismes représentant diverses composantes du secteur privé, Emploi et Immigration Canada, ministère des Approvisionnements et Services Canada, 1981, 141 pages.

4) Rapports des commissions d'enquête

Le crime organisé et le monde des affaires, Commission de police du Québec, Commission d'enquête sur le crime organisé, rapport d'enquête et recommandations, Québec, Éditeur officiel du Québec, juillet 1977, 303 pages.

Rapport de la Commission d'enquête sur l'exercice de la liberté syndicale dans l'industrie de la construction, Québec, Éditeur officiel du Québec, 1975, 355 pages.

Rapport de la Commission d'enquête sur l'exercice de la liberté syndicale dans l'industrie de la construction, recueil des annexes, Québec, Éditeur officiel du Québec, 1975, 821 pages

Rapport de la Commission d'enquête sur le coût de la 21e Olympiade, vol. 1, Québec, Éditeur officiel du Québec, avril 1980, 88 pages.

Rapport de la Commission d'enquête sur le coût de la 21e Olympiade, vol. 2, Québec, Éditeur officiel du Québec, mars 1980, 366 pages.

Rapport de la Commission d'enquête sur le coût de la 21e Olympiade, vol. 3, Québec, Éditeur officiel du Québec, mars 1980, 293 pages.

Rapport de la Commission d'enquête sur le coût de la 21e Olympiade, vol. 4, Québec, Éditeur officiel du Québec, mars 1980, 211 pages.

Rapport du vérificateur général du Québec à l'Assemblée nationale pour l'année 2008-2009, Tome II, 2009,

http://www.vgq.qc.ca/fr/fr_publications/fr_rapport-annuel/fr_index.aspx?Annee=2009

Articles de journaux

CHARBONNEAU, Jean-Pierre. «La pègre se réjouit du choix de Jean-Jacques Saulnier», *Le Devoir*, 2 août 1973, p. 6.

CHARBONNEAU, Jean-Pierre. «Le rapport "top secret" de la police sur le rendez-vous de Laporte avec la pègre», *Le Devoir*, 6 juillet 1973, p. 1.

CHARBONNEAU, Jean-Pierre. «Selon des rapports de la GRC, la pègre a recherché les faveurs de Pierre Laporte», *Le Devoir*, 6 août 1973, p. 5-6.

«Construction: une femme se serait fait tabasser» http://actualites.ca.msn.com/finances/construction-une-femme-se-serait-fait-tabasser-134

DESHAIES, Guy. «Un premier bilan. À l'enquête sur la pègre, plus d'ombre que de lumière», *Le Devoir*, 23 juin 1973, p. 5.

«Des "liens précis" entre Laporte et des caids», *Le Devoir*, 6 juillet 1973, p. 1.

«Devant un besoin manifeste d'enquête plus poussée... le juge Cliche précise les limites de son mandat», *Le Devoir*, 6 mars 1975, p. 2.

FRANCOEUR, Louis-G. «Choquette croit avoir prévenu le premier ministre», *Le Devoir*, 6 mars 1975.

FRANCOEUR, Louis-G. «Des entretiens 'exploratoires' en 1972, Desrochers admet avoir 'laissé croire' à la FTQ le gain du monopole syndical», *Le Devoir*, 1er mars 1975, p. 5-6.

LE BLANC, Gérald et Pierre O'NEILL. «L'affaire des écoutes débouche sur les liens de Laporte avec la mafia», *Le Devoir*, 6 juillet 1973.

LESAGE, Gilles. «M. Bourassa, lui, ne se souvient pas avoir été informé», *Le Devoir*, 6 mars 1975.

Presse Canadienne. «Pas d'enquête publique sur l'affaire de la caisse électorale des libéraux», *Le Devoir*, 6 juillet 1973, p. 1.

«Pierre Bibeau, un libéral de grande influence» http://www. lapresse.ca/actualites/quebec-canada/politique-quebecoise /201210/16/01-4583678-pierre-bibeau-un-liberal-de-grande-influence.php

RYAN, Claude. «Les hauts et les bas de la lutte au crime», éditorial, *Le Devoir*, 29 juin 1973, p. 4.

RYAN, Claude. «Le témoignage-surprise de M. Choquette», éditorial, *Le Devoir*, 8 mars 1975, p. 4.

RYAN, Claude. «Paul Desrochers sur la sellette», éditorial, *Le Devoir*, 1er mars 1975.

Remerciements

Nous tenons à remercier le professeur Jean-Marc Piotte, Isabelle Renaud et André Côté de l'Alliance de la Fonction publique du Canada, François Galland de Unifor, et Yves Dérosby du Fonds de solidarité de la FTQ.

Nous aimerions également adresser des remerciements particuliers à François Patry, de la FTQ-Construction, et à Louise, qui fut notre première lectrice.

Merci aussi à l'équipe des Éditions de l'Homme, entre autres à l'aimable Laurence Hurtel et à Liette Mercier, qui nous a accompagnés durant la rédaction de ce livre en nous prodiguant deux principaux conseils: «Ce n'est pas assez» ou «C'est trop». Ce livre se veut donc ni «trop» ni «pas assez». Merci Liette.

Table des matières

Suivez-nous sur le Web

Consultez nos sites Internet et inscrivez-vous à l'infolettre pour rester informé en tout temps de nos publications et de nos concours en ligne. Et croisez aussi vos auteurs préférés et notre équipe sur nos blogues!

EDITIONS-HOMME.COM
EDITIONS-JOUR.COM
EDITIONS-PETITHOMME.COM
EDITIONS-LAGRIFFE.COM

Achevé d'imprimer au Canada
sur papier Enviro 100% recyclé